從海德格、老子、孟子
到當代新儒學

袁保新 著

國立編譯館◎主編

臺灣 學生書局 印行

二〇〇八年十月出版

一九一二年

——兼序《從海德格、老子、孟子到當代新儒學》

一、

　　這本文集，主要收錄著我過去十多年來發表過的一些論文。依照慣例，我應該有一篇序文，交待這些文章撰寫的背景及彼此間的關聯。但是初校稿完成已兩年餘，我卻幾度提筆又擱置。原因無它，想要在短短的序文中，言簡意賅地說明這些文章背後的企圖，不但在書寫的技巧上有一定難度，而且對我個人而言，它還需要一份決心與勇氣。因為這十篇文章，從形式上看，好像集中在有關先秦儒家孟子以及道家老子的研究，但究其實，卻是在反映我個人如何從海德格對西方古典形上學及近代主體性哲學的批判洞見中，一步步地鬆動當代新儒家對先秦儒、道哲學已經建立起的詮釋架構。換言之，在這些論文中，我所呈現的有關先秦儒道的理解，不再是「照著」我最尊敬的新儒家前輩「講」，而是既有繼承復有修正地「接著講」。

　　對年輕一輩的學者而言，這樣的研究動機與自我期許，應是理

所當然的。可是，對於一個曾經接受新儒家前輩啟蒙，並因而決定一生獻身給中國哲學的人而言，這樣的思想轉變，就格外的嚴肅與重大，不是三言兩語所能道盡。我在這本書的第一篇論文中，曾從個人研究歷程的角度，約略說明這種思想轉折的經過。現在，為了更清楚地呈現這本書中多篇論文寫作的學術考量與理由，將分別從當代新儒家學術上的成就與限制，以及海德格哲學的洞見與啟示，說明這本書成篇的背景。

二、

當代新儒家，這個以唐君毅、牟宗三、徐復觀先生為代表的學術傳統，在中國近現代哲學史上的地位，其實是無庸置疑的。劉述先先生曾多次表示：你可以不同意、不接受新儒家，但不可以繞過新儒家❶。這已經說明了新儒家這個學術傳統，在中國近現代哲學史上不但有其客觀的地位，而且它的研究成果，是不可忽視且必須加以繼承的。近年來，海內外學者有關這方面的論述非常多，毋需贅述。但是，稍稍不同的，在這篇序文中我想從一個新的角度，亦即從一九一二年中國學制改革的觀點，重新審視當代新儒家的地位，從而看出它的特色、成就與限制。

為什麼要從一九一二年談起？

翻開中國近現代的大事年表，一九一二年絕對是熱鬧的一年。

---

❶　中研院文哲所研究員劉述先先生於〈牟宗三先生全集出版在今日的意義〉一文中提到「牟先生精研康德哲學，我曾將牟先生在當代中國哲學的地位比之於康德在西方哲學的地位：你可以超過他，卻不可以繞過他。」

但是從中國學術傳統的發展來看，它的意義就無比重要而且影響深遠了。因為那一年，教育總長蔡元培先生，正式頒布了新的學制系統，即「壬子學制」，確立了近代中國完全與西方大學相似的大學教育體制❷。換言之，從那一年起，傳統以「學究天人，道貫古今」自我期許的高級知識分子，都必須在西方「大學」的知識分類的規範與架構下，邏輯的、有系統的進行他的學術活動，並成為不同學門裡的學者、專家。「壬子學制」的劃時代意義，可以對照十年前清末吏部尚書張百熙擬定的「壬寅學制」，充分顯示出來。蓋「壬寅學制」是張百熙為當時的京師大學堂（北京大學前身）的復學所建立的新學制❸，當時是參考日本人的作法，首度將大學的知識活動安排在「七科三十五目」的分類架構下。其中，「科」相於大學裡分設的「學院」，而「目」則相當於「學系」。但有趣的是，當時的「文學科」（即文學院），下設了七目（系），即：經學、史學、理學、諸子學、掌故學、辭章學、外國語言文字學。換言之，壬寅學制並未遵循西方大學知識分類的邏輯，而是保守的沿襲中國老傳統中經、史、子、集及義理、辭章、考據的分類名目，仍舊在「傳統」與「現代化」中拉扯，充滿了妥協、過渡的色彩。這和蔡元培所提倡的「壬子學制」，「文科」下設哲學、文學、歷史學、地理學四系，完全師法西方大學的知識分類，迥然不同。因此，「壬子學制」的施行，意味著從那一年起，中國老學術傳統的研究

---

❷　金以林：《近代中國大學研究》（北京：中央文獻出版社，2000 年），頁
　　36。

❸　同上，頁 22。

如果要延續下去，就必須棲身在新制「大學」的殿堂之下，依照西方「知識」活動的格準來進行。換言之，「剛日讀經，柔日讀史」，書院裡師生講習論道，或發為簡篇，或寄情詩文這種傳承模式，已經完全行不通了。從一九一二年起，中國哲學在近現代的傳承與發展，註定的要與「大學」裡的知識活動綁在一起，而「知識化」也就成為百年來有志於中國哲學研究無所逃的首要課題。

但是，什麼是「知識化」？中國哲學究竟應該如何「知識化」？這些問題遠比我們想像要複雜，無法在此細述。事實上，這些年來我對百年來中國哲學的發展，有一項與眾不同的觀察。我發現近現代中國哲學「知識化」的進程，基本上就是走一條「格義化」的途徑。只是，這一次的「格義」，不是像魏晉南北朝一樣，運用本土道家哲學的語言來接引消化外來的印度佛學，而是倒過來，運用西方哲學的分類架構及概念語言重新闡述中國傳統哲學的內涵。因為，這一個時期中國哲學的發展，無可避免地一定要在中西哲學交遇對話的脈絡中展開；猶有進者，為了符應「大學」裡知識活動的規範、格準，中國傳統哲學「即事言理」、不重分析卻強調綜合表意的言說方式，都必須拆解重整分置於西方哲學的分類架構下，諸如形上學、知識論、倫理學等等，再經由與西方哲學中相應的學派理論、或概念的對比說明，以新瓶裝舊酒的方式，賦予傳統文獻新的詮釋。但問題是，這種「格義」模式的「知識化」，會不會造成中國傳統智慧的扭曲與誤解？答案其實是不言而喻的。

我們翻開胡適之先生的《中國古代哲學史》❹，看到莊子被理

---

❹　胡適於其所著之《中國古代哲學史》第二冊第九篇「莊子」項下第一章〈莊

解為某種進化論主張的先驅人物，而大名鼎鼎的馮友蘭先生也將孟子視為具有神秘主義的傾向❺，就不難想像百年來中國哲學的「知識化」，千奇百怪，不一而足。但是，我提出「格義」的說法，雖有反諷之義，卻並不否認中西哲學的交遇，不僅有其時代的必然性，而且穿鑿附會之說，有時也會帶來「豐富」傳統的效益。只是，百年來前輩學者前仆後繼地投入中國哲學的詮釋，究竟是「削足適履」，還是「調適上遂」，縱然沒有絕對的標準，但無論如何，我們仍應有優劣的相對檢別。果如是，我們就不難看出當代新儒家學派為什麼在中國近現代哲學史上有其特殊的地位與重要性。

中國近現代哲學界，人才輩出，如以個人來評斷成就，爭議性太大。但是，如果從「學派」的觀點來看，即從一貫的學術主張、師生傳承、詮釋架構與語言這些指標來審視，則由熊十力先生開始，唐君毅、牟宗三、徐復觀諸先生發揚光大，然後香港新亞書院與臺灣鵝湖月刊的踵繼追隨者所形成的「新儒家」學派，較諸大陸在改革開放前一切以唯物論、唯物史觀理論為依據的論述傳統，以及臺灣輔仁大學以多瑪斯哲學會通中國哲學的詮釋系統，無疑的，新儒家學派擁有更多的特色與成就。茲分述如后：

　　1.從文化傳承的角度來看，新儒家的學者對傳統的學術成就，

子時代的生物進化論〉章節中，即論述莊子當時的生物進化論觀點，並將莊子思想也歸類於其中。（臺北：臺灣商務印書館，1981年），頁115。

❺　馮友蘭著《中國哲學史》一書中，對孟子思想的討論有如下文句「『萬物皆備於我』『上下與天地同流』等語，頗有神祕主義之傾向。其本意如何，孟子所言簡略，不能詳也。」見該書第一篇子學時代第六章「孟子及儒家中之孟學(六)天、性及浩然之氣」篇章（香港：三聯書店，1992年），頁127。

一向主張「返本開新」，不但自覺地加以繼承，而且面向世界，爭取中華文化與世界各文化傳統公平對話的地位。這一點，我們從唐君毅、牟宗三、張君勱、徐復觀公開聯名發表〈中國文化與世界〉❻，可以清楚地看到。相對而言，過去大陸學者一切奉馬列主義為圭臬的作法，特別在文革前後，對傳統哲學的批判解構，其實是遠多於繼承發揚的。而臺灣「輔仁學派」，雖沒有像大陸學者一樣的反中國文化，但在信仰優位的前提下，文化意識並不明顯。因此，如果我們從文化遺產自覺地繼承與保留的標準來看，新儒家學派在中國近現代哲學史上，是最讓人動容的一支學術思潮。

2.其次，從「知識化」工程的嚴謹性來看，當代新儒家學者從唐、牟以降，對西方哲學的嫻熟與理解，也遠遠超出其它門派。西方漢學家如墨子刻（Thomas A. Metzger）❼，就曾讚揚儒家前輩對西方哲學的理解與掌握，不會比西方學者遜色。因此，當新儒家學者面對中國經典，試圖運用西方哲學概念及論證形式來詮釋中國傳統哲學時，不僅有細膩的分析考量，譬如中國傳統心性之學為什麼不宜做「理性的靈魂」的理論來理解，為什麼不應以認識論形上學的理論來看待，而應該比較近似於康德的道德形上學，他們都有精密的辨析；尤有進者，他們對經典文本的整體性，也有更多的專注。最典型的例子，就是唐君毅在詮釋孟子「義命」關係時，為什麼不取「分立」說而要迂曲地建立「合一」說，其考量理由就是關照到文

---

❻　唐君毅：《中華人文與當今世界》下冊（臺北：臺灣學生書局，1975 年），頁 865-929。

❼　1988 年香港舉行唐君毅思想國際會議，我有機會與墨子刻先生交談，言談中墨子刻對唐先生推崇備至，作了如上述的表達。

本中許多被輕忽但意義重大的章句❽。因此，回顧百年來中國哲學「知識化」的成果，無論是從西方嚴格「知識」的標準來看，還是詮釋學尊重文本的角度來看，新儒家學者所繳出的成績單，應是最具學術說服力的。

3.從前述兩點的說明，我們已經可以看出，新儒家學者代代相傳，有一貫的理念，清楚的傳承，儼然一個成熟的學術社團，不但在研究成果的累積上非常豐碩，而且到現在還有一定的影響力。這種情形，相較於大陸唯物史觀的學術族群，以及臺灣的輔仁學派，直可謂一枝獨秀。近年來，大陸學界已經沒有學者再用「唯心論與唯物論的鬥爭」來解釋中國哲學了。而臺灣輔仁學派，雖有萬丈雄心，但似乎仍停留在自賞孤芳的境地。截至目前，唯有新儒家學派，唐、牟、徐先生在學術上的鉅著，不僅啟迪了許多後學，而且對傳統哲學義理的梳整與闡發，仍舊是近現代中國哲學在「知識化」的轉型期間，最具有典藏價值的智慧結晶。無怪乎劉述先先生直言：你可以不贊同新儒家，卻不能繞過新儒家。

果如前論，新儒家在近現代中國哲學史上，面對「知識化」的挑戰，是一枝獨秀，擁有主流的地位，那麼，未來中國哲學的研究是否只要亦步亦趨，緊跟著先賢規劃的理路，就可以通達無礙了呢？答案可能是要讓人沮喪了。個中原因端在於：如果傳統中國哲學的言說方式，註定要在「知識化」的過程中引進西方哲學的概念與語言，那麼，「知識化」就是「格義化」，而格義所帶來的誤解

---

❽ 唐君毅：《中國哲學原論・導論篇》（香港：新華書院研究所，1966 年），頁 512-527。

與扭曲，就必須不斷地被質疑與修正。因此，即令當代新儒家的前輩學者，篳路藍縷，以其學貫中西的學養，嚴選康德道德形上學的理路、架構、語言，為中國重道德實踐的心性之學賦予了現代意義，並回歸文本，找到大量文獻的印證與支持；但是，康德哲學作為西方近代哲學的產物，一方面背負著西方古典哲學思惟最原始的烙印，即：將世界斷裂為兩橛，永恆的非時間領域及變動的時間領域；另一方面，又未加反省的接受了近代西方文明諸多二分性的預設，如：心／物二分，價值／事實二分，理性／感性二分等，故而在哲學思惟的基本調性上，其實與中國傳統哲學仍有許多扞格不入的情況。換言之，一九一二「壬子學制」所標示的里程碑，亦即中國哲學從此要面對「知識化」考驗的這道課題，並沒有因為新儒家在近現代哲學史上的卓越成就，就此消失泯除。相反的，它以更精緻的、更嚴格的方式，要求新一代致力中國哲學研究的學者，認真思考什麼樣的意義形式，才是中國傳統智慧重現活力的表達方式。

三、

這些年來，每一次我試圖從海德格的哲學觀點來詮釋先秦儒道時，就會面對相同的質疑：如果新儒家運用康德哲學架構的語言是一種格義，那麼，參考海德格思惟理路的作法，難道不是一種格義？不會帶來誤會與曲解？

要回應這項質疑，其實並不困難。因為，從詮釋學的角度切入，如果並無所謂孔、孟、老、莊思想的原義，客觀地現成地擺在那兒，等待著我們去核對目前的現代詮譯是否是正確的；尤有進者，近現代中國哲學「知識化」的工程，既然註定了我們必須在中

西哲學對話的脈絡下展開，無可避免地要運用現代「大學」裡的知識語言，以說明傳統義理與人類歷史文化中各種活動與經驗的意義關聯，那麼，中國經典的現代詮釋，雖然背負著「格義」的烙印，但不一定都是負面的結果。多年以來，我都不採詮釋學客觀主義的強硬立場，一定要以真、假、對、錯來嚴分各種詮釋系統。但是，詮釋作為一種與文本交談對話的過程，我們向經典提問什麼樣的問題，如何提問，以及選擇何種語言來傳遞經典的現代義涵，卻不是沒有相應或不相應，恰當或不恰當，清楚或不清楚的相對區分。因此，當我個人引進海德格哲學思惟與中國經典對話時，選取何種理論平臺來交談，交談進行的策略如何，欲達成的目的又是什麼，都必須有事前審慎的考量，而非即興式的比附，徒亂人意，終究逃不了「洋格義」、「換湯不換藥」的譏諷。

事實上，運用海德格哲學來表詮中國哲學，我絕非先行倡導者。早在四、五十年前，唐君毅，牟宗三兩位先生就為文談到了兩者的相通性。而同輩的學者如陳榮灼、關子尹、陳榮華先生，也早有專著問世。近十年來，大陸學界類此的研究品，也一本一本的出版。換言之，運用海德格哲學來詮釋中國哲學，儼然已成趨勢。目前這本論文集的付梓，絕非什麼標新立異之舉。但是，稍稍不同的，這本書的內容並不志在直接比較海德格與中國哲學的同異，而是擷取我個人認為海德格最值得中國學者深思的若干睿見，重新回到原典，進而調整當代新儒家前輩已經建構的詮釋理路與架構，為傳統智慧尋找到一個更具有啟發性的理解向度。

海德格作為二十世紀西方哲學的巨擘，迄今影響力不衰。我個人並未專攻海氏哲學，但卅餘年來，時有涉獵，獲益匪淺。其中，

對於中國哲學的學者而言，至少有兩個重點，特別值得我們省思與
參考。

　　第一個是海德格對西方哲學傳統的解構與批判。許多年輕朋友
在閱讀海德格著作時，往往期待他儘快的回答他自己提出的存有問
題，可是，終其一生，海德格從未直接地、明確的告訴他的讀者存
有是什麼。然而，我們雖然無法在海氏著作中找到存有是什麼的標
準答案（就像我們無法在中國哲學經典中找到「道」是什麼一樣），卻至少
可以擷取許多在他存有思惟滲透下所重現的西方哲學家的精神面
貌。我個人領受最深的是，海德格基於何種哲學上的洞見這才展開
了他批判西方哲學「遺忘存有」的論述。原來，依據海氏的觀點，
從柏拉圖、亞里斯多德以降，所有的哲學思惟，基本上都是試圖建
立一個非時間的、永恆不變的領域，從而一勞永逸地解釋變動的、
時間性的世界裡的一切問題。我們細審西方哲學的發展，無論是柏
拉圖的「理型世界」，亞里斯多德的「不動的動者」，中古哲學的
「上帝」，還是德國觀念論的「超越主體性」、「絕對精神」，其
實都是在時間的與非時間的，亦即變動的與永恆的兩重世界區分
下，以永恆的國度為真、為根基，並將變動的世界置於其下，從而
賦予不同程度真實性的安立。但問題是，什麼是永恆？永恆作為一
個非時間性的概念，是必須依賴時間性的概念才取得其意義的來
源，換言之，它的意義無可避免地只能以消極、否定的形式來表
達。因此，海德格認為傳統西方哲學在沒有充份正視「時間」乃是
「存有意義」展現的惟一視域的情況下，誤以為乞靈於永恆國度的
某種超級存有者（如西方古典形上學中的上帝、無限實體、第一因），或者
先驗原理（如近代西方哲學中的超越主體性），　就可以安立時間之流中變

動不居的世界，其實是一方面遺忘了存有，涉嫌將存有「存有物化」；另一方面在哲學思惟的調性上，顯然過度醉心於理論性的思辨，壓抑了真正忠於存有的「傾聽」、「沈思」。美國研究海德格素負盛名的學者錐弗斯（Hubert L. Dreyfus）❾，就曾準確的指出，海德格這種反對理論性思辨的立場，主要是洞見到日常生活所構成的意義世界，乃吾人探索存有奧秘的根源，它一方面拒絕被任何表象性概念所構成的理論，做窮盡性的說明；另一方面它徹底為時間性所貫穿，在不斷的生成變化著。因此，我們對存有的探索，無可避免地處在尚待完成的階段，並且可能錯誤等待修正；而西方傳統的形上學家，企圖建構一個永恆、非時間性的國度，藉此籠罩性地說明一切現象，基本上反映的是一種基礎主義心態的迷思，但如果回歸歷史，這些爭奇鬥妍的理論系統，充其極只是存有奧秘在時間之流中某個階段的揭露而已。

海德格這項顛覆西方傳統哲學的洞見，對一個當代中國哲學的學者，會有什麼啟發？首先，如果我們認為中國哲學的思惟，基本上也沒有兩重世界的劃分，即在非時間的永恆之境與變動不居的時間領域之間，二者有著不可逾越的區隔，那麼無論是西方古典形上學以「實體」為核心所展開的理論型態，還是近代西方哲學以「超越主體性」為基礎的思辨系統，都不合適引進到中國哲學的現代詮釋中，視為天經地義必須遵循的理論架構。雖然，我們無意否認「恆」、「常」這兩個概念在先秦儒、道經典中的重要性，但是，就如《易·象傳》所言，「恆，久也。……天地之道恆久而不

---

❾　Hubert L. Dreyfus: *Being - in - the - World*, The MIT Press, Combridge, 1991, p1-9.

已」❿，中國古代哲人所追求的恆常之道，從未脫離時間之流，而自居於某個靜止不動的、非時間性的永恆世界，如西方哲學家所思考的一樣；相反的，中國古代哲人，從未懷疑過世界變異的真實性，所以恆常之道亦直須於變異中尋覓，而無須另立一個看似法相莊嚴，但究其實，卻虛無飄渺的靜止世界，來撫平我們對變異性的懷疑與焦慮。因此，海德格從時間性的觀點批判西方哲學對存有的遺忘，不啻打開了一項新的視窗，恰恰提醒我們致力於中國哲學詮釋的學者，是否要回過頭來重新檢視中國古代哲學的基調，而不必過於急切地將傳統哲學智慧在知識化的過程中，裝錯了酒瓶。

　　第二項海德格存有思維中彌足珍貴的洞見，就是他對「人」的理解。海德格對人的分析與定位，有兩個面相，特別值得中國學者考量。首先，從存有學的差異來看，「存有不是存有物（者）」，人作為存有者，一方面固然不是「存有」；但是，另一方面，在芸芸萬物中，惟有人能向存有敞開，因此又被名之為「此在」（Dasein），即「存有在此得以顯現」，擁有最殊勝的地位。但問題是，「此在」的本質是什麼？海德格的答案，耐人尋味。海氏反對任何本質主義的回答，像亞里斯多德運用類名加種差的公式，將人定義為理性的動物，在海氏看來，完全沒有反映出人與存有的這一種本質性的關係。海德格從存有學的角度切入，指出人之所以為人，正在於他能在面向世界的過程中，敞開自我，讓萬物得以顯

---

❿　《易》卷第四「雷風恆卦」象辭，象曰：「恆，久也。……天地之道，恆久而不已也。」參見《周易正義》十三經注疏整理本（北京：北京大學出版社，2000 年），頁 168。

現，而成為「存有在此」。換言之，海德格將人的本質放置於人與存有的動態關係的維度中來理解，他沒有預取某種獨立的、靜態的、自給自足的本質內容，來鑑別人之所以為人。相反的，他自始至終都是從人與存有的關係中來理解人。亦即，人與存有一方面迥然有別，另一方面相互隸屬：存有需要人的自我敞開，這才能夠讓造化萬物的奧秘得以開顯；而人則因為能敞開自我，領納存有，而擁有萬物之中最殊勝的地位。這裡，不僅讓我們想起〈中庸〉的一段話，「思知人，不可以不知天」❶。其實，中國古代哲學一向重視天人關係（在道家則是道與人的關係），對人的理解掌握，總是從天人物我的脈絡關係中說明，從未將人獨立地看待，也無意從認知的層面藉本質定義來區別人之所以為人。因此，海德格這種從關係的角度，重新思索人的本質，對許多當代中國學者而言，由於長期以來習慣沿用西方古典哲學本質主義的思考模式與語言，短時間固然不容易掌握，跟得上腳步，但是，海德格這種理路，曲徑足以通幽，值得一再玩味。

然而，海德格對人的理解，還有另一個面向，對篤信新儒家的學者而言，也具有特殊意義。這就是，海德格從不將人從主體性的角度來掌握，而是以「在世存有」作為人存在的基本性向。海德格這種揚棄主體性哲學思惟的理由，一方面當然是因為他從現象學、方法學的觀點來看，主客二分根本是後起的，是理論性的建構物，非原初的；另一方面，則是考量到主體性依舊是非時間性的概念，

---

❶ 《中庸・第二十章》，參見朱熹《四書集註》（臺北：漢京文化，1981），頁74。

雖然在近代西方哲學啟蒙運動中，假理性之名，取代中古哲學上帝的地位，好像保住了知識與道德的普遍性，但是真實生活中的變動、差異與豐富，卻始終拒絕化約在它任何先驗的形式原理中。尤有進者，無論是上帝也好，主體性也好，甚至先驗理性也好，畢竟是存在界中的一物，不足以窮盡存有造化的多端變化。因此，海德格不但不取主體性哲學的進路，連帶地也不願將人理解為主體，或者，一種具有表象能力的意識。海德格從現象學切入，指出遠在人意識到自己為主體，將世界表象為客體之前，人就已經存活在世界中，並在與事物的生活交接中，對存有豐盈的意義有所領納、理解。而這個由日常生活所開啟的意義世界，一方面是我們理論思惟的意義根源，另一方面它卻拒絕被任何理論所窮盡，所以人只能藉棲息於其中，一步步的揭露它的意涵。換言之，在海德格看來，不獨人不是足以立一切法的主體性，而且他對存有的理解，也非表象思惟中的理論思辨之事。人對形上學的探索，註定只能經由吾人投入日常的生活世界，以參與領納取代理論思辨的方式，逐步地體現存有的奧祕。因此，當代新儒家的前輩，過去為了彰顯中國哲學重實踐的取向，特別參酌康德道德哲學的理論，現在看來，不僅混漫了人與存有之間的差異，而且輕忽了人與存有相與隸屬的關係，從詮釋策略看來，不無斟酌的餘地。

四、

果如前述，海德格這些別開生面的新見解，雖然衝擊到西方哲學傳統的權威性，但不容諱言，他也為當代中國學者面對知識化的挑戰，在尋求中西哲學對話的平臺上，打開了新的視窗，讓我們獲

得更多元化的考量。尤有進者，他也讓我們有機會再次反思中國傳統哲學智慧的調性，檢討前輩學者已經建立的詮釋架構與理路。由於我個人受限於學養，無法全面性地展開海德格哲學與中國經典的對話，但是對海德格哲學中一些基本取向，發現不僅與中國哲學的調性相容，而且多半也可以在文獻上得到印證支持，所以經歷多年的反覆思索，決定嘗試性地將自己的想法表達出來。可是，每當我要提筆寫作時，我發現自己就立即陷入一種思想混亂當中。因為從進大學以來，我對中國古代典籍的理解，就是在新儒家前輩的教誨下展開的。可是，如果我要繼續保留新儒學的理路與用語，我就無法表達我從海德格那裡所得到的啟發；若完全放掉新儒家的詮釋架構，從海德格哲學的角度切入，又會覺得唐突、不親切，而深感不安。這種兩難的窘境，一直困擾了我好多年。一九九四年，我因為參與中研院文哲所孟子學的研究計畫，必須繳交一篇論文，於是前後磨蹭了三個月，終於找到一個書寫策略，就是從反省前輩學者詮釋進路的差異，找到架接海德格洞見的途徑。論文發表後，一方面覺得意猶未盡，另一方面發現這些想法尚能見容於師友，於是鼓足勇氣，又一篇一篇的展開了目前這本書所收錄的其它論文。近幾年來，一些老學生、年輕學者時常詢問何時集結成書，方便他們引用，而我個人對這些文章的自信，也越來越有把握了，於是我又興起了成書的念頭。然而，任人也想不到的是，初校稿完成已兩年多了，序文卻遲遲未動筆，個中理由就是目前這篇序文第一段中我提到的顧慮。

其實，唐先生、牟先生是我最尊敬的兩位新儒家師長，沒有他們的著作與人格典範，我是不會走到中國哲學領域裡來的。可是，

年輩差異所反映的時代變遷，也使得我們在問題意識、詮釋用語方面，未盡相同。目前為了忠於所思所學，我決定不再照著前輩先生的思考重複的講，可是，在精神、意向方面，我自信能完全繼承兩位前輩的想法，就是：我們在中國哲學「知識化」的過程，一方面應該力求貼近傳統智慧的精神面貌，另一方面在選擇與西方哲學家的對話時，應盡可能的考量如何釋放中國哲學的現代意義，讓它在現代人的生活中，仍舊能散發照明啟迪的功能。

　　最後，感謝學生書局陳仕華主編的督促，否則這本書可能還要拖上幾年。還有，多年來與我往覆辯論的師友與學生，若沒有諸君的扶持與鼓勵，素性疏懶的我，恐怕是不會寫這些文章的。其中，最要稱謝的就是黃源典博士，細心核校原稿與出處，讓這本書終於可以見世。

五、

　　今年春天特別遲，冬寒，始終揮之不去。回想蔡元培先生民國二年頒布的「壬子學制」，感觸益多。清晨危坐，想到中國哲學經歷百年的轉折，究竟何去何從，令人躊躇嗟歎！是為序。

袁保新　序于梅盦

二○○八、三、三清晨

從海德格、老子、孟子 到當代新儒學

目 次

壹、從海德格、老子、孟子到當代新儒學

——一項從詮釋學角度展開的自我反思

一、引　論

　　海德格哲學與中國哲學有什麼關係？為什麼中國哲學的現代詮釋，總是有這麼一小群人，無視學術界的質疑，卻始終不渝地從海德格哲學的理路及架構，試圖重塑中國傳統哲學？這種作法的動機、理由及學術的正當性何在？如果說，從亞里斯多德、多瑪斯哲學的觀點，或康德、黑格爾哲學的角度詮釋中國哲學，是一種「格義式」的作法❶，甚至是一種「挾洋自重」的穿鑿附會；那麼，以

---

❶　袁保新：〈再論老子之道的義理定位——兼答劉笑敢教授關於老子之道的新解釋與新詮釋，《中國文哲研究通訊》第 7 卷第 2 期（1997 年 6 月），頁 158-159。

海德格取代西方古典哲學的新詮釋進路,又有什麼特殊的意義與價值?這些疑問,相信是許多致力中國哲學研究的學者,每每好奇的;也是運用海德格哲學思考模式詮釋中國哲學的學者,必須清楚回應的問題。

回顧過去二十幾年來我在中國哲學領域裏的探索,雖然作品在質與量上,都是微不足道的;但是一路走來,始終如一,總是在海德格哲學的領會之餘,試圖運用海德格哲學的提問方式及概念架構,重新疏理先秦儒、道哲學經典的蘊涵。我自認無法代表過去這些年學術界的同好,一一回答前述所有的質疑;但是,從我過去的探索經驗出發,細審每一篇論文寫作的心路歷程,我覺得自己倒是一直在面對這些質問;尤有進者,或許年事稍長,心思愈加固執,我對自己展開的這條思路,也有了一定的自信。因此,在這篇文章中,我將一反論文寫作的慣例,由第一人稱出發,從個人探索歷程的回溯中,總結我將海德格架接到中國哲學現代詮釋中的種種想法與理由,並從當代詮釋學的爭議,「較好的理解」vs.「不同的理解」,評議我所展開的這個研究探索的意義與價值。

二、七五一九〇年代: 海德格與老子哲學的重建

海德格與中國哲學有什麼關係?這個問題,其實沒有那麼嚴重,爭議也不大。因為,遠在七〇年代以前,臺灣文化界就吹起一股「存在主義」的風潮,當時就有許多學者,認為存在主義的調性,與中國重生命體驗的路數頗為相近。這當中,不乏一些治中國

哲學的重量級學者，如唐君毅❷、牟宗三先生等❸。但是，以今天的角度來看，當時的論述，受限於海德格著作、翻譯、二手研究資料的不足，大都是泛論性的，以「意見」的方式呈現，缺乏細部概念的分析與文獻的參證。但是，風潮所至，對於一個愛智熱情有餘，但學思不足的年輕大學生而言，這種學術關聯性的論述，無異是承諾了一個新的研究方向，充滿了鼓勵與誘惑。

事實上，我開始將海德格與中國哲學關聯起來思考，就是在這種氛圍中展開。大學時代，我唸的是輔大哲學系。在西方哲學方面，一直重複地接受亞里斯多德、多瑪斯那種典型士林哲學的啟迪；但是，在中國哲學方面，卻因為我個人的因緣，一開始就被當代新儒學的大師，從熊十力到唐君毅、牟宗三、徐復觀先生的著作所吸引。這些前輩的著作，不僅興發了我投入中國哲學研究的使命感，而且影響之深，甚至使我很早就判定在二十世紀中國哲學的現代詮釋中，當代新儒學較諸大陸以唯物辯證史觀解釋中國哲學、或輔仁大學以士林哲學融會中國哲學、或自由主義學者批判性的解讀中國哲學，都要來得更深刻，更能展示中國哲學的深度與精采。換言之，當時我對當代的新儒學的論述傳統，拳拳服膺，而且自覺地要繼承這種理路的研究工作。

但有趣的是，一個百分之一百服膺新儒學的年輕人，為什麼在西方哲學中獨獨醉心於海德格，而且執意地將海德格的哲學架構引

---

❷　唐君毅：〈述海德格存在哲學〉，收錄於牟宗三、李達生等編：《存在主義與人生問題》（香港：大學生活社，1971 年），頁 37-100。

❸　牟宗三：〈存在主義入門〉，《存在主義與人生問題》，頁 1-19。

進中國哲學的詮釋中呢？這就要回溯到我大四及研一階段，閱讀牟先生《智的直覺與中國哲學》❹、《現象與物自身》❺兩本著作的經驗。當時我閱讀康德《純粹理性批判》英譯本，每每不得其門而入，若不是友人廖鐘慶先生寄來牟先生中文譯本的手稿，始終不得門徑。由於這層緣故，我決定再跟進《智的直覺與中國哲學》。但是，坦白講，以當時的學力，只能說一知半解。可是懵懂之間，卻在心中浮現了幾個疑問：

　　㈠牟先生《智的直覺與中國哲學》這本著作，有大半的篇幅在修正增補早年《認識心之批判》❻的見解，他寫作的目的之一，就是要闡述範疇具有「存有論的指涉格」❼（ontological reference-scheme）。依據廖鐘慶的說法，促成牟先生這種思想轉變的原因，主要是因為牟先生閱讀了海德格《康德與形上學問題》（*Kant and the Problem of Metaphysics*），我們從整個論述過程，大量引述海德格的文獻，即可證明。但令人好奇的是，牟先生雖然從海德格汲取重要的靈感，修正了早期的看法，卻在第二十三節〈基本存有論如何可能？〉❽這一章中，毫不留情地批判海德格《存有與時間》（*Being and Time*）一書，表示「存在的進路是恰當的，而現象學的方法則不相應」❾。那麼，究竟是什麼考量，使牟先生只是有條件地接受了

---

❹　牟宗三：《智的直覺與中國哲學》（臺北：臺灣商務印書館，1971 年）。

❺　牟宗三：《現象與物自身》（臺北：臺灣學生書局，1975 年）。

❻　牟宗三：《認識心之批判》（香港：友聯出版社，1957 年）。

❼　同註❹，頁 1。

❽　同註❹，頁 346-367。

❾　同註❹，頁 366。

海德格的想法？

　　㈡牟先在這部大著作中，盛言中國哲學肯定人具有「智的直覺」。因此，對康德而言是人類理性不可能達致的「超絕形上學」，在中國，卻因為本心仁體的無限性（以儒家為例），均可充分地予以證成。但是，康德「智的直覺」這一概念，是繼承中世紀哲學的意義來使用的。它旨在說明上帝作為純粹的精神體，無形軀感性的限制，因此其對萬物「無中生有」的「創造」，惟是純智的、無感性的，「直覺之即創造之」；但人因為有感性，故只能有「感性直覺」，而無「智的直覺」，而人與萬物的關係，也只能是「認知」的，而非「創造」的關聯。果如其義，則牟先生順儒、釋、道文獻，以疏解代替論證，表示：本心仁體逆覺體證其自身，亦即逆覺其不容已的要見諸行事；而每一行事如事親、讀書，作為本心仁體所要實現的目標，亦即在此逆覺中被賦予、創造。由此，歸結出儒家肯定人具有智的直覺，這種作法顯然是有意移轉「智的直覺」原本的義涵，忽略掉了這個概念必須在「上帝乃純智的」、「無中生有」，這些特定意義脈絡下，才算是正確的理解與運用。換言之，一個熟習西方哲學的學者，當他看到牟先生宣稱「中國哲學肯定人具有智的直覺」這一命題時，一定會質疑：難道人是純智的？在沒有任何一物存在的情況下，本心仁體又如何「見父知孝」，有所謂「事親」這種「創造」之事？因此，牟先生這種立基於「智的直覺」來撐建中國哲學的作法，果真是一個有效的策略？

　　㈢更令人不安的是，依牟先生之見，中國哲學肯定人具有智的直覺的能力，只要逆覺體證，即可證知一切形上智慧的最高理境。果如是，那麼對於一個已證入第一義諦的聖人而言，他常住永恆之

境，為什麼還要投身歷史洪流，面對現實的苦難、折磨、考驗，挽狂瀾於既倒。一九九四年我發表〈盡心與立命〉一文，表示：

> 果如牟先生所引述程明道語「只心便是天」，心體亦即道體，那麼在圓教的義理宏規下，我們很難索解為什麼孟子在歷數堯、舜、禹、湯、周公、孔子後，表達出「然而無有乎爾，則亦無有乎爾」的一種顯然是屬於歷史的、存在的浩歎。換言之，「萬古長空，一朝風月」的禪趣，與孟子「我亦欲正人心，息邪說、距詖行，放淫辭，以承三聖者」的歷史自覺，或許在理論上並不衝突，但畢竟屬於兩種不同的生命形態。❿

其實就是在反映當時的感受。換言之，我當時就質疑牟先生為中國哲學所賦予的詮釋架構，所謂兩層存有論，「無執」與「有執」存有論，是否過於依賴康德「現象」與「物自身」的區分？而「物自身」的世界，作為一個自給自足，無時間性的領域，一個人只要通過逆覺體證即可證入，那麼他又為什麼要折返人間，承接歷史使命，忍受現實磨難？如果實踐的工夫、修養，或所謂的「事上磨練」，均需假定歷程，必須在時間中方為可能，那麼「時間性」在中國哲學中，究竟應該如何安立？

---

❿ 袁保新：〈盡心與立命——從海德格基本存有論重塑孟子心性論的一項試探〉，收錄於李明輝主編：《孟子思想的哲學探討》（臺北：中央研究院中國文哲研究所，1995年），頁160-161。

　　前述的疑問，在當時並不能清楚地表達為概念、文字，但作為問題感，卻是來自生命深層的不安，也就是這種不安之感，決定性地影響了我日後哲學思索的方向。

　　一九七四年我進入輔大哲研所碩士班，在論文方向上，我選擇作海德格基本存有論與儒家道德形上學的比較研究。這個選題充分反映了當時我思考上的興趣，即：想要借一窺海德格哲學的內蘊，為儒家哲學的詮釋，找到一些新的可能性。結果當然是事與願違，其原因不外是年輕學識不足。一九七六年我總算完成碩士論文〈海德格基本存有論中的憂懼心境與先秦儒家道德形上學中的憂患意識之比較研究〉，現在看來，乏善可陳。主要論點在分辨儒家憂患意識所開啟的是一種價值自覺，因此「道二，仁與不仁」的抉擇，足以為下學上達，「盡心／知性／知天」的道德形上學提供實踐的動力。但海德格通過憂懼心境所彰顯的「本真性存在」（authentic existence）與「非本真性存在」（inauthentic existence）的區分，就不是一種價值區分，所以海德格基本存有論勢必落空，《存有與時間》一書註定不能完成。對於這項結論，現在我已完全放棄。因為對海德格涉獵愈多，愈了解海德格存有思惟的堅持，根本不是要完成什麼系統；而年事愈長，我也愈信儒家「天道性命相貫通」的蘊涵，是以「歷史」為其唯一實現的場域；這其中，也無所謂完成、不完成的問題。不過，值得一提的是，當時我在闡明孟子「盡心／知性／知天」這個命題時，並沒有採取牟先生逆覺體證的理路，單向度地由本心仁體自我立法的角度來論述，而是採取了唐君毅先生「義

命合一」⓫的觀點，來確立儒家實踐形上學的義理性格。

　　一九七六年我進入博士班，原擬展開海德格與道家老子的對比研究。但受限於當時學術界的風氣，認定不懂德文就不懂德國哲學，再加上海德格著作英譯資料難求，相關出版品又多又難蒐集，於是就打消了原初的構想，單純地鎖定在老子形上思考的探索。但是，這篇論文一拖就是七年半。造成延宕的原因很多，其中最重要的是，根本提不出什麼創新的見解。直到八〇年代以後，沈清松教授從比利時留學歸國，引進詮釋學的理論，我在粗略接觸之後，一念之轉，放棄原初直探老子哲學本懷的企圖，轉由從詮釋學切入，反省當代學者在老學詮釋分化的現象，並追究老子形上智慧究竟應該作何種進路的理解才屬恰當，這才找到論文寫作的著力點。當時寫作過程中，有兩篇論文影響我特別深。一篇是傅偉勳先生〈創造性的詮釋：道家形上學與海德格〉⓬，另一篇則是陳康先生〈老子「道」之一辭的義涵〉⓭。前者啟發並激勵我從詮釋學的觀點展開老子的研究，後者則提供了我反省當代老學詮釋分化的一個新視角，讓我進一步追問當代學者在面對西方近代哲學「事實」與「價值」的二分性時，如何解決傳統道家哲學經典中，「實然」與「應然」都納入「自然」來思考的這個特點。但是，即令當時在方法學

⓫　唐君毅：《中國哲學原論‧導論篇》（香港：新亞書院研究所，1974 年），頁 523-527。

⓬　Charles Wei-Hsun Fu, "Creative Hermeneutics," *Journal of Chinese Philosophy* 3 (1976).

⓭　Chung-Hwan Chen, "What Does Lao-Tzu Mean by the Term 'Tao'?"《清華學報》第 4 卷第 2 期（1964 年 2 月）。

及問題意識上，我已找到了著力點，但面對當代重要學者在詮釋老子的分化事實，要知所抉擇，並提出調適上遂的新說，並非易事。當時，依據我個人對當代學者老學詮釋的疏理，大體言之，主要分化為兩條路徑。一是順西方哲學的理路，將「道」理解為第一因、無限實體、自然律則；另一則是從思想史的、存在的、實踐的進路，將「道」理解為一種「主觀心境」。前者以唐君毅先生早期〈原道〉❶一文為代表；後者則以牟先生一貫的詮釋為指標❶。我在一九八四年所寫的論文〈老子思想中「道」之形上性格底商榷〉❶一文中，曾歸納我在博士論文的論點，即從哲學史、詮釋學的一致性、整體性三個判準，論證牟先生「主觀境界」說，實優勝於「客觀實有」說。但是，對於牟先生將「道」之實體性與客觀性一起打掉，均收在主體性為首出的詮釋架構中，僅容許將「道」理解為主觀心境，我始終覺得不安。當時，我的策略是回歸文本，認為「道」之實體性固然可議，但是將「道」收納在「主體性」中予以展開，取消「道」之客觀性，基本上是局限於西方近代哲學，自笛卡爾以來，以認識論優先於形上學的偏見。因為，如果我們願意參考海德格存有思惟的洞見，瞭解到：存有作為一切存有物得以理解的基礎，早在主客對列的認知格局以前，它已是一切主體性或客體性成立的意義根據，那麼我們其實沒有必要因為實踐進路的強調，就率爾否定「道」的客觀性。

---

❶　同註❶，頁 348-398。

❶　牟宗三：《才性與玄理》（香港：人生出版社，1963 年），頁 128-167。

❶　袁保新：《老子哲學之詮釋與重建》（臺北：文津出版社，1991 年），頁 131-151。

　　但是，一如前文一再提及，年輕的生命受限於學力與自信不足，我前論的觀點，並未乾淨俐落地表現在我的博士論文中。在牟先生嚴謹龐大的論述架構下，想要有所資藉又能別出新義，幾乎是不可能的事。我竭盡所有的聰明，在博士論文中，也只能將「道」的地位拉昇到「保證存在界生生相續的價值理序」這一涵義；之後，在〈老子思想中「道」之形上性格底商榷〉一文中，又稍進一步，分析出「沖虛玄德」對萬物的「不生之生」，至少預設了：一、每一存在物生育成長的動力，均內在於自己；二、這一內在動力只有在不禁不塞、萬物各安其位的情況下，才可能實現；從而間接地凸顯出：即令聖人不出，但卻無礙「道之在天下」的「客觀性」。但無論如何，在當時我始終不敢將我個人老子詮釋背後所隱藏的海德格的存有思惟，全盤拖出。而是要到二〇〇〇年，我撰寫〈秩序與創新〉❶一文時，這才敢將老子的形上之「道」，逕自從存有學的觀點，將之視同為海德格的「存有」（Sein, being），並暗示「沖虛玄德」充其極亦只是「道之在此顯現」（Da-sein）。

　　從一九八四年取得博士學位，一直到一九九〇年，我陸陸續續又寫了幾篇有關老子的論文，目前都收在我第一本書《老子哲學之詮釋與重建》之中。現在，整個回顧起來，討論的題材雖然不一，但基本理路，卻始終延續著我博士論文的想法在發展。在論述策略上，我沒有像友人陳榮灼先生一樣，直接地將海德格與老子關聯起來分析，而是儘可能回歸《道德經》的文本，從當代學者已建立的

---

❶　袁保新：〈秩序與創新——從文化治療學的角度省思道家哲學的現代義涵〉，《鵝湖月刊》第 37 卷第 2 期（2001 年 8 月），頁 11-22。

論述，有所批判地提出我個人的觀點。換言之，海德格在我這個階段的研究中，一直像個藏鏡人，呼之欲出，但始終沒有以主角的方式現身。眼光敏銳的讀者，可能看出我在詮釋老子形上思想的過程，自始至終都是很自覺地要擺脫西方古典形上學以「實體」或「第一因」為主軸的思考方式，堅持從海德格「存有學的差異」（ontological difference）的架構，展開老子有關「道」與萬物關係的說明。但是這種將老子哲學收束在存有學層次來詮釋的作法，它在哲學上的嚴肅意義，其實非常複雜，至少有兩點，我認為在今天有必要作出一個交待。

首先，從「存有」不是「存有物」的觀點，「道」固然不可像「說故事」（telling a story）一樣，逕自詮解為第一因、或無限實體；同樣地，它也不可以化約為「先驗根據」（transcendental ground），建構為某種「主體性」的概念⑱。換言之，像牟先生將「道」理解為「沖虛玄德」的主觀心境，其實也是一種遺忘存有學差異的不究竟的作法。

其次，將「道」與「萬物」的關係定位為一種存有學的關係，固然可以擺脫西方宇宙論順外在因果模式將「道」化約為「第一因」的淺陋，但《道德經》文本中許多明顯具有宇宙發生論色彩的語句，似乎就不是牟先生用「姿態」一辭所能遮蔽得掉。問題是，與道家存有學相容的「宇宙論」陳述，應該如何「陳構」

---

⑱　Martin Heidegger, *Being and Time*, trans. John Macquarrie and Edward Robinson (New York: Harper & Row, 1962), p.26.

（formulation）？一時之間，我也苦無對策❶。

　　以上兩點，其實在九○年代以前，我在寫作有關老子的論文時，都已是「點滴在心頭」，卻始終不曾明言。主要考量，就是一經明說，我採用海德格存有學進路詮釋老子的作法，就會直接沖犯到當代新儒家「中國哲學的特質在主體性」的基本命題。我的個性沒有這麼叛逆，再加上年輕本來自信就不足，我只能「猶抱琵琶半遮面」地朝已逐漸明朗的方向前進。在這個階段中，我間斷的涉獵海德格的作品，領會愈多，愈確信海德格開啟的思路，在批判解構西方哲學的洞見上，適足以為中國哲學的現代詮釋提供新的可能性，在釋放中國傳統哲學經典的現代意義上，他遠比亞里斯多德、多瑪斯、康德、黑格爾更恰當。但是，從海德格哲學中汲取靈感詮釋中國哲學，絕不能一廂情願。我必須在文獻的基礎上，從問題意識出發，指出基於何種問題的考量，我們必須修正原有的理解架構，並採取海德格的觀點來解讀經典。這項工作，看似簡單，但執

---

❶　依據牟宗三先生的見解，不僅「道」的實體性、客觀性是虛說，「道」的宇宙論的陳述亦只是「姿態」而已。對於牟先生的看法，我一直有不安。取消「道」的實體性，我可以接受；但不談「道」的客觀性，我認為並不妥適。其實，我們只要從存有學的角度反思「不生之生」如何可能，就可以獲致我在前文的結論。然而，真正令人困擾的是，道的宇宙論陳述，果真只是「姿態」？從詮釋學方法論的觀點，這種「修改」、「抹去」文本的作法，不是很有說服力的。問題是，如果道家也有宇宙論，那麼這種宇宙論與西方哲學的宇宙論有何差異？我在〈秩序與創新〉這篇文章中曾簡略地提出我的想法，苦於文獻不足徵也，一直沒有充分的展開。最近，中正大學賴錫三教授在莊子氣化論方面作出一些研究，頗有突破，可參考賴錫三：〈《莊子》「精」「氣」「神」的工夫和境界——身體的精神化與形上化之實現〉，《漢學研究》第 22 卷第 2 期（2004 年 12 月），頁 121-154。

行的過程，卻極為艱鉅。如果說服力不夠，將海德格架接到中國哲學詮釋上的努力，很難不被批評為「標新立異」。我知道，這一切都需要時間。

三、九○年代以後：
海德格與孟子心性論的現代詮釋

　　將海德格關聯著老子作比較研究，坦白講，比較沒有爭議。因為海德格在他著作中，多次表示老子的「道」，與他心目中的「存有」相似。但是將海德格關聯著孟子，將「盡心／知性／知天」這個古老命題，賦予海德格式存有論的詮釋，在九○年代之初，我應當是第一個探險者。

　　事實上，一九九二年我出版《孟子三辨之學的歷史省察與現代詮釋》❷一書時，就試圖將海德格的觀點帶到我對孟子的詮釋中。但這個念頭，在寫作進行到中途，就被我撤銷了。理由一方面是這本書原是為升等而為，不宜太「別出心裁」；但真正的關鍵，卻是因為關於孟子的論述，早已汗牛充棟。特別是以牟先生為代表的師門傳統，引經據典，詳加論證，是我二十多年以來篤信不疑的詮釋系統，我很難從這個系統中推陳出新，另造新論。所以，寫作到中途，我就擱置了原初的構想。但是，對於牟先生「一心開二門」，在現象與物自身的二分架構下，暢發無執存有論的儒家圓教論述，

---

❷　袁保新：《孟子三辨之學的歷史省察與現代詮釋》（臺北：文津出版社，1992 年）。

我始終有著一分不安。因為「只心便是天」，本心仁體圓滿具足，常住於無時間性的理境，我實在看不出一個聖人為什麼要有「終身之憂」❹，為什麼要有「然而無有乎爾，則亦無有乎爾」的歷史浩歎。因此，二十年前，從大四以來的那種不安之感，持續發酵。我苦思著究竟應該採取何種論述策略，這才可以具有說服力地將海德格的洞見架接到孟子的現代詮釋中。

　　一九九四年我參與中研院文哲所孟子學的計畫，發表〈盡心與立命─從海德格基本存有論重塑孟子心性論的試探〉，第一次正式將海德格帶到孟子的解讀中。因為當時已無升等壓力，我的自信也比較足了，所以這才敢放膽一試。但是，整個寫作過程卻極為辛苦，兩萬多字的文章，卻用了三個月才完成，比我撰寫博士論文、升等論文，還要難產。原因無它，一是這個領域無前輩作品可以資藉：另一是長期閱讀當代新儒學前輩的著作，早已嫻熟這個理路、概念用語，如今要另闢蹊徑，所有用語都要更換，一不小心，只要還存著一絲舊有的思考、語言，我就不能表達出自己真正想說的。這個經驗，相信許多前輩在研究過程中都經歷過。

　　現在回顧當年寫作的過程，我主要是分兩個部分來進行。第一部分是借勞思光先生與牟宗三先生的歧見，即勞先生認為孟子心性論無需另設形上天的肯定，而牟先生卻保留天作為「超越實體」，從而提問：孟子學究竟有無形上學的蘊涵？如果有，這種形上學的蘊涵應該理解為一種「道德的形上學」？還是「基本存有論」？換

---

❹　朱熹：《四書章句集註》（臺北：鵝湖出版社，1984 年 9 月），〈離婁下〉，頁298。

言之，我運用借力使力的手法，先論證出將孟子「盡心／知性／知天」解讀為基本存有論的正當性。接著，在第二部分，我儘可能回歸《孟子》文本，在參考唐君毅先生「義命合一」的觀點下，展開了對「盡心／知性／知天」新的解讀，並獲得了以下四點結論❷。

　　㈠孟子「即心以言性」的理路雖然早為前輩學者所詳論，但是在基本存有論的觀點來看，孟子所謂的「心」，並不是指人所具有的一種超過、多過一般動物的「理性機能」（faculty of reason）；而是指：唯有人能夠「明於庶物，察於人倫」地存活於世界中。換言之，「心」在這裏是指著一種「存活的能力」（ability-to-be）❸，旨在凸顯天地萬物只有人具有領會、詮釋自我的可能性，而且這種能力的展開，無所逃地要在世界中進行。因此，所謂「盡心知性」，不外是說：當一個人愈是充盡地「明於庶物，察於人倫」，他也就愈充分地彰顯並了解到人之所以為人。

　　㈡如果孟子的「心」一概念，的確指的就是一種開顯明照存在界秩序、意義的能力，那麼依基本存有論的觀點，「心」作為「在世存有」（being-in-the-world），一方面固然可以依其自身的感通原則，明善而察理；但另一方面，「心」在投入具體的、公共的生活

---

❷　下文在重複這個結論時，文字略有修正，涵義未變，只是希望表述得更清楚些。

❸　將「心」解讀為「存活的能力」，其實也就是將「心」比同海德格所謂的「存在」（existence）。但是在掌握這個涵義時，我們一定要提醒自己，一方面不可以再掉陷到近代西方哲學「心、物」二元論的模式中，將「心」理解為另一種實體，或某種「機能」；另一方面，也不可以將這種「能力」誤解為「潛能」（potentiality），落入亞里斯多德哲學本質主義思考的框架中。

世界時，也可能會有所「放失」與「陷溺」。因此，「心」的操持存養遂成為孟子工夫論的重點。一般人在理解孟子性善論時，每以「人何以為不善」相責疑。但是，就「在世存有」乃是「心」的基本形式而言，人在實際生活中的「為不善」，無非是指既成的公共世界對「心」形成了不可避免的干擾、扭曲；但就「心」自身的明察能力而言，並不會取消❷。

㈢尤有進者，從基本存有論的角度切入孟子「盡心／知性／知天」的理路，最重大的發現即是：「天」在孟子哲學中，既不是作為宗教信仰的「上帝」加以崇拜，也不作為西方形上學中的「無限實體」、「第一因」，思辨地展開對存在界的說明。雖然，籠統地將「天」當作一切造化的根源，《孟子》書並不排斥，但是從一些重要的篇章，如〈萬章上〉第五、六章以及〈梁惠王下〉第十六章，「天」在《孟子》書中，主要擔負的是人在歷史的律動中所遭遇的各種事件、情境的最終解釋❷。換言之，孟子顯然已將《詩》、《書》中的「形上天」的信仰「存有論化」了，轉換為明照生活世界中各種遇合之有無生滅的意義基礎。它的豐盈不竭的義涵，早已滲透到人類文明的腳步中，只待吾人心性的覺醒與回應。

---

❷ 孟子在〈告子上〉第八，牛山之木章中表示：「雖存乎人者，豈無仁義之心哉？其所以放其良心者，亦猶斧斤之於木也，旦旦而伐之，可以為美乎？」正是明證。詳註❷，頁331。

❷ 歷來對〈萬章上〉第五、六章，均視為孟子政治哲學的重要文獻，但是當孟子說道：「舜、禹、益相去久遠，其子之賢不肖，皆天也，非人之所能為也。莫之為而為者，天也；莫之致而至者，命也。」我們看到孟子對「天命」的理解，明顯具有歷史哲學的蘊涵。詳註❷，頁308。

㈣關於「盡心」如何「知天」，傳統的理解只要順「萬物皆備於我」這一意義，逕自可以發展出「天人合一」的歸結。但是，如果從基本存有論的觀點來看，「仁，人心也；義，人路也」，「仁」作為無限的感通原則，若不能通過「由命見義」的途徑，進入生命具體的情境，仍然無法真正契接於穆不已、生物不測的「天道」❷❻。換言之，我們認為從倫理學的角度詮釋孟子❷❼，雖然擁有龐大文獻的支持，但是孟子「盡心」之教若不能落實到「立命」的真實踐履之上，則孟子的心性論不僅有「蹈空」之嫌，而且顯然與孟子那種不惜與整個時代破裂的存在感受與歷史使命感不符。因此，完備的展開孟子心性論的內涵，我們認為在「心、性、天」的架構中，必須再補進「命」一概念，如此才能保住人在歷史中為文化理想奮鬥的真實性與意義。

上述論點的建立，在寫作過程中，雖然是字斟句酌，但是完成之後，始終覺得意有未盡。事實上，無論是在當時論文宣讀的現場，還是日後教學的講堂上，我這種將海德格架接到孟子學詮釋上的努力，並未得到預期中熱烈的討論。師友間嘉許的固然不少，但質疑的也有，可是，無論贊成或反對，均未構成激烈的討論。我知道，在許多人心目中，我做的工作，並未造成當代新儒學牟先生主

---

❷❻ 傳統以來，將「仁」訓解為「感通」，並無異議。這裏，我略作引申的是，順「義者，宜也」的古訓，指出「義」正是「仁」做為感通力量底一項情境化的運用，換言之「義」乃是「情境化原則」。

❷❼ 從倫理學角度來詮釋孟子，特別是從康德自律道德的立場出發，最典型的人物，前輩當然是牟宗三先生，近期則以李明輝教授為代表。《康德倫理與孟子道德思考之重建》（臺北：中央研究院中國文哲研究所，1994 年）。

流論述的衝激。大家的不予理會，其實就是大家認為還可以容忍，覺得我與牟先生道德形上學的觀點，基本上是相容的。但是作為一個哲學工作者，概念語言的選取，決非任意輕率的，但憑主觀的好惡；相反的，它建基於一些學術上重大的考量，這才會有所更張。因此，我反躬自省，我這種將海德格架接到孟子學的詮釋工作，一經充分地展開，它會在那些義理面向與牟先生「道德的形上學」有區別？這些差異形成的原因、背景是什麼？我可以提出什麼學術上的理由，支持自己的做法是較合理的？換言之，我必須再接再厲，將自己潛隱在背後的想法，一一逼上檯面。

事實上，我在寫作〈盡心與立命〉時，就很清楚的知道，如果我採取海德格的觀點解讀孟子，勢必在三個理論面向上，與牟先生的立場分道揚鑣：

㈠在心性論上，我將徹底揚棄「主體性」的理論型態。因為如果我們將「心」理解作「在世存有」，一種開顯，明照存在界秩序、意義的能力，那麼「心」就絕不可能像牟先生所設想的，自給自足於先驗的國度，遺世而獨立；相反的，它自始至終為時間所滲透，它是有限的，也是歷史的，它注定要在投向世界的過程中完成自己。孟子說「仁，人心也」、「仁也者，人也」。如果，「仁」指的就是一種無外的感通能力，那麼，「心」早在逆覺其自身為主體之前，已是「在世界中」的。

㈡在形上天的理解方面，我也將放棄西方古典形上學「超越實體」一類的概念。因為證諸文獻，孟子從未將「天」抽象地解讀為「第一因」、「超越實體」，擔負著萬物存在變化的解釋之責。相反的，孟子所謂「天也，非人之所能為也」的表述，總是扣緊著人

在歷史中的各種境遇，將之理解為等待人聆聽、領納、回應的意義事件。「天」作為造化根源，或造化自身，在《孟子》書中，主要是在說明生活世界中各種遇合的意義。換言之，我們應當在存有學的脈絡下，將「天」詮釋為以歷史為呈現場域的「意義無盡藏」❷⑧，而等同於海德格的「存有」。

㈢在倫理學的向度中，由於我採取唐先生「義命合一」的詮釋理路，我也必須跳脫「自律」與「他律」的二分架構，從更根源的角度，亦即「存有與道德的統一」這個立場，重新展開孟子道德哲學的蘊涵❷⑨。

因此，一九九五年以後，我決定在〈盡心與立命〉的基礎上，繼續展開海德格與儒學現代詮釋的探討。第一篇是〈天道、心性、與歷史──孟子人性論的再詮釋〉，發表於一九九五年。接著，我又寫了〈試論儒家心性之學的現代意涵及其與科學的關係──兼論當代儒學對西方近代科技的理解與回應〉。一九九九年，再提出〈什麼是人？孟子心性論與海德格存有思惟的對比研究〉。並在二○○○年，發表〈從「義命關係」到「天人之際」──兼論「自由」在孔孟儒學中的兩重義涵〉。在這先後四篇文章中，我分別從不同問題意識出發，反覆論證牟先生順主體性哲學的模式所建構的

---

❷⑧　「意義無盡藏」乃我個人自鑄的一個名詞，旨在說明「天」的存有學蘊涵。換言之，我從文獻的觀點出發，「天」在孔孟哲學中始終是一親切、可參與的意義之體，它從未像西方思辨形上學一樣，作為一個冰冷、森嚴的「超越實體」，只是一個理論性的概念。

❷⑨　袁保新：〈「從義命關係」到「天人之際」──兼論「自由」在孔孟儒學中的兩重義涵〉，《淡江大學中文學報》第 7 期（2001 年 6 月），頁 1-26。

儒學現代義涵，由於挾帶了西方近代哲學的一些預設，諸如心／物二元，事實／價值二分，理性／感性二分，主／客對立，所以雖然有若干文獻的支撐，但是在理論上卻無可避免地將儒學帶到一些困境中，諸如：

㈠無法在「心／性／天」通而為一圓教的模式中，說明儒學為什麼這麼重視「歷史意識」❸。

㈡「一心開二門」與「良知坎陷」說，充其極，只能說明道德主體性與科學在邏輯上的「相容性」，卻不能回歸到歷史上，從存有學的角度說明科學發生的必然性❸。

㈢從「先驗主體性」來徵定儒學心性論的內涵，表面上似乎可以為道德法則的普遍性找到基礎，但是這個論述卻導致了「身／心」問題無法安排，而且在遺忘人的歷史性的情況下，將無法充分解釋我們的道德經驗❸。

㈣「道德的形上學」並不能真正保住「天」作為「超越實體」的地位，因為「主體性」作為自給自足的原理，自我坎陷即可開現象界；那麼為事實世界另立一最高原理，將導致系統內同時肯定兩

---

❸　袁保新：〈天道、心性、與歷史——孟子人性論的再詮釋〉，《哲學與文化月刊》第 22 卷第 11 期（1995 年 11 月），頁 1009-1022。

❸　袁保新：〈試論儒家心性之學的現代意涵及其與科學的關係——兼論當代儒學對西方近代科技的理解與回應〉，收錄於劉述先主編：《當代儒學論集：挑戰與回應》（臺北：中央研究院中國文哲研究所，1995 年），頁 199-223。

❸　袁保新：〈什麼是人？孟子心性論與海德格存有思性的對比研究〉，收錄於《中國哲學與全球倫理》（臺北：東吳大學哲學系，2000 年），頁 55-96。

個最高原理的窘境㉝。

相反地，如果我們採取海德格的進路，前述的困難，不但可以克服，並且回歸文本，我們一樣可以找到文獻的呼應，那麼我這種將海德格架接到孟子學現代詮釋的努力，就不是聊備一格別出心裁，而是值得尊重並肯定的作法。因此，一九九五年以後，我連續以四篇論文，論證運用海德格詮釋孟子的合理性，總算在近幾年中逐漸得到回響，一些年輕人願意跟進，一起展開海德格與中國哲學對話的探險。我知道，這條路上，我已不是孤獨一人了。

四、結論：
「較好的理解」？「不同的理解」？

在二十世紀西方詮釋的發展過程中，一直存在著一些爭議㉞。約略分之，有三個立場。一是「照原意的理解」，以貝第（E. Betti）、赫許（E. D. Hirsch）為代表，主張合理的詮釋應該要恢復「作者的意圖」，以確保詮釋理解的客觀性與正確性。另一是「不同的理解」，以高達美（H.-G. Gadamer）為代表，認為每一時代詮釋者在詮釋經典時，都是立足於自身的情境出發，是在為自身開啟文本在當前的適用性，無所謂誰對誰錯，大家只是理解不一樣而已。第三種立場是「較好的理解」，以阿培爾（Karl-Otto Apel）與哈伯馬

㉝　同註㉚，頁 1009-1022。

㉞　張鼎國：〈「較好地」還是「不同地」理解——從詮釋學論爭看經典注疏中的詮釋定位與取向問題〉，《中國文哲研究通訊》第 9 卷第 3 期（1999 年 9 月），頁 87-109。

斯（J. Harbermas）為代表。他們在繼承啟蒙運動理性至上，歷史必須追求進步的前提下，表示「理解」不等於「同意」，我們在面對各式各樣的理解時，應保持理性自由與批判的空間，不可以照單全收，而必須知所選擇。已如所知，這三種立場，捉對廝殺，在二十世紀中後期曾展開過兩次論戰。

坦白講，詮釋學上的這些爭議究竟應該如何評議，不是本文能夠置喙。但是，利用詮釋學家立場路數的歧異，省察我過去所展開的研究成果，或許可以澄清一些疑慮與誤解，讓我有機會更明確的說明我所做的工作的意義。

大體言之，過去二十多年來，我資藉海德格哲學的理路、概念架構來詮釋中國哲學的作法，與其說是我相信海德格更能幫助我們還原中國哲學的本懷真相；毋寧說是通過海德格的參照對比，我們可以為中國哲學經典的內涵，找到更適用於當代情境的現代義涵。換言之，我傾向高達美的觀點，相信：只要有文獻足夠的支撐，詮釋經由「提問／答覆」的辯證過程所達致的意義視域，基本上都是重新發現文本的現代義涵，是一種讓經典繼續發揮它照明、解釋我們現代人經驗的積極作法。因此海德格也好，康德也好，他們作為思考理路及概念架構的參考系統，無非是為詮釋者提供問題意識，協助詮釋者將經典潛隱未發的意義可能性，召喚至前，為詮釋者所用。持平說來，這當中並無所謂誰較好，誰較不好。

但是，如果不同詮釋只是不一樣的理解，無所謂優劣，那麼為什麼每一個詮釋者總是竭盡所能地在各個詮釋系統中進行區分、別異的工作？難道不是要證明自己的詮釋是「較好的」嗎？譬如牟先生在老子詮釋中反對將「道」理解為客觀實有，力持「道」只是主

觀心境；我在詮釋孟子時，不採取主體性哲學的進路來說明
「心」、「性」、「天」諸概念的關係，始終堅持從「在世存有」
的觀點切入；這些作法，不是都是在表明自己詮釋觀點是「較好的
理解」？

　　對於這些質疑，我作為一位詮釋工作者，從自我批判的角度出
發，必須承認：

　　㈠所謂「較好的理解」，並不是「真」與「假」的區別，因為
我們根本無法確定經典作者的本懷是什麼，也無意提供真假的最後
判準。

　　㈡所謂「較好的理解」，充其量只能在兩個層次是可以成立
的。一是就方法論的設計上，愈周延、精確地遵守各項詮釋原則，
當然比粗糙、隨興的抽樣比附，或前後不一致的解讀，更具有說服
力。另一則是扣緊問題意識而言，如果我們對經典的提問，更能反
映現代人的意義需求，更能照明現代人的經驗處境，那麼這個詮釋
也就具有更大的適切性。

　　果如前述，針對過去二十多年遊走於海德格、老子，孟子之間
的詮釋成果，在何種意義下，我自認自己所提出的詮釋是「較好的
理解」，我就可以說明如下：首先，在第一階段一九七五年至一九
九〇年當中，我在老子詮釋方面的試探，主要是從詮釋學方法論的
考量出發。換言之，無論是對客觀實有形態的批判，或者對牟先生
主觀境界說有條件的保留，我都是建基在一些方法論的理由之上立
說的。在這個階段中，文本的整體性、一致性及其從屬的歷史情
境，是我論證展開的基礎，海德格並沒有扮演關鍵的角色。但是第
二階段，也就是一九九〇年以後，當我開始參考海德格來重新詮釋

孟子時，促使我放棄牟先生「道德形上學」的詮釋理路，另闢蹊徑的關鍵，方法論的考量就不這麼重要，而是主導詮釋活動背後的問題意識，成為決定性的因素。在前後五篇有關儒家與孟子的論文中，我用了很大的篇幅來揭露「道德的形上學」的困境，其目的就是在論證我用海德格詮釋孟子是「較好的理解」，而以「道德的形上學」模式來詮釋孟子，恐怕是不合時宜，而且是不符現代人意義需求的作法。問題是，牟先生詮釋孟子的問題意識是什麼？牟先生雖然不曾明言，但是我大膽推測，應該是下述兩個關懷：

㈠道德法則的普遍性如何安立？它的超越根據為何？

㈡儒家心性論有沒有形上學的蘊涵？如果有，它的義理形態與西方古典形上學有何異曲同工之處？

坦白說，牟先生詮釋儒學的問題意識，在學術上固然有其成立的理由，毋庸質疑；但是，這樣的關懷，能不能幫助我們解讀孟子，並從《孟子》書中找到靈感、洞見，從而更能理解現代人的經驗處境，我就不能沒有質疑。

在〈什麼是人？〉這篇文章中，我曾反省當代人類文明的處境：

> 二十世紀人類文明的發展，基本上是由科技的更新來主導的。科技在二十世紀的進步，不但改變了人類的生活方式，而且也打破族群與國家之間的樊籬。都市文明的興起，已經使舊有的生活秩序解體，但是在交通、資訊工具急速的變遷與進步下，就是任何族群與國家，也都不可能獨立地存在，現代人注定要在與「它者」（the other）的相遇中，尋找自我

的定位。因此，現代文明的困境，不是人類行為沒有規範可以諮詢，而是「誰」的規範，足以為「地球村」的生命共同體訂定行為的準則。在人類歷史中，從來沒有比二十世紀的現代人更加困惑與迷惘的了。

尤有進者，現代科技的進步，雖然可以將人送到太空，但是科技在經濟進步主義的推波助瀾下，卻逐漸使人不能存活於地球之上。生態環境嚴重的破壞，早已使人懷疑科技的更新，果可拯救科技帶來的災難？自然界強勁而無情的反撲，不啻讓現代人再次經驗到「它者」。只是，令現代人迷惑的是，科學不是一直是二十世紀人類最有自信的成就嗎？為什麼擁有「真理」與「知識」光環的科學，愈來愈不了解他所居住的自然界或地球。是不是我們自傲的科學一開始就將自然界過度簡化為某種特定認知模式下的「對象」，忽略了自然其實也有它永遠拒絕被化約的尊嚴。二十世紀晚期，環境哲學或環境倫理學的興起，正說明了二十世紀文明的這種困境，即：「它者」拒絕被化約為「我」或「我們」的情況下，什麼是自我？什麼是人性？什麼是自然？都成為一些迫切等待重新思索的問題。換言之，存有的再探索與新倫理的重建，已經成為二十一世紀人類文明最重要的課題。

未來人類文明究竟何去何從呢？如果我們不能從歷史的回顧中，洞悉現代人存在困境的根本癥結，對症下藥，那麼再多的哲學也只不過是無用知識的堆積。唐君毅先生在反省當代存在哲學的興起時，曾經一針見血地指出現代人的精神處境，亦即「上不在天，下不在地，外不在人，內不在己」。

也就是說現代人既沒有超越的價值理想（上不在天），也失去了可以修遊藏息的自然世界（下不在地）；尤有進者，不同族群價值觀的衝突，使得人間頓成江湖，只是以前是刀光劍影，現在走高科技的現代武器（外不在人）。更可悲的是，人愈來愈不能理解自己了（內不在己）。究竟是什麼原因將人類帶到這樣的困境中？也許不是三言兩語可以交代清楚。但是可以確認的是，如果我們要建構二十一世紀的新倫理，恐怕不能再將希望寄託給近代西方倫理學的思考模式，亦即在主體性的絕對預設下，假普遍理性之名，一方面確保道德法則的普遍性；另一方面，將所有的事物對象化，形成單向度的宰制關係。換言之，我們必須放棄人本位主義的思考方式，重建天、地、人、我之間的和諧關係，並謙遜的接納歷史所賦予的各式各樣的「差異」，讓每一個人、物皆能是其所是，成就他自身。㉟

換言之，道德的關懷，誠然是每一個時代共同的課題，但是當前時代新倫理秩序的建立，顯然不是訴諸道德理性的先驗性，即可安立。而是需要從存有學的立場，重新思考什麼是人？什麼是自然？如何重建天、地、人、我的和諧關係？這才可能為人類文明找到出路。因此，在詮釋孟子時，我為什麼不再順著近代西方倫理學的思考模式進行，而是參考海德格基本存有學的理路，其目的就是要從存有與道德統一這個更根源基礎上，重新揭露孟子哲學的現代意

㉟　同註㉜，頁 94-95。

義。這種問題意識的轉折，在我個人看來，不僅有學術上的充分理由，而且它也反映了我們現代人強烈的時代感受。

因此，總結我過去的研究工作，雖然我曾批評二十世紀以來的中國哲學，面對西學東漸，為了爭取它在大學殿堂的發言權，不得不運用西方哲學的概念、語言來詮釋中國傳統哲學，因此表現為一種「格義」式的發展；但是，基於個人詮釋學的訓練，我從未喧賓奪主，削足適履。而我過去十年中。選取海德格作為詮釋中國經典的參考系統，主要是基於問題意識的轉移，它的動機既非為了「標新立異」，也不是「挾洋以自重」。用馮友蘭的話，這些年的工作，只是希望在當代新儒學的傳承中，自己是一位「接著講」而不僅是「照著講」的馬前卒。至於這整個探索的方向，是否有意義，相信學術界自有其公斷。

附記：本文曾刊載於《中國文哲研究通訊》第 15 卷第 1 期（臺
　　　北：中央研究院中國文哲研究所，94 年 3 月），頁 119-
　　　136。

貳、盡心與立命

——從海德格基本存有論
重塑孟子心性論的一項試探

一、導論：問題之背景、線索與論述方式

在中國哲學傳統中，心性論無疑是最具特色、也最重要的課題
❶。而孟子，作為這個論題提出的最原始的心靈之一，雖然言簡義
精，但是他的論斷卻一直是後代學者闡幽發微的依據。尤其南宋以
後，孟子在儒學傳統中的地位日益重要，「盡心－知性－知天」更
成為宋明儒者對抗佛老形上體系，暢發天道性命之學的義理原型。
這種情形，即使發展到當代新儒家，仍舊沒有改易，反而有愈轉愈
精的趨勢。我們細審牟宗三先生的著作，無論是他所提出的「道德
的形上學／觀解的形上學」的區分，或「靜態的內在的存有論／動

---

❶ 牟宗三、張君勱、徐復觀、唐君毅：〈中國文化與世界〉，見唐君毅：《中
華人文與當今世界》（臺北：臺灣學生書局，1975 年 5 月），頁 885。

態的超越的存有論」❷的區分，基本上都還是順著孟子「盡心－知性－知天」的理路，以闡明中國心性論這一種與西方形上學迥然有別的義理形態。在西學東漸，當代中國心靈普遍眩惑於西方知識傳統的氛圍下，牟先生這種通過中西哲學的對比，特別是康德的先驗哲學，以凸顯儒家心性論特質的努力，不僅是別具慧眼，而且還是深具時代性的。

但是，牟先生對於儒家心性論義理性格的定位，是否全無斟酌的餘地？《孟子·盡心章》的詮釋，難道不可以發展出不同的形態嗎？我們只要檢閱勞思光先生《新編中國哲學史》❸，就不難發現：儘管勞先生完全認同牟先生「中國哲學的特質在於主體性」❹這一原則，但是對於《孟子·盡心章》是否具有形上學的意涵，則持徹底反對的態度。換言之，孟子「盡心－知性－知天」這一哲學命題，其義理性格的究竟何屬？在當代學人中，仍然存在著嚴重的歧見。

尤有進者，當牟先生順陸、王心學逆溯孔、孟成德之教，判定儒家道德的形上學乃一「無執存有論」的「圓教」系統時❺，年輕一輩學者如清華大學楊儒賓教授，也基於先秦儒學強烈的實踐關懷，質疑孔孟思想中的「心」一概念，是否一定要如明代王學四有

---

❷　牟宗三：《圓善論》（臺北：臺灣學生書局，1985 年 7 月），頁 337-340。

❸　勞思光：《新編中國哲學史》第 1 卷（臺北：三民書局，1984 年 1 月），頁 192-202。

❹　牟宗三：《中國哲學的特質》（臺北：臺灣學生書局，1974 年 10 月），頁 9-13。

❺　同註❷，頁 305-335。

句、四無句理解為「無限心」❻。因為，果如牟先生所引述的程明道語「只心便是天」❼，心體亦即道體，那麼在圓教的義理宏規下，我們將很難索解為什麼孟子在歷數堯、舜、禹、湯、周公、孔子後，表達出「然而無有乎爾，則亦無有乎爾」❽的一種顯然是屬於歷史的、存在的浩歎。換言之，「萬古長空，一朝風月」❾的禪趣，與孟子「我亦欲正人心，息邪說，距詖行，放淫辭，以承三聖者」❿的歷史自覺，或許在理論上並不衝突，但畢竟屬於兩種不同的生命形態。因此，楊教授試圖通過海德格的基本存有論，以「情境心」一概念來補足牟先生「無限心」的理解系統。雖然就理論而言，並非全無商榷之處，可是他的問題意識，對於進一步釐清孟子心性論中「心」、「性」、「天」、「命」諸概念間之關係，卻是極具啟發性的。

是故，回顧孟子心性論在當代中國哲學中的研究發展，牟宗三先生的疏解，以及他通過中西哲學對比所做的義理判教，誠然復活了孟子的文獻，而且也將孟子心性論納入了一個更開闊、更具有時代性的思考脈絡中。但是《孟子》一書，主要記載的是一些師生對話以及格言警句，這種言簡意賅的表述方式，使得孟子的心性論在

---

❻ 楊儒賓：〈人性、歷史契機與社會實踐——從有限的人性論看牟宗三的社會哲學〉，《臺灣社會研究季刊》，卷1，第4期1988年，頁139-179。

❼ 程顥、程頤：《二程集》（臺北：里仁書局，1982年3月），上冊，頁15。

❽ 朱熹：《四書章句集註》（臺北：鵝湖出版社，1984年9月），〈盡心下〉，頁336-337。

❾ 吳經熊：《禪學的黃金時代》（臺北：臺灣商務印書館，1969年11月），頁257。

❿ 同註❽，頁272。

詮釋上一直有相當大的空間與彈性。事實上，朱熹與王陽明對孟子的理解，固已不同❶，更遑論當代學者間的歧見。因此，在無法確認孟子心性論本來真相的詮釋困境下，本文的探索，與其視之為在評議前賢的是非對錯，毋寧說是以當代學者對孟子心性論的歧見為線索，並援引牟先生中西哲學對比的方法（只是稍稍不同的，這一次以海德格基本存有論為背景）重新考察一下孟子心性論，探討它在現代哲學思考的脈絡中所可能具備的義理形態與結構。

職是之故，本文的論述程序，主要是循兩個題組來展開，前者與孟子心性論的義理形態有關，後者則關乎孟子心性論的概念結構。析而言之，即：

　1.孟子心性論究竟有沒有其特殊的形上學蘊含？

　2.孟子心性論中，心、性、天、命諸概念之間的關係究竟為何？

其中，第一項題組又包含兩個子題，即孟子心性論「是否具有形上學蘊含？」與「如果有的話，則又是屬於那一種形態的形上學？」其間，第一個子題旨在澄清牟、勞兩位前輩先生的歧見，而第二個子題則在反省楊儒賓教授以海德格基本存有論來理解孟子心性論的可能性，從而確立本文重塑孟子心性論的適當性。至於第二項題組，也就是本文的重心，主要是以孟子文獻為主，旨在分別闡明心、性、天、命諸概念的意義後，再依據基本存有論的架構，提出四者之間的一項結構性的說明。

---

❶　楊祖漢：《儒家的心學傳統》（臺北：文津出版社，1992 年 6 月），頁 67-75。

二、心性論與形上學

孟子心性論中，最具提示性、也最富爭議性的一段文獻就是：

> 盡其心者，知其性也；知其性，則知天矣。存其心，養其
> 性，所以事天也。殀壽不二，修身以俟之，所以立命也。⓬

在這寥寥三十幾字中，孟子不但論及了「心」與「性」，同時也關
聯到「天」與「命」。但問題是，在一切論證付諸闕如的情況下，
這三個明顯意義相屬的哲學命題，究竟該如何理解？它們究竟應該
被理解為純粹的心性論語句？還是說兼具有形上學的蘊含？勞思光
先生顯然傾向於前者的立場。

> 形上學重視「有或無」，故必以「實體」觀念為根本；心性
> 論重視「能或不能」，故以「主體」或「主宰性」為根本。
> 明乎此則先秦儒學之本旨方不致迷亂也。⓭

勞先生以「實體」或「主體」來判定一個理論究竟是形上學，還是
心性論，其實是一個清楚易從的原則。但是，僅憑這個原則，尚不
足以斷定〈盡心章〉沒有形上學的蘊含。勞先生主要是基於另外兩
項實質的考慮，才判斷〈盡心章〉沒有形上學的蘊含。

⓬ 同註❽，〈盡心上〉，頁349。
⓭ 同註❸，頁196。

先就「知性」與「知天」說，通常習用解釋，是以此說與中庸之「天命之謂性」合看，謂二者相通。就字面看，此種傳統說法亦似甚為自然；蓋「性」若自「天」來，則由「性」反溯亦似可以知「天」也。但稍一深求，則從哲學史或哲學問題看，皆大有困難。蓋從哲學史角度看，則《中庸》乃晚出之書，則舊說所假定之《中庸》與孟子之傳承，顯已不能成立。孟子自謂承孔子之學，而孔子思想之特色即在於強調自覺心之主宰地位，孟子之心性論分明承此立場而建立。先秦北方思想傳統又向無形上學旨趣，則孟子何以忽採取後世之形上學觀點（為《中庸》所代表），實不近情理。……❹

其次專就哲學問題看，則此中之理論困難，亦甚明顯。蓋若以為「性」出於「天」，則「性」比「天」小；換言之，以「天」為一形上實體，則「性」只能為此實體之部份顯現；由「天」出者，不只是「性」。如此，則何以能說「知其性」則「知天」乎？「其」字自是指「人」講，「知其性」縱能反溯至對「天」之「知」，亦只是「天」或「天道」之部份，人不能由知人之性即全知「天」也。總之，如「性」出於「天」，則「知其性」不能充足地決定「知天」。……❺

從前引文字中我們看到，支持勞先生論點的理由有兩個。一是哲學

---

❹ 同註❸，頁 194。
❺ 同註❸，頁 194-195。

史的考量，即《中庸》乃晚出之書，其所代表的形上學觀點，不可
能是反映先秦北方思想傳統，為向無形上學旨趣的孟子所採取。另
一是就哲學理論而言，如果「天」是形上實體，那麼即令是「性出
於天」，我們也不能由「知性」來決定「知天」。因此，勞先生認
為：

> 此處之「天」字，不重在「限定義」，而有「本然理序」之
> 義。「天」作為「本然理序」看，則即泛指萬事萬物之理。
> 說「知其性，則知天矣」，意即肯定「性」為萬理之源而
> 已。❶❻
>
> ……孟子言及「天」與「性」時，並非肯認一形上實體；
> 「知其性」則「知天」之說，語義正與「天命之謂性」相
> 反；「心」是主體，「性」是「主體性」而「天」則為「自
> 然理序」。「自然理序」意義甚泛，自亦可引出某種形上學
> 概念，但至少就孟子本人說，則孟子並未以「天」為「心」
> 或「性」之形上根源也。❶❼

換言之，如果我們將「天」理解為「本然理序」，並收攝到「性」
中，視為是心性主體本具的先天內容，勞先生認為〈盡心章〉是可
以避開形上實體的假定的。但是，對於勞先生這種解釋，我們認為
並不妥適。因為，我們至少可以提出以下兩個質疑：

---

❶❻　同註❸，頁 196。
❶❼　同註❸，頁 197。

1.就哲學史而言，《中庸》是否是晚出之書，與孟子心性論是否具有形上學蘊含，其實並無決定性的關聯。因為《中庸》一書的成篇年代，即使晚於孟子，這也不代表它的思想形成也一定晚於孟子。更何況，勞先生所云：「先秦北方思想傳統又向無形上學旨趣」，與其視為哲學史上的公論，不如視為勞先生的一家之言。事實上，從孟子大量引用《詩》、《書》文獻來看，我們找不到充足的理由主張孟子對於古代形上天的觀念全然沒有領會與繼承。

2.其次，就哲學理論而言，為什麼「天」若不能作「形上實體」來理解，就只能解釋為「自然理序」（或「本然理序」）？所謂「自然理序」，究竟指的什麼？又在何種情況下，「自然理序」可以引出形上學的意義？勞先生顯然並未給出清楚的說明，只是信心滿滿的表示：孟子並未以「天」為「心」或「性」的形上根源。但是，從不同角度審視先秦哲學史，我們也可以說：「天」作為一切事物的形上根源，或一切事物總有其生發的根源，其實從未被中國哲人認真地質疑過。勞先生執意要取消「天」一概念在孟子思想中的形上蘊含，表面看來，似乎建立在嚴謹的概念分析之上，究其實，整個分析不但是不窮盡的，而且是帶著一種對形上學的偏見，來過濾掉「天」一概念可能的豐富意涵。

事實上，關於〈盡心章〉的解釋，大部分的當代學者還是傾向於肯認其中涵蘊著某種形上學，而最典型的代表就是牟先生在《圓善論》中的疏解。

> 孔、孟都有超越意義的「天」之觀念，此由詩書所記載的老
> 傳統而傳下來者。至孔子提出「仁」，則是踐仁以知天，至

孟子則是盡心知性以知天，其義一也。❿

「盡心」之盡是充分體現之意，所盡之心即是仁義禮智之本心。孟子主性善是由仁義禮智之心以說性，此性即是人之價值上異於犬馬之真性，亦即道德的創造性之性也。你若能充分體現你的仁義禮智之本心，你就知道了你的道德的創造性之真性。上中盡字重，知字輕，知是在盡中知，此亦可說實踐的知，即印證義。你若這樣證知了你的真性，你就知道了天之所以為天。此知亦是證知義，在實踐中證知也。❿

……我們可以籠綜天地萬物而肯定一超越的實體（上帝或天道）以創造之或創生之，這乃完全由人之道德的心靈，人之道德的創造性之真性，而決定成的。此即是說：天之所以有如此之意義，即創生萬物之意義，完全由吾人之道德的創造性之真性而證實。外乎此，我們決不能有別法以證實其為有如此之意義者。是以盡吾人之心即知吾人之性，盡心知性即知天之所以為天。天之所以為天即天命之於穆不已也。天命之於穆不已即天道不已地起作用以妙運萬物而使之有存在也。……故此天雖為一實體字，指表一超越的實體，然它卻不是一知識之對象，用康德的詞語說，不是思辨理性所成的知解知識之一對象，而乃是實踐理性上的一個肯定。說上帝創造萬物，這只是宗教家的一個說法而已，說實了，只是對於天地萬物的一個價值的解釋。儒家說天道創生萬物，這也

---

❿　同註❷，頁 132。
❿　同註❷，頁 132。

是對於天地萬物所作的道德理性上的價值的解釋，並不是對
於道德價值作一存有論的解釋。因此，康德只承認有一道德
的神學，而不承認有一神學的道德學。依儒家，只承認有一
道德的形上學，而不承認有一形上學的道德學。此義即由孟
子盡心知性知天而決定，決無可疑者。❷⓿

　　牟先生的理解，與勞思光最大不同的是：牟先生認為《詩》、
《書》傳統中的「形上天」觀念，並沒有在孔、孟道德主體性的自
覺後消失或旁落，成為一個可有可無、無關閎旨的古老觀念的殘
餘；相反的，孔子的「踐仁」以「知天」、以及孟子的「盡心知
性」以「知天」，透露出孔、孟基本上是通過道德理性的自覺，重
新契接上古代「形上天」的信仰，並賦予了一項道德意涵的解釋。
換言之，在牟先生的詮釋中，「天」在孔、孟的心性論中不但未遭
揚棄，反而因為心性論的建立，使其超越的、不可測的義蘊，得到
了可理解性（意義）彰顯的基礎。
　　但問題是，為什麼兩位前輩先生的理解如此歧異？一如學術界
所周知，兩位前輩在西方哲學的研究中，均以康德見長，而在儒學
的見解上，均肯定「內在道德性」為先秦孔、孟哲學的核心理論。
依理而論，他們在「形上天」的問題上，也應該有類似的主張。可
是，事實不然。這說明兩位前輩先生對「形上學」的認知與態度，
自始即存在著歧見。勞先生在詮釋中國哲學時，其所依據的理解架
構，顯然是傾向於從康德《純粹理性批判》及邏輯實證論的角度，

❷⓿　同註❷，頁 133-134。

來質疑一切形上學的重要性。而牟先生則傾向於從康德實踐理性優位的立場，肯定中國哲學的形上智慧，本來就與西方傳統哲學走觀解、分析的路數不同。因此，在牟先生看來，儘管「形上學」在當代西方哲學潮流中，一度聲名狼籍，但我們卻沒有必要削足適履，硬要截斷孔、孟心性論與《詩》、《書》老傳統「形上天」信仰的關聯，將先秦儒學窄化為一種「無形上學蘊含的心性論」。相反的，我們應該忠於文獻，保留「天」一概念在孔、孟心性論中的地位，將〈盡心章〉理解為一段具有「道德的形上學」、或「無執的存有論」意含的語句。

然而，何謂「道德的形上學」？「無執存有論」？雖然牟先生在許多著作中都詳加解釋，但是從西方批判形上學的觀點來看，仍然有一些隱晦不明之處。即以前引牟先生疏解〈盡心章〉一段文字為例，到底「天」指表著形上學的第一因呢？還是存有論上決定一個事物是否存在的意義基礎（根據）？我們並不十分清楚。當牟先生表示「天」是創造萬物的「超越實體」時，顯然牟先生是順著西方傳統形上學「存有物」的思考模式，將「天」比同於西方哲學中的「上帝」。但是，當牟先生表示「天之所以為天之具體而真實的意義完全由心之道德的創造性而見也」[21]，以及「儒家說天道創生萬物，這也是對於天地萬物所作的道德理性上的價值的解釋」時，牟先生似乎又操著海德格「基本存有論」的語調，認為孟子的「盡心知性」以「知天」，其重點不在證實「天」是否是客觀的存在，而是在說明：「天」之所以為天的「意義」，只有通過「盡心知

---

[21] 同註❷，頁 134。

性」才得以彰顯。換言之，牟先生在這個詮釋脈絡中，一改前述西方傳統形上學「存有物」的思考方式，而將「天」理解為一個說明萬物何以存在的超越根據或意義基礎，相當於海德格基本存有論中「存有」概念。但問題是，孟子「盡心－知性－知天」一段語句，其哲學意涵究竟該如何定位，是形上學的第一因？還是基本存有論的意義根據？牟先生雖然有「道德的形上學」或「無執的存有論」這些概念，卻並不足以澄清我們的困惑。

嚴格說來，在牟先生對「天」概念的兩種詮解中，後者的意蘊顯然比前者更順適，而且哲學理趣也更深遠。尤有進者，後者可以避免從批判形上學觀點而來的許多質疑。因為，如果我們執意將「天」理解為「超越實體」，則不僅要面對勞思光先生「知其性」不能充分地決定「知天」的批評，而且所有圍繞著西方形上學「實體」概念所發展出的各式批判，也將被迫導入孟子哲學的理解中，成為我們現代人接受領納孟子思想的障礙。相反的，如果我們將〈盡心章〉從海德格基本存有論的理路來詮解，把「盡心－知性－知天」理解為：只有通過本心充分的實踐，才可以知道人之所以為人以及天之所以為天的「意義」。換言之，將「性」與「天」當作純粹的存有論概念來看待，而不順著傳統形上學理解為「存有物」，則這種理解不僅是一項忠於文獻的解讀，而且也是跳開了西方傳統形上學的糾葛，將孟子帶入到一個更具有現代意涵的作法。只是令人不免遺憾的是，牟先生的詮釋雖然涵蘊著「基本存有論」的理趣，卻因為牟先生不願接受海德格「存有論區分」（ontological difference）這一原則，所以只能順著康德「道德的神學」，將孟子

〈盡心章〉理解為是一種「道德的形上學」❷。這使得「天」作為
說明萬物何以是有而不是無的「意義基礎」這一內涵隱而不彰，反
倒是「天」的「超越實體」義，一枝獨秀，徒然增加了理解上的困
擾。事實上，順牟先生自己對「存有論」一詞的疏解，「中國的慧
解傳統亦有其存有論，但其存有論不是就存在的物內在地（內指
地）分析其存有性，分析其可能性之條件，而是就存在著的物而超
越地（外指地）明其所以存在之理。興趣單在就一物之存在而明其
如何有其存在，不在就存在的物而明其如何構造成」❷。果如是，
則我們必須承認「天」作為說明萬物所以存在之理，其義理性格與
其名之為「超越實體」，毋寧視為海德格哲學的「存有」。因此，
將孟子〈盡心章〉的形上蘊含，定位為海德格「基本存有論」的形
態，應當是順牟先生的疏解所有的一種調適上遂的作法。

職是，回顧當代前輩對《孟子·盡心章》的詮釋，表面上看，
焦點似乎集中在「是否具有形上學蘊含」的議題上，但深入分析，
問題關鍵全繫於如何界範「天」一概念的義理性格。勞思光先生雖
然列舉「哲學史的角度」以及「哲學問題」兩個理由，來反對
「天」可以理解為「形上實體」，可是，如果「形上實體」以及這
一概念所暗示的西方傳統形上學，本來就與孟子在形上學方面的慧
解不類，我們似乎不必因為勞先生個人在哲學史上的一家之言，逕
自否決了〈盡心章〉的形上學蘊含。相對來看，牟先生對《孟子》

---

❷　牟宗三：《智的直覺與中國哲學》（臺北：臺灣商務印書館，1971 年 3
　　月），頁 346-367。

❷　同註❷，頁 337-338。

的詮釋，就比較能夠固守「天」一概念在傳統中國心靈世界中豐富
的義涵。只是令人惋惜的，牟先生用以彰著孟子形上智慧形態的觀
念——「道德的形上學」，雖然凸顯了儒家從道德實踐契接形上根
源的理路，但是當牟先生仍然沿襲西方傳統形上學「超越實體」的
觀念，來說明「天」一概念的內涵時，這個論斷又模糊了他對孟子
許多精闢的詮釋。如果這裡牟先生能稍稍欣賞海德格如何以「存有
意義」的問題取向，來超克西方傳統「存有－神學」（ontotheo-
logy）的取向❷，以及近代以來企圖以認識論上的主體性取代古代
形上學的迷思，那麼牟先生理應參考海德格「基本存有論」的架構
來詮釋孟子。如此一來，我們對〈盡心章〉的註解，不但避開了許
多來自近代西方認識論方面的質疑、批評，包括勞思光反對孟子有
形上學蘊含，而且也為孟子賦予了一項更具有現代義涵的解釋。因
此，後文在重塑孟子心性論的試探中，特別是重新安立《孟子·盡
心章》中「心」、「性」、「天」、「命」諸概念的關係時，我們
將一改前賢的詮釋進路，直接參考海德格基本存有論的架構，一探
孟子心性論中潛隱多時的另一番義理風貌。

三、海德格基本存有論的理趣
及其哲學涵蘊

　　海德格在當代中國哲學界一直是屢被稱引的西方哲學家。但

---

❷　Werner Marx: *Heidegger and the Tradition*, tr. Thecdore Kisiel and Murray Greene,
　　Northwestern University Press, Evanston, 1971.

是，或許是因為海德格的哲學過於艱深，三十多年來，無論是對他個人的研究，還是援引他的洞見來詮釋中國哲學，一直沒有看到令人滿意的成果。目前本文的研究，在性質上，也只是一項嘗試。然而為了更清楚的展示海德格哲學與孟子心性論在哲學理趣上的相干性，我們有必要針對「基本存有論」的問題取向、概念架構及其哲學的特殊涵蘊，作一簡要的說明。

「基本存有論」（fundamental ontology），嚴格論之，只反映出了海德格早期代表作《存有與時間》的思想，三十年代以後，海德格就放棄基本存有論的理路❷。但是，由於《存有與時間》在當代西方世界的影響太大，直到今天仍然有為數頗多的學者為之辯護，認為早期海德格「基本存有論」的進路雖然被擱置，可是它所揭示的諸多觀念，仍然是當代哲學思索最重要的成果，逕可以獨立地看待與發展❷。

一如大家所熟知，基本存有論主要是通過「此有」（Dasein）的存在分析來揭露存有的意義。而海德格在《存有與時間》第二節〈存有問題的形式結構〉、以及第四節〈存有問題在存有物層次上的優先性〉的敘述中，曾經很扼要地說明了「存有」、「存有物」、「此有」三者在基本存有論中的關係。

　　1. 在這個尚待回答的問題中，我們所要探問的是存有──那

---

❷　Martin Heidegger: *Being and Time*, tr. John Macquarrie and Edward Robinson, Harper and Row, New York, p.17.

❷　Hubert L. Dreyfus and Harrison Hall (ed): *Heidegger: A Critical Reader*, Blackwell Publishers, Cambridge, 1992.

個決定存有物為存有物，即，儘管我們對存有物可以進一步的討論，但是在這個基礎上，存有物卻早已先被領會了。存有物的存有，其自身並不「是」存有物。如果我們要領會存有問題，在哲學上，我們的第一步即在於不要「敘述故事」──亦即，不要藉著將一個存有物回溯到它所由來的另一存有物這種方式，來規定存有物之為存有物，好像存有也具有某種可能存有物的性格似的。因此，存有，作為我們所探問者，必須依照其自身的方式展示出來，而這種方式在本質上有別於存有物被揭示的方式。㉗

2.……因此要適切地回答存有問題，我們必須使一種存有物──亦即探究者──的存有透徹可見。……而這個我們自身即是的存有物，亦即探問乃是他存有諸多可能性之一的存有物，我們將以「此有」指稱之。……㉘

3.……對存有的領會正是此有存有的一項確定特徵。此有在存有物層次上，〔較諸其他存有物而言〕，其與眾不同處即在於：他「是」存有論的。㉙

從前引文獻中，我們清楚的看到，海德格基本存有論與傳統西方形上學最大的不同在於：他徹底放棄了以因果的思考方式尋找第一因來安立一切存有物的理論形態。因為從海德格的觀點看來，傳

㉗　同註㉕，頁 25-26。

㉘　同註㉕，頁 27。

㉙　同註㉕，頁 32。

統形上學最大的盲點就是「遺忘了存有」，以致於混淆了「存有」與「存有物」之間的差異。對海德格而言，「存有」作為一切事物為何是有而不是無的「奧秘」，決不是一個存有物──無論是上帝，還是無限實體──所可能取代的，它對人而言，其實是一個「意義的無盡藏」，一個人們賴之以理解自身與世界的「意義基礎」。因此，忠於「存有」思惟的首務就是：不要將「存有」實體化，恪守「存有」作為「意義」或「可理解性基礎」的性格。

然而，海德格基本存有論的原創性，並不止於將存有論從「實體－神學」中拯救出來。更重要的是，當海德格試圖從「此有」的存在分析來顯示吾人對存有領會的可能視域時，海德格也自覺地要超克西方近代知識論的傳統，跳脫主客二分的思考格局。因此，「此有」在海德格基本存有論中，雖然是通達「存有」的關鍵，但卻不是構成一切意義的「先驗我」（transcendental ego）。因為果真如此，不啻將「此有」等同於「存有」；尤有進者，這樣的作法，其實與近代認識論試圖以「主體性」取代傳統形上學的「上帝」，如出一轍，在本質上，仍舊沒有跳脫傳統形上學存有物的思惟方式。而目前的問題是：「此有」與「存有」的關係究竟為何？為什麼「存有」的意義必須通過「此有」的存在分析，這才獲致可理解的視域？

事實上，前引文獻已經說明，芸芸萬物之中，只有人──探究者──有領會存有的能力，或者，只有人才是存有論的存有者。而這也就是為什麼海德格以「此有」稱謂人性存有者的緣故。蓋芸芸萬物中，「存有」只有對人而言，才是問題；而人也只有竭盡其存有論的天職，「存有」才會以其豐盈的「意義」呈現。因此，所謂

「此有」，其具體指涉固然指向人，但在基本存有論的脈絡中，它毋寧是在強調人的存有論的天職，亦即，開顯存有意義的能力。

但是，此有作為「存有在此」或「存有顯示於此」，其本質為何？它具有何種結構？海德格又如何將其基本存有論的思考與近代主體主義劃清界限？為了精簡篇幅，以及扣緊本文重塑孟子心性論的目的，我們不妨從下述幾組觀念來展示海德格心目中的「此有」概念。

1.此有的本質即在於它的存在（The essence of Dasein lies in its existence）：海德格基本存有論在西方形上學史上最重要的一項突破，就是：正視人性存有者與一般其他存有物的不同，打破西方從中古世紀以來的 essentia／existentia（通常中文亦譯作本質／存在，但意涵與海德格所賦予的迥然不同）的二分❸。因為，傳統的「存在」（existentia）觀念，只傳達出事物的「現成性」（being-present-at-hand），但是當海德格用「存在」（existence）一詞徵定此有之所以為此有時，旨在凸顯：(1)在所有的存有物中，只有人──此有──必須不斷地面對自己是什麼？將會成為什麼？經由自我領會詮釋，站出來（to stand out）❸；(2)尤有進者，由於領會、詮釋總是朝自己所可能是的方向來「投射」（projection），因此，任何從「現實性」（actuality）方面來徵定此有的觀點，均須讓位給「可能性」（possibility），換言之，此有就是它的可能性❸。職是，海德格不但

---

❸　同註❸，頁 67。

❸　Hubert L. Dreyfus: *Being-in-the-world*, The MIT Press, Cambridge, 1991, p.14.

❸　同註❸，頁 184-185。

揚棄傳統的「存在」（existentia）概念，連帶地，傳統哲學以各種現成物的屬性或範疇，來徵定此有本質的作法，也被否定。

2.「每一自我性」（Jemeinigkeit, in each case mineness）：既然此有不能像一般事物一樣歸類，本質地就只是它的可能性。那麼在它存活的過程中，它能夠選擇自我，贏得自我，但也可能背棄自我，失去自我❸。然而，無論是前者，還是後者，都是建基於此有「每一自我性」的存在特徵之上。海德格稱前者為「屬己性」或「本真性」（authenticity），後者為「不屬己性」、「非本真性」（inauthenticity）。且依據海德格自己的說明，「非本真性」並無價值上的貶義，在體現此有的程度上，它並不少於或低於「本真性」❸。但是，整本《存有與時間》對二者關係的說明，都不是非常清楚。根據夏發教授的分析❸，海德格所謂的「本真的存在」，具有兩層涵義，一是就此有的存在性結構而言（in an existential sense），「非本真性」以「本真性」為基礎；另一就此有日常生活中實際存活的狀態而言（in an existentiell sense），「本真存在」其實是在「非本真存在」基礎上的一種轉化（modification）。至於，兩者的關係為何如此複雜，這就牽涉到海德格對此有概念所建立的另一項重要涵義——「在世存有」。

3.「在世存有」（Being-in-the-world）：依錐弗斯教授（Hubert L.

---

❸　同註❷，頁 67-68。

❸　同註❷，頁 68。

❸　Jay A. Ciaffa: "Toward an Understanding of Heidegger's Conception of the Inerrelation Between Authentic and Inauthentic Existence", *Journal of the British Society for Phenom-enology*, Vol. 18, No.1, 1987, p.49-59.

Dreyfus）的觀點來看❸，海德格《存有與時間》前半部對此有作為「在世存有」這一整體現象的分析，不但可以獨立的看待，而且也是最具原創性的一部分，奠定了海德格在當代哲學世界中卓越的地位。只是目前基於本文性質的考量，將僅就其與前文相關的涵義略作說明。

此有，作為自我詮釋的存在，並不是一個不食人間煙火、獨立自足的先驗主體。相反的，此有總是存在於世界中，並且傾向於通過世界來達成對自身存有的領會、詮釋。因此，此有作為在世存有，並不是一項後天的經驗事實。從海德格存在分析的觀點來看，在世存有其實是此有基本的構成狀態，一項無所逃的存有論上的事實，海德格對此又稱之為「事實性」（facticity）❸。「事實性」這個概念的提出，在海德格存在結構的分析中，適與前文所提，此有就是其可能性的說法，形成一種結構上的張力。可能性這個概念旨在凸顯此有的自由，以及此有開顯世界義蘊，揭露世界內存有物之存有的主動性。而相對的，事實性的這個概念，則在說明此有的「被拋擲性」（throwness）❸，以及此有對自身存有的領會、詮釋，「註定」了要通過世界中所遭遇的其他存有物來達成的命運。

既然此有無所逃地必然從屬於某個世界，那麼在與世界中諸般事物的交接過程裡，以及各式各樣的其他此有的互動中，此有往往會受到誘引、牽連，變得盲目地從眾，以「他人」（they）為自

---

❸　同註❸，p.Ⅷ。

❸　同註❸，頁 82。

❸　同註❸，頁 174。

我❸，因為在海德格的分析中，「非本真的存在」毋寧是此有在日常生活中的常態，而「本真的存在」則有待於此有自身的覺醒與扭轉。海德格在《存有與時間》一書中，曾經對此有如何通過憂懼（anxiety）❹、對死亡的預期（anticipation to one's death）❹以及良心的召喚（call of conscience）❷，最後以「決斷」（resoluteness）❸體現本真的存在，提出細膩深刻的分析。要言之，有兩個重點特別值得注意。一是日常生活中盲目從眾的非本真存在，雖然在存在結構上以事實性為根基，但是在隨波逐流、人云亦云的過程中，此有頂多能背棄、遮蔽其本真的可能性，卻不能取消它。因此，就此有的存在性結構而言，轉俗成真永遠可能❹。另一是，此有雖然可以通過決斷，將本真的自我從「他人」的存在模式中挽救回來，但「在世存有」作為此有基本的構成狀態，卻不會因此被取消❹。換言之，即令是本真的存在，它在體現其自身存有論的天職中，亦必須通過當前的「情境世界」（situation-world）❹，才能夠讓自己成為「存有在此」（the "there" of being）。

因此，綜合前述關於海德格「此有」概念的分析，我們理解到為什麼海德格一旦將「存有問題」定位為「存有意義的問題」後，

---

❸　同註❷，頁 163-168。
❹　同註❷，頁 228-241。
❹　同註❷，頁 304-311。
❷　同註❷，頁 319-225。
❸　同註❷，頁 341-348。
❹　同註❷，頁 160。
❹　同註❷，頁 343。
❹　同註❷，頁 346-347。

整個基本存有論的分析就必須建立在能夠開顯意義的「此有」的存在結構上。尤有進者，基於前述三個重點的說明，我們也大體可以想像到為什麼海德格會發展出「有限的存有論」（ontology of finitude），或者晚期會提出「存有亦即存有的歷史」的主張**❻**。海德洛這種在西方形上學史上截斷眾流、另闢蹊徑的思考方式，的確為嫻熟傳統形上學的人帶來許多理解上的困擾。但是，他的本懷，與其認為是無情地拆毀傳統形上學，毋寧說是為西方哲學世界指出一條新的思考方向，一條可能是與中國哲學更接近的思路。這一點，或許我們可以在後文中作進一步的檢證。

四、孟子心性論中「心」、「性」、「天」、「命」諸概念的再詮釋

如果我們原則上接受前文第二節的分析，認為〈盡心章〉所展示的「心—性—天」的理路，其實是孟子繼承古代形上天的信仰，所發展出的一種調適上遂的義理架構，其性格應該更接近海德格的基本存有論，而非西方傳統形上學「實體—神學」的形態。那麼，接下來的問題是：從基本存有論的觀點來看，孟子心性論中的幾個核心概念，如「心」、「性」、「天」、「命」等，具有那些義涵與關聯？特別是前輩學者所忽略，但對現代讀者而言，卻是彌足珍

---

❻ Otto Poggeler: "Metaphysics and the Topology of Being in Heidegger", in *Heidegger: The Man and the Thinker*, ed. by Thomas Sheehen, Precedent Publishing, Inc., Chicago, 1981, p.173-185.

貴的思考資源。

　　現在為行文方便，先重述〈盡心章〉文獻。

　　　孟子曰：「盡其心者，知其性也；知其性，則知天矣。存其
　　　心，養其性，所以事天也。殀壽不二，脩身以俟之，所以立
　　　命也。」❹

　　關於這段文獻，當代新儒家的前輩先生每每順明道之語，「只
心便是天，盡之便知性，知性便知天，當處便認取，更不可外
求」，暢發「心性天通而為一」的義理❹。然而，一如蔡仁厚教授
所論，「程明道的說法，是圓頓一本地言之」❺。換言之，這個說
法對於一個義精仁熟的道德實踐者而言，自有其體驗上的貼切之
處。但是，如果從孟子原文所透露出的分解性的精神來看，它就極
可能是早熟之論。我們不禁要問道：如果「只心便是天」，為何必
待「盡之」，這才可以「知性」、「知天」？如果「不盡」，是否
「心」就與「性」、「天」斷裂為二橛？所謂「當處便認取」的
「當處」究竟何指？「盡心」與「當處」之間又有何關係？為什麼
當代學者在進一步闡發明道的旨趣時，偏偏遺漏了「命」？「命」
在孟子心性論中究竟有何位置？要充分回答上述的問題，我們認為
海德格所發展出的基本存有論的型架，頗有「他山之石」的參考價

---

❹　同註❽，〈盡心上〉，頁349。

❹　同註❷，頁135。

❺　蔡仁厚：《孔孟荀哲學》（臺北：臺灣學生書局，1984年12月），頁232。

值。

首先闡明「心」、「性」兩概念的意義。

1. 公都子曰：「告子曰：『性無善無不善也。』或曰：『性可以為善，可以為不善；是故，文、武興，則民好善；幽、厲興，則民好暴。』或曰：『有性善，有性不善。是故，以堯為君而有象，以瞽瞍為父而有舜，以紂為兄之子，且以為君，而有微子啟、王子比干。』今曰『性善』，然則彼皆非與？」孟子曰：「乃若其情，則可以為善矣，乃所謂善也。若夫為不善，非才之罪也。惻隱之心，人皆有之；羞惡之心，人皆有之；恭敬之心，人皆有之；是非之心，人皆有之。惻隱之心，仁也；羞惡之心，義也；恭敬之心，禮也；是非之心，智也。仁義禮智，非由外鑠我也，我固有之也，弗思耳矣。故曰：『求則得之，舍則失之。』或相倍蓰而無算者，不能盡其才者也。《詩》曰：『天生烝民，有物有則。民之秉彝，好是懿德。』孔子曰：『為此詩者，其知道乎！故有物必有則；民之秉彝也，故好是懿德。』」[51]

2. 君子所性，雖大行不加焉，雖窮居不損焉，分定故也。君子所性，仁義禮智根於心。其生色也，睟然見於面，盎於背，施於四體，四體不言而喻。[52]

---

[51] 同註❽，〈告子上〉，頁 328。
[52] 同註❽，〈盡心上〉，頁 355。

孟子性善論的提出，主要是通過「四端之心」來申論，其實在前引文獻中已清楚地顯示出來。這種「即心言性」的思考形態，不僅在當時是「別開生面」的[53]，即使到今天也是一項寓義深長的哲學命題，值得我們再去探索。簡單地說，依照西方哲學分類的觀點來看，孟子的心性論一方面可以劃歸到倫理學或哲學人類學的範疇中，但另一方面，它也具有形上學的向度，甚至如本文前述的論點，它具有基本存有論的意涵。然而，多年以來，我們對孟子心性論的詮釋，卻習於依據前引文獻，或者從倫理學的角度切入，強調道德法則的內在性[54]，或者從哲學人類學的角度，說明「心」在生命結構中的優位性[55]。換言之，我們比較忽略從基本存有論的立場，來闡明「即心言性」的意義。事實上，如果我們要凸顯這層意義，可能要再參考孟子其他相關的文獻，才會比較顯豁。

1.孟子曰：「人之所以異於禽獸者幾希，庶民去之，君子存之。舜明於庶物，察於人倫，由仁義行，非行仁義也。」[56]

孟子曰：「仁，人心也；義，人路也。舍其路而弗由，放其心而不知求，哀哉！人有雞犬放，則知求之；有放心，

[53] 同註❷，頁22。
[54] 李明輝：《儒家與康德》（臺北：聯經出版事業公司，1990年7月），頁47-80。
[55] 黃俊傑：《孟學思想史論》（卷1）（臺北：東大圖書公司，1991年10月），頁54。
[56] 同註❽，〈離婁下〉，頁293-294。

而不知求。學問之道無他，求其放心而已矣。」❺

2. 公都子問曰：「鈞是人也，或為大人，或為小人，何
也？」孟子曰：「從其大體為大人，從其小體為小人。」
曰：「鈞是人也，或從其大體，或從其小體，何也？」
曰：「耳目之官不思，而蔽於物，物交物，則引之而已
矣。心之官則思，思則得之，不思則不得也。此天之所與
我者，先立乎其大者，則其小者弗能奪也。此為大人而已
矣。」❺

　前引文獻第一段〈人之異於禽獸者幾希〉，雖然全文無一字涉
及心、性，但顯然是針對心、性而發。可惜的是，歷來學者總是順
倫理學的思路，側重「非行仁義」、「由仁義行」的道德實踐的主
宰性，忽略了「明於庶物，察於人倫」這兩句話所透露出的基本存
有論的意涵。事實上，如依基本存有論的觀點來解讀，至少有三個
重點，特別值得我們注意：

　1.「心」、「性」作為人之異於禽獸者幾希所在，決不可以順
西方亞里斯多德定義法來理解，只是在凸顯「種差」（differense of
species）而已❺。因為，如此一來，人基本上還是被當作世界中的一
物來看待，而「心」、「性」也淪降為一種靜態的有關有物構成的
「形式」原理（principle of form），不但沒有反映出心、性作為人

---

❺　同註❽，〈告子上〉，頁333。

❺　同註❽，〈告子上〉，頁335。

❺　傅佩榮：《儒家哲學新論》（臺北：業強出版社，1993年7月），頁78。

「具體的實踐生活之本源與動力」的意義❻，而且遺忘了心、性在彰顯天之所以為天的存有論的性格。因此，恰當地理解，孟子此處雖然使用的是「幾希」的字眼，卻不是在量上表示人比一般禽獸「多」出了些什麼，而是要指出人之所以為人的心、性，苟若充盡地實現，則如「舜」一樣，「明於庶物，察於人倫，由仁義行，非行仁義」；但是，如果不能「存養」、「擴充」，則「違禽獸不遠」。換言之，孟子顯然是從人所「能是」（Seinkonnen, ability-to-be）❻的觀點來說明人之所以為人，亦即「心」、「性」作為孟子這段文獻的隱性主題，我們必須從基本存有論的立場來認取。

2.其次，值得正視的是，孟子在進一步說明「心」、「性」的作用時，所謂「明於庶物，察於人倫，由仁義行，非行仁義」，固然可以順「仁義內在」的觀點，理解為人具有在道德實踐中的自律自主性。但是，從基本存有論的觀點來看，這段文獻毋寧是在說明心性具有明照存在界及人倫社會之價值秩序的功能，或許更周延地說，心性作為人之所以為人的「能是」，必須在一個由人、物所構成的「生活世界」（life-world）中，以「明」以「察」，這才能夠成就人之所以為人。這也就是說，我們與其順「仁義內在」的觀點，過度地強調「心」、「性」作為道德實踐上獨立自足的「主體性」原則，倒不如將它一開始就理解為「在世存有」（being-in-the-world），一個必須關聯著世界才能起現其明察作用的「感通原

---

❻　牟宗三：《道德的理想主義》（臺中：東海大學，1970年），頁124。

❻　這個觀念來自於海德格《存有與時間》，只是目前英譯本誤譯為 poten-tiality-for-being，所以特參考鍾弗斯教授的譯法修正，讀者可參考前註❸，p.xi。

則」。事實上，依據前引文獻第二段「仁，人心也；義，人路也」，我們可以理解「仁義內在」的心性，其實一直是以通向具體的生活世界為其本質的，其中，「仁」代表普遍性的「感通原則」，而「義」則代表具體性的「情境化原則」㊞。可惜的是以往學者在疏解孟子心性論時，每每因為倫理學進路的影響，接受「四端之心」、「仁義內在」這些文獻的暗示，以至於只凸顯了道德心自律自主一面的義涵，而不及心性作為「在世存有」這一面的向度。這一點如果從孟子整個文獻來看，未嘗不是一項失漏。

　　3.既然孟子之「即心以言性」，從基本存有論來看，亦即是從「心」之具有明照存在界及人倫秩序的能力，來規定人之所以為人的「性」。那麼，人在現實中的為不善，甚至淪為「小人」，自然就不能說是這些人沒有足以為善的「心」或「能力」，而只能說他們為外物所蔽，有所放失而已。因此，徵諸前引第三段〈大體小體章〉，文字上固然是「耳目之官」與「心之官」的對比，好像「心」亦屬生命構造中的一項「機能」，但深入地分析，「耳目之官」其實代表著「不思」「蔽於物」的「存在方式」，而「心之官」則代表著「思」而有「得」的「存在方式」。但問題是，人為什麼會選擇「不思」、「從其小體」呢？學者向來無善解。然而我們依據前文基本存有論的觀點來看，「心」作為「在世存有」，當

㊞　將「仁」理解為「感通原則」，主要是根據牟宗三先生《中國哲學的特質》對「仁」詮釋。但是將「義」理解為「情境化原則」，除了孟子「義，人路也」的說法，顯示它是引領吾人通往人間世界的原則，另外則係個人參考「義」的古訓多半解作「宜」，換言之，人事之宜必須隨情境而變，故作此解釋。

它依照自身的感通原則通向具體的生活世界時,「明於庶物、察於人倫」誠然是可能的。但是,面對一個既與的公共世界(public world),苟若不能念念自覺「此天之所與我者」的存有論的天職,而有所「陷溺」、「放失」,則其退墮為「飲食之人」也一樣是可能的。換言之,我們從基本存有論出發分析孟子的心性論,不僅在義理上可以還原出「孟子道性善」的分際,而且對於人之為不善,也可以通過心性之存在結構的說明,給出可能性的基礎。

果如前論,「心」在孟子哲學中,就不僅是道德實踐的基礎,一個倫理學上的概念;它同時也是一個徵定人之所為人的存有論的概念。更重要的是,由於「心」具有明照存在界的能力,或用海德格的語言,具有揭露存有物之存有的能力,所以,它也是開顯「天」之所以為天的意義基礎。換言之,我們無論如何都不能抹煞「心」作為一個基本存有論的概念的意涵。但問題是:「心」如何開顯「天」之奧蘊?或者,對孟子而言,「天」之所以為「天」的意義究竟何在?要說明這些問題,我們恐怕還需要將注意力集中在「天」與「命」兩個概念上。

依據楊伯峻先生的分析⑬,孟子言天凡八十多見。其中,除了引述《詩》、《書》古代文獻帶有「天」字的語句外,如「天生烝民,有物有則」、「天作孽,猶可違」,一般所謂的「自然之天」、「義理之天」、「命運之天」諸義,孟子均曾語及。然而,最值得我們關注的則是孟子「即命以言天」的這一理解形態。

---

⑬　楊伯峻:《孟子譯註》(臺北:源流出版社,1982 年 10 月),頁 10。

1. 萬章曰：「堯以天下與舜，有諸？」孟子曰：「否。天子
不能以天下與人。」「然則舜有天下也，孰與之？」曰：
「天與之。」「天與之者，諄諄然命之乎？」曰：「否。
天不言，以行與事示之而已矣。」曰：「以行與事示之者
如之何？」曰：「天子能薦人於天，不能使天與之天
下……昔者，堯薦舜於天而天受之，暴之於民而民受之。
故曰：『天不言，以行與事示之而已矣。』」曰：「敢問
『薦之於天而天受之，暴之於民而民受之』，如何？」
曰：「使之主祭而百神享之，是天受之；使之主事而事
治，百姓安之，是民受之也。天與之，人與之，故曰：
『天子不能以天下與人。』舜相堯二十有八載，非人之所
能為也，天也。堯崩，三年之喪畢，舜避堯之子於南河之
南，天下諸侯朝覲者，不之堯之子而之舜；訟獄者，不之
堯之子而之舜……〈泰誓〉曰：『天視自我民視，天聽自
我民聽』，此之謂也。」⑭

2. 萬章問曰：「人有言：『至於禹而德衰，不傳於賢而傳於
子。』有諸？」孟子曰：「否，不然也。天與賢，則與
賢；天與子，則與子。……莫之為而為者，天也；莫之致
而至者，命也。……」⑮

3. 魯平公將出。嬖人臧倉者請曰：「他日君出，則必命有司
所之。今乘輿已駕矣，有司未知所之。敢請。」公曰：

---

⑭ 同註❽，〈萬章上〉，頁307-308。
⑮ 同註❽，〈萬章上〉，頁308-309。

「將見孟子。」曰：「何哉？君所為輕身以先於匹夫者，以為賢乎？禮義由賢者出，而孟子之後喪踰前喪。君無見焉！」公曰：「諾。」樂正子入見，曰：「君奚為不見孟軻也？」曰：「或告寡人曰：『孟子之後喪踰前喪。』是以不往見也。」曰：「何哉君所謂踰者？前以士，後以大夫；前以三鼎，而後以五鼎與？」曰：「否。謂棺椁衣衾之美也。」曰：「非所謂踰也。貧富不同也。」樂正子見孟子，曰：「克告於君，君為來見也。嬖人有臧倉者沮君，君是以不果來也。」曰：「行或使之；止或尼之。行止，非人所能也。吾之不遇魯侯，天也。臧氏之子焉能使予不遇哉？」❻❻

前引第一、二段章句，通常都被視為研究孟子政治哲學的重要文獻。但是，如果我們願意調整焦距，那麼這兩段文獻也許可以視為孟子基於其天道論、心性論所作的一項歷史解釋；或者，如本文的觀點，一項立基於基本存有論而發的歷史解釋。我們細繹孟子、萬章這對師徒的對話，可以清楚地體會出，萬章一開始的質問「堯以天下與舜，有諸？」以及「至於禹而德衰，不傳賢而傳於子，有諸？」反映的是一般世俗的、常識的觀點；而孟子本諸「天」、「命」所提出的解釋，卻是新穎、耐人尋味的觀點。孟子這種援引「天」、「命」的歷史解釋，決不是否定人在歷史洪流中的自主性，試圖以宗教神秘的力量來合理化人間的事件，因為這明顯地與

❻❻　同註❽，〈梁惠王下〉，頁 225-226。

孟子奮起於「天下之言不歸楊則歸墨」**❻**的行事作風與生命性格不合。事實上,我們從孟子引述「泰誓」「天視自我民視,天聽自我民聽」,就可以確定孟子心目中的「天與之」,並非什麼「君權神授」的觀念,而是以「人與之」為決定關鍵。但問題是:既然「天與之」亦即「人與之」,孟子又為什麼要疊床架屋地請出「天」一概念來解釋這些歷史事件呢?難道孟子真的是因為去上古未遠,故而仍保有古代宗教信仰的殘餘?還是「天」一概念在孟子心性論的自覺中早已「存有論化」了,亦即轉化為明照一切存在界有無生滅的意義基礎?我們從孟子屢言「非人之所能為也,天也」,可以看出孟子在理解一個事件時,往往一反常識生活中以個人的意志為中心的因果解釋,而傾向於將主題帶入一個原則上可以無限伸展的相干脈絡中,並向上一翻,逕自通過「莫之為而為」的「天」,將待詮釋的歷史事件,或當前的處境(如臧倉沮魯平公不見孟子),明照為吾人所必須面對的「莫之致而至者」的「命」。換言之,孟子的思考方式是:一方面將《詩》、《書》傳統中「形上天」的信仰「存有論化」,視為說明一切存有物的意義基礎;另一方面,又進一步將此一不可智測的「意義無盡藏」,具體化為與人休戚與共的「歷史」,亦即理解為不斷地對人形成召喚,並等待吾人心性的覺醒、回應的「命運」。基於《孟子》文獻中這種「即命以言天」的概念運用,不但特殊且最能反映孟子個人對「天」的理解。因此,對於前文一再探尋「盡心」如何「知天」的問題,顯然也應當順這一理路建立說明的基礎。

---

❻ 同註**❽**,〈滕文公下〉,頁 272。

天壽不貳，脩身以俟之，所以立命也。

依前所論，孟子認為人之所以為人的真「性」，即在於人擁有明照存在界秩序的「心」，那麼，充盡吾心明鑒察照的功能，自然也就足以「知天」。但是，「心、性、天通而為一」畢竟只是圓頓一本地以言之；落實來說，人能否「盡心」才是關鍵。因此，目前的問題是：怎樣才算是「盡心」？從〈盡心章〉的脈絡結構，以及本文已提出的分析來看，答案就在「立命」之上。

嚴格論之，所謂「命」，並不是一個知識中的概念，我們對之並無任何知識上的理解，但是它卻貫穿在我們從生到死每一個時刻、每一個遇合中，成為我們無所逃於天地之間的存在事實。這裡，如果我們接受西方近代哲學「事實」與「價值」二分的觀點，或許會將「命」排除在儒家心性論核心義理之外，因為心性作為道德價值之源，完全獨立在「事實世界」之外。但是，如果從基本存有論的觀點來看，「心」作為感通原則，以「在世存有」為其存在的基本形式，則人在存活過程中的每一個遭遇，一方面固然是有待於吾心感而通之；但另一方面，它也正是吾人本真性無所逃於天地之間必然要通過的存在的考驗，亦即一項「或為大人，或為小人」的抉擇。〈萬章上〉曾經記載了一段孟子師徒的對話。

萬章問曰：「或謂孔子於衛主癰疽，於齊主侍人瘠環，有諸乎？」孟子曰：「否，不然也；好事者為之也。於衛主顏讎由。彌子之妻與子路之妻，兄弟也。彌子謂子路曰：『孔子主我，衛卿可得也。』子路以告。孔子曰：『有命。』孔子

> 進以禮，退以義，得之不得，曰『有命』。而主癰疽與侍人
> 瘠環，是無義無命也。……」⑱

這段對話，一般理解總是順〈盡心章〉「求之有道，得之有命，是
求無益於得也，求在外者也」，將孔子是否能主持衛政，歸諸於外
在的生命限制，並視孔子的「進以禮，退以義」為操諸在我的道德
實踐，與外在得失的命限無關。但是，深入體會孟子「無義無命」
這句話的涵義，顯然孟子並沒有在維護道德自主性的同時，將
「命」完全從生命中推出去，而視作與生命實現無關的外在事實；
相反的，孔子的進與退，正是針對得與不得之「命限」的不同回
應。唐君毅先生在疏解這段章句時曾說：

> 由孟子此段話，便知孔子之言命，乃與義合言，此正與《論
> 語》不知命無以為君子之言通。孔子之所以未嘗有主癰疽與
> 侍人瘠環之事，因此乃枉道不義之行，孔子決不為也。彌子
> 謂子路曰：孔子主我，衛卿可得，孔子之答又為有命。故孟
> 子之釋曰：無義無命。此即言義之所在，即命之所在也。此
> 所謂義之所在即命之所在，明非天命為預定之義……⑲
> ……在孔、孟，則吾人所遭遇之某種限制，此本身並不能說
> 為命；而唯在此限制上，所啟示之吾人之義所當為，而若令

---

⑱　同註❽，頁 311。

⑲　唐君毅：《中國哲學原論》（導論篇）（臺北：臺灣學生書局，1986 年 9
　　月），頁 535-536。

吾人為者，如或當見、或當隱、或當兼善、或當獨善、或當
求生、或當殺身成仁，此方是命之所存。唯以吾人在任何環
境中，此環境皆若能啟示吾之所當為，而若有令吾人為者，
吾人亦皆有當所以處之之道，斯見天命之無往而不在，此命
之無不正。……**⑩**

果如唐先生所析，「義之所在，即命之所在」，亦即命之有無取決
於人能否在情境中體認此一情境中「當然之義」的召喚，則所謂
「立命」之道，亦即「由命以見義」。換言之，面對人生無常多變
的遇合，我們固然可以「枉道」而行，「無義無命」。但是，如果
我們順本心的感通原則，「由命見義」，就在具體的生命情境中做
出決斷，則「居仁由義」的結果，不僅「盡心」與「立命」其實只
是一事，就是「知天」、「事天」之事也必須在「立命」中完成。

　　因此，總結前文的分析，我們認為：「心性天通而為一」誠為
儒家心性論最高的理境。但是，當孟子以分解辯示的方式提出〈盡
心章〉的理解架構時，一項忠於孟子本懷的詮釋，就必須逐一還原
出「心」、「性」、「天」、「命」諸概念的意涵與關聯。我們參
考海德格基本存有論的架構，重新審視孟子心性論的內涵，大體言
之，獲致了以下幾個結論：

　　1.孟子「即心以言性」的理路雖然早為前輩學者所詳論，但是
在基本存有論的觀點來看，如果「性」指著人之所以為人的「存
有」，那麼，孟子的以「心」說「性」，就不是指人所具有的一種

---

⑩　同上，頁545-546。

超過、多過一般動物的機能（faculty）──「心」，而是指唯有人能夠「明於庶物，察於人倫」地存活在世界之中。換言之，「心」在這裡是指著一種存活的能力（ability-to-be），旨在凸顯天地萬物只有人具有領會、詮釋自我的可能性。這裡，我們與其將之理解為西方傳統哲學中的「本質」（essentia），毋寧將之看為一個類似海德格哲學中所謂「存在」（existence）的概念。

2.如果孟子的「心」一概念，的確指的就是一種開顯明照存在界秩序、意義的能力，那麼，依基本存有論的觀點，「心」作為「在世存有」，一方面固然可以依其自身的感通原則，明善而察理；但另一方面，「心」在投入具體的、公共的生活世界時，也可能會有所「放失」與「陷溺」。因此，「心」的操持存養遂成為孟子工夫論的重點。一般人在理解孟子性善論時，每以「人何以為不善」相責疑。但是，就「在世存有」乃是「心」的基本形式而言，人在實體生活中的「為不善」，無非是指既成的公共世界對「心」形成了不可避免的干擾、扭曲。牟宗三先生在《五十自述》中曾言：「生命（作者按：在本文的脈絡中，「生命」亦即「在世存有」一般人類存活之事）總在心潤中，亦總限定心之潤，因此亦總有溢出之生命之事而為心潤所不及。此所以悲心常潤（生生不息，肯定成全一切人文價值），法輪常轉（不可思議，無窮無盡），罪惡常現（總有溢出，非心所潤），悲劇常存也。」⑦可謂對「心」作為「在世存有」最富存在悲感的詮釋。

3.尤有進者，從基本存有論的角度切入孟子「盡心－知性－知

---

⑦　牟宗三：《五十自述》（臺北：鵝湖出版社，1989 年 1 月），頁 161。

天」的理路，最重大的發現即是：「天」在孟子哲學中，既不是作為宗教信仰的「上帝」加以崇拜，也不作為西方形上學中的「無限實體」、「第一因」，思辨地展開對存在界的說明。雖然，籠統地將「天」當作一切造化的根源，孟子並未反對，但是，從一些重要的篇章看來，「天」主要擔負的是人在歷史的律動中所遭遇的各種事件、情境的最終解釋。換言之，孟子顯然已將《詩》、《書》中「形上天」的信仰存有論化了，轉換為明照生活世界中各種遇合之有無生滅的意義基礎。它的豐盈不竭的義涵，早已滲透到人類文明的腳步中，只待吾人心性的覺醒與回應。

4.最後，關於「盡心」如何「知天」，傳統的理解只要順「萬物皆備於我」這一意義，逕自可以發展出「天人合一」的歸結。但是，如果從基本存有論的觀點來看，「仁，人心也；義，人路也」，「仁」作為無限的感通原則，若不能通過「由命見義」的途徑，進入生命具體的情境，仍然無法真正契接於穆不已、生物不測的「天道」。換言之，我們認為從倫理學的角度詮釋孟子，雖然擁有大量文獻的支持，但是孟子「盡心」之教若不能落實到「立命」的真實履踐之上，則孟子的心性論不僅有「蹈空」之嫌，而且顯然與孟子那種不惜與整個時代破裂的存在感受與歷史使命感不符。因此，完備的展開孟子心性論的內涵，我們認為在「心、性、天」的架構中，必須再補進「命」一概念，如此才能保住人在歷史移動中為文化理想奮鬥的真實性與意義。

五、結　論

　　1958 年初，張君勱、徐復觀、唐君毅、牟宗三四位當代新儒學的前輩，共同發表〈中國文化與世界〉❼❷，正告世人中國文化學術的特質，此舉一則在匡正西方人士對中國文化的誤解，一則在勉勵當代中國人反求諸己，建立文化自信。在這篇具有歷史性的文獻中，四位前輩曾經鄭重地指出：「此心性之學，亦最為世之研究中國學術文化者，所忽略所誤解的。」❼❸因為心性論作為中國學術思想之核心，其義理性格，一方面雖然近似於西方哲學分類中的理性靈魂論，或認識論、形上學，但另一方面又迥然不同，因為中國心性論重實踐、通天人、兼內外人我的學理性格，顯然又是西方哲學所無。因此，四十年來，前輩學者為了在世界性的思潮中確保中國心性論的義理性格，不知耗費了多少心血用來疏清經典的義涵，以及檢別心性論與西方各種重要哲學思潮的同異。而本文之作，基本上亦只是承繼前輩的研究成果，試圖通過海德格基本存有論的對比，以一種更新的哲學語言來呈現前賢的心血與慧見，在根本的見解上，自信並未逾越前賢的宏規。

　　事實上，海德格哲學的真相究竟如何？在西方學術界也是一個備受爭議的課題。但是，海德格置身西歐文明瀕臨解體的廿世紀，其深刻銳利的目光，的確照見了西方傳統以迄近代的各種心靈偏見，並流露出許多非常接近東方哲學的洞見。因此，本文企圖參考

---

❼❷　同註❶。

❼❸　同註❶，頁 885。

海德格基本存有論的架構重塑孟子的心性論，與其視為大膽地將孟子哲學等同於海德格，毋寧說是藉海德格對西方哲學的批判，讓我們在表述孟子心性論時，擁有一套更恰當的理解模式。至於這項試探是否成功，能否為學者方家接受，將敬待各方的批評教正。

　　最後，本文的研究如果有絲毫新義，應該就是將心性論「究天人之際」的超越向度，與向來較忽略的「通古今之變」的歷史向度，綰合為一。由於時間精力有限，未能充分發揮，只好留待來日再為之詳論。

附記：本文曾刊載於李明輝主編：《孟子思想的哲學探討》（臺
　　　北：中央研究院中國文哲研究所，1995 年 5 月），頁 159-
　　　198。

參、天道、心性、與歷史
——孟子人性論的再詮釋

　　孟子人性論在中國道德哲學的傳統裡，無疑是最原始的典範之
一。宋明理學以來，孟子的地位日益重要，「盡心－知性－知天」
之說，更成為理學家暢發宇宙人生哲理的最終依據。馴致當代，西
學東漸，如何將孟子這種寓形上哲理於道德實踐的理論，賦予現代
意義，更引發了不同詮釋系統間的爭議。

　　而本文之作，基本上不以延續當代前輩所發展出的論題為已
足；相反地，作者試圖從一個較不受人注意的角度，即聖賢傳統在
孟子學中的地位，重新探索「歷史」在儒家「天道性命論相貫通」
的義理架構中，有何特殊的意義。在背景上，本文是承接作者去年
在中研院「孟子學國際研討會」所提論文——〈盡心與立命——從
海德格基本存有論重塑孟子心性論的一項試探〉❶，進一步的敷
陳、衍義，旨在說明孟子的「究天人之際」與「通古今之變」，實

---

❶　袁保新：〈盡心與立命——從海德格基本存有論重塑孟子心性論的一項試
　　探〉。李明輝主編：《孟子思想的哲學探討》（臺北：中央研究院中國文哲
　　研究所籌備處印行，1995年），頁159-198。

乃其人性論一體之兩面。全文略分四節,第一節「提出問題」;第
二節、第三節,則分別針對孟子學的核心觀念「即心言性」、「義
命合一」、「盡心－知性－知天」,提出新的詮釋;最後,也就是
第四節,我們將再總結前文的論點,闡明「歷史」在孟子人性論中
的地位。

一、提出問題

　　孟子之學,分解地說,固然可以在列舉「人禽之辨」、「義利
之辨」、「王霸之辨」、「夷夏之辨」等區分中,見其梗概;但總
持的說,「孟子道性善,言必稱堯舜」❷,最能忠實地反映《孟
子》七篇的主旨與內容。

　　蓋從義理的觀點來看,性善論誠然是孟子思想的核心基礎,最
具代表性的學說;但是從論述方式來省察,我們發現以「三代之
德」為內容的「聖賢傳統」,卻是孟子用以支撐、例證其學說主張
的根據❸。譬如:

　　　人之所以異於禽獸者幾希,庶民去之,君子存之。舜明於庶

---

❷　朱熹:《四書章句集註》(臺北:鵝湖出版社,1984 年 9 月),〈滕文公
　　上〉,頁 251。

❸　這個論題,鍾彩鈞先生曾從思想史的觀點加以論述,參見〈孟子思想與聖賢
　　傳統的關係〉。黃俊傑主編:《孟子思想的歷史發展》(臺北:中央研究院
　　中國文哲研究所籌備處印行,1995 年),頁 1-22。

物，察於人倫。由仁義行，非行仁義也。❹

孟子曰：「堯舜，性者也；湯武，反之也。」❺

舜之居深山之中，與木石居，與鹿豕遊，其所以異於深山之野人者幾希。及其聞一善言，見一善行，若決江河，沛然莫之能禦也。❻

顯然，在孟子心目中，堯、舜就是支持他性善說在歷史上的人格原形。

人皆有不忍人之心。先王有不忍人之心，斯有不忍人之政矣。以不忍人之心，行不忍人之政，治天下可運之掌上。所以謂人皆有不忍人之心者，今人乍見孺子將入於井，皆有怵惕惻隱之心，非所以內交於孺子之父母也，非所以要譽於鄉黨朋友也，非惡其聲而然也。……❼

今也小國師大國而恥受命焉，是猶弟子而恥受命於先師也。如恥之，莫若師文王。師文王，大國五年，小國七年，必為政於天下矣。❽

不僅如此，當孟子從性善論建立起他王道仁政的學說時，「地方百

---

❹　同註❷，〈離婁下〉，頁 293-294。

❺　同註❷，〈盡心下〉，頁 372。

❻　同註❷，〈盡心上〉，頁 353。

❼　同註❷，〈公孫丑上〉，頁 237。

❽　同註❷，〈離婁上〉，頁 279。

里」❾的文王，往往也就是孟子遊說梁惠王、齊宣王的歷史鐵證。
尤有進者，當孟子辯護自己言行操守，宣達他的自我期許時，歷代
的聖賢傳統，也是他「捨我其誰」❿的使命感的背後支柱。

> 公都子曰：「外人皆稱夫子好辯，敢問何也？」孟子曰：
> 「予豈好辯哉？予不得已也。天下之生久矣，一治一亂。當
> 堯之時，水逆行，氾濫於中國。蛇龍居之，民無所定。下者
> 為巢，上者為營窟。《書》曰：『洚水警余。』洚水者、洪
> 水也。使禹治之，禹掘地而注之海，驅蛇龍而放之菹。水由
> 地中行，江、淮、河、漢是也。險阻既遠，鳥獸之害人者
> 消，然後人得平土而居之。堯舜既沒，聖人之道衰。暴君代
> 作，壞宮室以為汙池，民無所安息。棄田以為園囿，使民不
> 得衣食。邪說暴行又作。園囿、汙池、沛澤多而禽獸至。及
> 紂之身，天下又大亂。周公相武王，誅紂伐奄，三年討其
> 君，驅飛廉於海隅而戮之。滅國者五十，驅虎、豹、犀、象
> 而遠之。天下大悅。《書》曰：『丕顯哉，文王謨！丕承
> 哉，武王烈！佑啟我後人，咸以正無缺。』世衰道微，邪說
> 暴行有作，臣弒其君者有之，子弒其父者有之。孔子懼，作
> 《春秋》。《春秋》、天子之事也。是故孔子曰：『知我者
> 其惟春秋乎！罪我者其惟春秋乎！』聖王不作，諸侯放恣，
> 處士橫議，楊朱、墨翟之言盈天下。天下之言，不歸楊，則

---

❾　同註❷，〈梁惠王上〉，頁 206。
❿　同註❷，〈公孫丑下〉，頁 250。

歸墨。楊氏為我、是無君也；墨氏兼愛，是無父也。無父無
君，是禽獸也。公明儀曰：『庖有肥肉，廄有肥馬，民有饑
色，野有餓莩。此率獸而食人也。』楊墨之道不息，孔子之
道不著，是邪說誣民，充塞仁義也。仁義充塞，則率獸食
人，人將相食。吾為此懼，閑先聖之道，距楊墨，放淫辭，
邪說者不得作。作於其心，害於其事；作於其事，害於其
政。聖人復起，不易吾言矣。昔者禹抑洪水而天下平，周公
兼夷狄驅猛獸而百姓寧。孔子成《春秋》，而亂臣賊子懼。
《詩》云：『戎狄是膺，荊舒是懲，則莫我敢承。』無父無
君，是周公所膺也。我亦欲正人心，息邪說，距詖行，放淫
辭，以承三聖者；豈好辯哉？予不得已也。能言距楊墨者，
聖人之徒也。」**⓫**

從前引文獻中我們看到，以「正人心，息邪說、距詖行、放淫辭」
自我期許的孟子，其不惜與整個時代風潮決裂，一方面力闢楊墨，
一方面以王道仁政強聒時君，憑藉的就是他的文化意識。換言之，
孟子這種以聖賢傳統為主軸的歷史意識，乃是支持著他義無反顧地
以天下為己任的原因。這點，我們若再參證〈盡心下〉最後一章及
〈離婁上〉第一章，如：

孟子曰：「由堯、舜至於湯，五百有餘歲，若禹、皋陶則見
而知之；若湯，則聞而知之。由湯至於文王，五百有餘歲，
若伊尹、萊朱則見而知之；若文王，則聞而知之。由文王至

⓫ 同註**❷**，〈滕文公下〉，頁 271-273。

於孔子，五百有餘歲，若太公望、散宜生則見而知之；若孔
子，則聞而知之。由孔子而來至於今，百有餘歲，去聖人之
世，若此其未遠也；近聖人之居，若此其甚也，然而無有乎
爾，則亦無有乎爾。」⓬
孟子曰：「……《詩》云：『不愆不忘，率由舊章。』遵先
王之法而過者，未之有也。……」⓭

我們不難發現，孟子不但述古，而且懷古、尊古，他的這種獨具的
歷史意識，與他特立獨行的行事作風，以及他智照千古的學術思
想，顯然是相互滲透，密不可分。只是，這裡我們不禁要好奇的探
問：孟子思想中這種無所不在的歷史意識，與他主張「仁義內
在」，將道德價值安立在普遍人性中的道德思考；以及他「盡心－
知性－知天」，將心性與天道綜結為一的形上學；其間是否潛隱著
一些理論上的衝突？

　　事實上，這個問題，中外學者均有相當程度的理會。美國學者
義爾利教授（Prof. Lee H. Yearley）就曾經質疑：如果每個人都可以從
他的道德天性中找到指導行為的規範，那麼聖賢的教導垂範其實是
多餘的，並不值得特別的推崇⓮。換言之，如果心同理同，普遍人

⓬　同註❷，〈盡心下〉，頁 376、377。
⓭　同註❷，〈離婁上〉，頁 275。
⓮　Lee H. Yearley: "A Confucian Crisis: Mencius' Two Cosmogonies and Their
　　Ethics", Robin W. Lovin and Frank E. Reynold eds., *Cosmogony and Ethics Order:
　　New Studies in Comparative Ethics*, The University of Chicago Press, Chicago,
　　1985, p.314.

性乃是一切價值規範的根源與證立的最後根據，則孟子的「言必稱堯舜」，將淪為只是一種修辭的技巧，而僅具發生學意義的師法先王，更無任何必要性。類此的反省，國內學者黃俊傑教授在其近作《孟學思想史論·卷一》中，也有不同路數但頗為細膩的分析：

> ……這些問題的產生，是由於孟子的思維方式一方面強調歷史經驗的重要，主張服從「先王之道」；但是另一方面，孟子卻又強調人的生命有其超越性的根據。孟子不僅消極地懷疑若干史實記載的正確性：「盡信書，則不如無書，吾於《武成》取其二、三策而已矣。」而且更積極地宣稱：「盡其心者，知其性也。知其性，則知天矣」，「夫君子所過者化，所存者神，上下與天地同流」，認為人之自我提昇，可以達到「聖而不可知之謂神」的境界，他一再地論證人有其超越性。如此一來，人的「歷史性」與「超越性」如何調和或達到統一，就構成一個問題，因為人的「歷史性」是受時空因素所宰制的，但孟子又強調人的「超越性」，而「超越性」卻具有某種「超時空」之性格，兩者之間的緊張性乃無法避免。換言之，在孟子思想中，人如何抖落歷史文化加諸人性的枷鎖，而將其超越性加以客體化（objectify）而落實在現實世界之中？……⑮

---

⑮ 黃俊傑：《孟學思想史論·卷一》（臺北：東大圖書公司印行，1991 年），頁 19-20。

依據黃教授的觀點，孟子的人性觀中，具有兩重對立的面相。一是從其強烈的歷史意識中透露出來的，即「人」被「歷史」所淘洗、所塑造、所積澱，「人」也在這種淘洗、塑造、積澱的過程中創造「歷史」；另一則是蘊涵在孟子「心－性－天」通而為一的形上思惟中，即「人」與「天」原不相隔，而可以共生共感。……成為遊乎超越世界的、不食人間煙火的，「上下與天地同流」的「人」。❶但問題是，孟子這種對人的歷史性與超越性的兩重肯定，如何統整在「人性」的概念中而被理解？因為，如果我們認為人本質上就是屬於歷史的，那麼，人與超越時空、無限、永恆的形上世界──「天道」，將註定判分為二，「天人合一」成為不可能；但是，如果我們認為超越性才是人的真性、本性，天人原不相隔，那麼特定時空因素所加諸於人的歷史限定、責任、使命，其實都是與人性圓滿的實現無關，原則上是必須加以抖落的枷鎖。

　　果如前論，我們幾乎可以確定孟子的哲學無可避免地要陷入一種破裂、兩難的局面。然而，證諸《孟子》七篇的文獻，言辯無礙的孟子，在「道性善」與「稱堯舜」之間，從未顯現出左支右絀的窘迫，這是否意謂著我們的分析太過？或者，孟子在他人性論的思考中，無論是天道、心性，還是歷史，其實都涵具著一種更深刻、複雜的內涵與關聯性，並未被我們既有的詮釋系統所窮盡，而有待於我們進一步疏清？

　　因此，孟子的心性論，雖然從宋明理學到當代學者的研究闡

---

❶　同註❶，頁 25-26。

釋,累積了一定的成果。但是,如果我們不滿於將孟子的「言必稱堯舜」僅視為是一種託古的修辭技巧,那麼,檢討我們既有的詮釋系統,重新探索歷史在孟子人性論中的意義,將是一件刻不容緩的工作。

二、孟子「即心言性」
在基本存有論中的義涵

　　根據作者年前所撰〈盡心與立命〉一文的分析,當代學者在詮釋孟子人性論的過程中,由於過度依賴西方近代倫理學中「道德主體性」(moral subjectivity)的概念,及古典形上學中「超越實體」(transcendent substance or reality)的概念,使得孟子一方面要遭受「盡心知性如何可能知天」的質疑,而且也不可避免地會有輕置或遺忘孟子思想中強烈的歷史意義與實存體驗的嫌疑。因此,為了避免重蹈覆轍,清楚地呈現孟子哲學中歷史與人性論的關係,我們首先要澄清孟子對道德的一些更根源性的看法。

　　無庸置疑的,孟子性善的主張,主要是建立在他「仁義內在」的肯斷上。但問題是,我們該如何理解「仁義內在」?

　　公都子曰:「告子曰:『性無善無不善也。』或曰:『性可以為善,可以為不善。是故文武興,則民好善;幽厲興,則民好暴。』或曰:『有性善,有性不善;是故以堯為君而有象;以瞽瞍為父而有舜;以紂為兄之子且以為君,而有微子啟、王子比干。』今曰『性善』,然則彼皆非與?」孟子

曰：「乃若其情，則可以為善矣，乃所謂善也。若夫為不善，非才之罪也。惻隱之心，人皆有之；羞惡之心，人皆有之；恭敬之心，人皆有之；是非之心，人皆有之。惻隱之心，仁也；羞惡之心，義也；恭敬之心，禮也；是非之心，智也。仁義禮智，非由外鑠我也，我固有之也，弗思耳矣。故曰：『求則得之，舍則失之。』或相倍蓰而無算者，不能盡其才者也。《詩》曰：『天生蒸民，有物有則。民之秉夷，好是懿德。』孔子曰：『為此詩者，其知道乎！故有物必有則；民之秉夷也，故好是懿德。』」**⑰**

告子曰：「食色，性也。仁，內也，非外也；義，外也，非內也。」孟子曰：「何以謂仁內義外也？」曰：「彼長而我長之，非有長於我也；猶彼白而我白之，從其白於外也，故謂之外也。」曰：「異。於白馬之白也，無以異於白人之白也。不識長馬之長也，無以異於長人之長與？且謂長者義乎？長之者義乎？」曰：「吾弟則愛之，秦人之弟則不愛也，是以我為悅者也，故謂之內。長楚人之長，亦長吾之長，是以長為悅者也。故謂之外也。」曰：「耆秦人之炙，無以異於耆吾炙。夫物則亦有然者也，然則耆炙亦有外與？」**⑱**

依前引章句，孟子之主張性善，是因為人皆「可以為善」、

---

⑰ 同註**❷**，〈告子上〉，頁 328、329。

⑱ 同註**❷**，〈告子上〉，頁 326、327。

「若夫為不善，非才之罪也」，亦即建立在「惻隱之心，人皆有之」等肯斷上。但是，遠自宋明理學之來，由於「心、性、情、才」諸概念之義涵與定位，屢有爭議；馴致當代，學者又習於從西方近代倫理學的進路加以分析，遂使得孟子人性論的義理形態與定位，更加混亂。其實，楊伯峻先生根據《說文》「才，草木之初也」，就曾指出「人初生之性亦可曰才」**⑲**。換言之，在《孟子》這段文脈裡，「性」與「才」互訓，指的就是人人「可以為善」的能力，亦即那能「惻隱」、「羞惡」、「恭敬」、「是非」的「心」而言。只是，尚待進一步確認的，孟子所謂的「心」又應該如何看待？

長久以來，國內學者拘於西方近代倫理學的概念架構，諸如理性／感性的二分，或知／情／意的三分，往往將孟子的「心」類比為某種理性的「機能」（faculty），如道德理性、自由意志，然後在若干文獻的印證下，像「仁義禮智，非由外鑠我也」、「心之所同然者何也？謂理也，義也」**⑳**，又順理成章地將孟子的人性論理解為一種強調道德法則的內在性，以及深具先驗理性色彩的倫理學。對於這樣的詮釋進路，由於得到相當文獻的支持，因此，持平說來，並非全無根據，的確捕捉到孟子道德哲學的一些特性。但是，令人不安的是，這種進路不可避免地會將孟子引入到西方「主體主義」（subjectivism）、「先驗哲學」（transcendental philosophy）的困境中，

---

⑲ 　楊伯峻：《孟子譯註》（臺北：源流出版社印行，1982年），頁260。
⑳ 　同註**❷**，〈告子上〉，頁330。

無法在孟子的人性論中為「歷史」給予適當的定位。尤有進者，這種作法也未能充分正視孟子「即心言性」這一立場在存有學層面的蘊含。換言之，如果我們承認孟子人性論，在西方哲學分類下，不僅是具有一種倫理學、哲學人類學的性格，同時，也富於一種形上學的理趣。那麼，從存有學的角度先釐清孟子「即心言性」的意義，其實是具有優先性的❷。

事實上，如果我們願意暫時擱置近代西方倫理學的框架，參考海德格（M. Heidegger）「基本存有論」（fundmental ontology）的若干洞見，我們發現：孟子的「心」，與其理解為自律自足的「道德主體」（moral subject），毋寧理解為以「在世存有」（being-in-the-world）為基本形式的「存有能力」（ability-to-be），或「存在」（existence）❷。其基本的差異，我們可以通過對比的方式，說明如下：

1.從存有學的觀點來看，孟子的「即心言性」，重點應不在強調人擁有比一般動物更多的「機能」。因為如此一來，孟子的人性論，充其極只具有生物學或哲學人類學的意義，這樣是不足以開出「盡心－知性－知天」如此重大的形上學命題的。換言之，當孟子表示「人之異於禽獸者幾希。庶民去之，君子存之。舜明於庶物，察於人倫，由仁義行，非行仁義」時，從存有學的角度來解釋，「庶民去之，君子存之」的措辭，透露出孟子基本上是從「存有可

---

❷　這個觀點主要是參考海德格在分析良心（conscience）現象時，認為近代倫理學如康德等，基本上都有一些未清楚表達的預設，即某種「此有的存有論」（ontology of Dasin），因此非究極之論。

❷　同註❶。

能性」（possibility of being）的觀點來掌握人之所以為人，亦即孟子並沒有從「現成性」（actuality, presence-at-hand）的觀點，即一種靜態的、固定的「觀物」方式，來範限人性㉓。因此，舜所體現的「明於庶物，察於人倫，由仁義行，非行仁義」，其根源固然是來自於人人本具的「心」。但是，心作為「具體的實踐生活之本源與動力」㉔，卻不宜繫屬於理性的某種機能之下，而應該理解為：它就是每個人所「是」的「存在能力」。

2.其次，「心」作為人所「是」的存在能力，雖然以道德生活的建立為其究極；但是，「由仁義行，非行仁義」，卻並不是在表示一切道德法則均內在於道德主體，亦即心可以獨立於「生活世界」（life-world）之外，自給自足的創造出道德生活來。事實上，我們應該順「明於庶物，察於人倫」，一開始就理解到心的活動，其實是從未能離開人、物所構成的生活世界的。這也就是說，我們與其將「心」理解為道德實踐上獨立自足的「主體」，倒不如從「在世存有」的觀點，將「仁」理解為人心中所具有的一種無外的感通力，而「義」理解為此一感通力隨個別情境而變的具體化呈現，從而看出「仁義內在」的「心」，基本上是以通向客觀具體的生活世界為其本質的。質言之，雖然孟子屢言「仁義禮智根於心」、「仁

㉓ 從基本存有論的觀點來看，任何將「心」簡化為「潛能」（potentiality）、「機能」（faculty）的理解，其實都是混淆了人性存有者與非人性物存有者的差別，即未能從「可能性」的角度掌握人之所以為人，正視「人的本質在於其存在」；相反的，他們習於從「現前」、「現成」的觀物方式來理解人是「什麼」，遺忘了人的什麼乃是決定於他如何「是」，如何「存活」。

㉔ 牟宗三：《道德的理想主義》（臺中：東海大學出版，1970年），頁124。

義禮智，非由外鑠我也」，並且在宋明理學的引導之下，我們也習於將仁義禮智視為心所具有的「理」或「法則」。但是，孟子「仁，人心也；義，人路也」❷❺的說法，透露出「四端之心」只是平列分解地言之。總持的來看，未嘗不可以收攝到「仁義之心」的概念下，並在我們進一步淬取「仁義」概念在存有論上的意涵後，將「心」理解為一種通向生活世界、建立價值秩序的「存在能力」。

果如前述，孟子的「即心以言性」，未必要落入近代西方倫理學的窠臼中，將「仁義內在」理解為道德法則先天地內在於吾人理性的機能中；而順基本存有論所展開的新詮釋，最重大的突破，即在於指出「心」作為「存在能力」，基本上是以「在世存有」為其存在形式。因此，就心的活動總是朝向生活世界開放而言，面對一個由各式各樣人、物所構成的、既與的公共世界，人心一方面恆不免有所承受、模塑；但另一方面，只要它能持守其最本己的可能性，以明以察，那麼它同時也在重新建構著這個世界。換言之，在孟子人性論中，擔負著人類道德生活建立基礎的「心」，在其不斷走出自我朝向世界的感通過程中，註定了要在歷史傳統所滲透的生活世界中，爭取自我最原初本己的可能性的實現。否則，生活世界的誘引、牽動，它也終將難逃「放失」的命運。

因此，從基本存有論的觀點重新詮釋孟子「即心言性」的義涵，在理論上的效應，首先就是不必將「心」高舉在經驗世界之上，不食人間煙火，孤芳自賞。尤有進者，對於人之為不善，我們

---

❷❺　同註❷，〈告子上〉，頁333。

也可從「心」的存有論結構中提出可能性的說明，從而正視道德修養、以及在客觀世界從事道德實踐的重要性。然而，不免讓人疑慮的是，這樣一個在歷史洪流中載沈載浮的「心」，又如何能夠「盡心－知性－知天」呢？

三、由「義命合一」
到「盡心－知性－知天」

在試圖闡明孟子人性論的形上蘊含時，根據作者的觀點，我們一定要在一開始就將孟子的「天」，與西方古典形上學的「超越實體」，清楚的檢別開來。而我們的理由，主要是兩個，即：

1.「天」作為萬物生化的根源，在中國哲學傳統中，從未在理性上被質疑過。因此，西方古典哲學中，試圖通過「第一因」、「超越實體」來說明一切存有物的存在與構造的理論興趣，在中國傳統裡，也向來所無。我們徵諸文獻，「天」作為中國哲學心靈所稱引的概念，主要是出現在以人事為首要關懷的脈絡裡；「天人關係」遠比「天」的自身客觀存在，更為中國哲人所關注。因此，孟子的「盡心－知性－知天」，與其理解為通過盡心知性吾人即可證知超越實體的客觀存在，毋寧理解為一個「意義」的問題，即在盡心知性中體認到天之所以為天的意義。

2.如果我們不理會中西哲學傳統的基本差異，執意順西方古典形上學的思考方式，逕自將「天」理解為「超越實體」；那麼，這種詮釋就不可避免地要面對類似勞思光先生在《中國哲學史·卷一》所提出的質疑：「如『性』出於『天』，則『知其性』不能充

足地決定『知天』」❷。換言之，從「批判形上學」（criticism of metaphysics）的立場來看，將孟子的「天」理解為形上實體，無異於將孟子推到西方古典形上學的困境中，即必須面對各式各樣的批判，否則難免被判定為獨斷的形上學。

　　因此，對於孟子心性論中的「知天」之說，我們宜從存有論的層面來看待，亦即，將「天」視為人們賴之以理解自身與世界的「意義基礎」、或「意義無盡藏」，避免任何實體化的解釋。只是，目前尚待解決的問題是，何謂「盡心」？「盡心」何以能夠「知天」？

　　　孟子曰：「盡其心者，知其性也。知其性，則知天矣。存其心，養其性，所以事天也。殀壽不貳，修身以俟之，所以立命也。」❷

　　　王子墊問曰：「士何事？」孟子曰：「尚志。」曰：「何謂尚志？」曰：「仁義而已矣。殺一無罪，非仁也，非其有而取之，非義也。居惡在？仁是也；路惡在？義是也。居仁由義，大人之事備矣。」❷

　　　萬章問曰：「或謂孔子於衛主癰疽，於齊主侍人瘠環，有諸乎？」孟子曰：「否，不然也。好事者為之也。於衛主顏讎

❷　勞思光：《新編中國哲學史·第一卷》（臺北：三民書局，1984 年），頁195。
❷　同註❷，〈盡心上〉，頁349。
❷　同註❷，〈盡心上〉，頁359。

由。彌子之妻與子路之妻，兄弟也。彌子謂子路曰：『孔子主我。衛卿可得也。』子路以告。孔子曰：『有命。』孔子進以禮，退以義，得之不得曰『有命』。而主癰疽與侍人瘠環，是無義無命也。孔子不悅於魯衛。遭宋桓司馬，將要而殺之，微服而過宋。是時孔子當阨，主司城貞子，為陳侯周臣。吾聞：觀近臣，以其所為主；觀遠臣，以其所主。若孔子主癰疽與侍人瘠環，何以為孔子？」❷⁹

　　何謂「盡心」？如依朱子《孟子集注》對〈盡心章〉的疏解，「心者，人之神明，所以具眾理而應萬事者。……人有是心，莫非全體，然不窮理，則有所蔽而無以盡乎此心之量。……愚謂盡心知性而知天，所以造其理也；存心養性以事天，所以履其事也。不知其理，固不能履其事；然徒造其理而不履其事，則亦無以有諸己矣」❸⁰，則所謂盡心亦即窮其心中所具眾理之事，它不僅是一個關乎「量」的問題，而且「造其理」、「履其事」的區分，似乎也不排除「徒造其理而不履其事」的可能性。但是，依據我們前文對「心」一般概念所作的存有論的分析，心作為以「在世存有」為基本形式的存在能力，從不能離開生活世界獨立的運作，其無外的感通力惟有落實在具體情境中，行其所當然，這才體現了它最本己的可能性。因此，朱夫子「窮理」之說，恐不及孟子在回答王子墊「士何事」時所揭櫫的「居仁由義」，更能表達「盡心」的旨趣。

---

❷⁹　同註❷，〈萬章上〉，頁 311、312。
❸⁰　同註❷，〈盡心上〉，頁 349。

然而，需要說明的是：心的「居仁由義」如何能通達天之所以為天呢？這就得參考前引第三段文獻，從「義命關係」中找到理解的線索。

關於「義命關係」，一般理解總是順「求則得之，舍則失之，是求有益於得也，求在我者也。求之有道，得之有命，是求無益於得也，求在外者也」**❸**，認為孟子主張「義命二分」，即「義」是屬道德自主性的範疇，「命」是屬客觀事實性的範疇，而真正的道德實踐是應該嚴守兩界的分際，但求盡其在我。這種理解，不無道理，但是背後的預設，「價值」與「事實」的二分，卻無形中將孟子的形上思考判定為只能及於「價值世界」的「跛腳的形上學」。然而，證諸萬章質問「孔子於衛主癰疽，於齊主侍人瘠環」，孟子回答「主癰疽與侍人瘠環，是無義無命也」，顯然孟子並沒有在維護道德自主性的同時，將「命」完全從生命中推出去，而視作與生命實現無關的外在事實；相反的，孔子的進退，一切是以「義」合，也一切是與「命」合。這一點深義，唐君毅先生有很好的體會，他曾說：

> 由孟子此段話，便知孔子之言命，乃與義合言，此正與《論語》不知命無以為君子之言通。孔子之所以未嘗有主癰疽與侍人瘠環之事，因此乃枉道不義之行，孔子決不為也。彌子謂子路曰：孔子主我，衛卿可得，孔子之答又為有命。故孟

---

❸ 同註**❷**，〈盡心上〉，頁350。

子之釋曰：無義無命。此即言義之所在，即命之所在也。此
所謂義之所在即命之所在，明非天命為預定之義，……㉜
……在孔、孟，則吾人所遭遇之某種限制，此本身並不能說
為命；而唯在此限制上，所啟示之吾人之義所當為，而若令
吾人為者，如或當見、或當隱、或當兼善、或當獨善、或當
求生、或當殺身成仁，此方是命之所存。唯以吾人在任何環
境中，此環境皆若能啟示吾之所當為，而若有令吾人為者，
吾人亦皆有當所以處之之道，斯見天命之無往而不在，此命
之無不正。……㉝

換言之，根據唐先生的分析，人生中所遭遇的各種限制，並不能視
為「命」；只有從這些限制上，見出人之義所當為，如當見、當
隱、當進、當退，這才算是對「命」有所感、有所受。因此，在人
生無常多變的遇合當中，我們固然可以「枉道」而行，「無義無
命」；但是，如果我們順本心的感通原則，在每一個當下的情境
中，「由命見義」，做出決斷，行其所當然，則命無所不在，心無
所不生，義無所不存。「居仁由義」的「盡心」之事，亦即「立
命」、「正命」、「俟命」之事。不僅如此，天之所以為天，亦在
此「盡心」即「立命」的過程中，步步開顯。

㉜　唐君毅：《中國哲學原論・導論篇》（臺北：臺灣學生書局，1986 年），頁
535-536。

㉝　同上，頁545-546。

　　魯平公將出，嬖人臧倉者請曰：「他日君出，則必命有司所
之。今乘輿已駕矣，有司未知所之，敢請。」公曰：「將見
孟子。」曰：「何哉？君所為輕身以先於匹夫者，以為賢
乎？禮義由賢者出，而孟子之後喪踰前喪。君無見焉！」公
曰：「諾。」樂正子入見，曰：「君奚為不見孟軻也？」
曰：「或告寡人曰：『孟子之後喪踰前喪』，是以不往見
也。」曰：「何哉君所謂踰者？前以士，後以大夫，前以三
鼎，而後以五鼎與？」曰：「否，謂棺槨衣衾之美也。」
曰：「非所謂踰也，貧富不同也。」樂正子見孟子，曰：
「克告於君，君為來見也。嬖人有臧倉者沮君，君是以不果
來也。」曰：「行或使之，止或尼之。行止，非人所能也。
吾之不遇魯侯，天也。臧氏之子焉能使予不遇哉？」❸❹

　　孟子言天凡八十多見，其中，除了引述《詩》、《書》古代文
獻帶有「天」字的語句外，如「天生蒸民，有物有則」❸❺、「天作
孽，猶可違」❸❻，最值得注意的，還是「即命以言天」這一種意
涵。我們從前引文獻可以看到，孟子之不遇魯平公，關鍵就在於嬖
人臧倉非議孟子「後喪踰前喪」，但是孟子一反常人意志因果的思
考模式，將此一事件的發生，直接歸咎到某個特定的對象上去。相
反的，他將事件放到一個無限遼闊、複雜的網絡中，遠遠超乎人的

---

❸❹　同註❷，〈梁惠王下〉，頁225、226。
❸❺　同註❷，〈告子上〉，頁329。
❸❻　同註❷，〈離婁上〉，頁280。

思考、意志所能控制，然後謙遜的一方面將之視為「天意」、「天命」，另一方面，又不怨不尤的對此「天命」、「天意」有所領納，「進以禮，退以義」，從容不迫，全無窘困之狀。由這裡，我們看到孟子如何從「義命合一」的道德實踐中，契接「天之所以為天」的奧秘。

萬章曰：「堯以天下與舜，有諸？」孟子曰：「否，天子不能以天下與人。」「然則舜有天下也，孰與之？」曰：「天與之。」「天與之者，諄諄然命之乎？」曰：「否，天不言，以行與事示之而已矣。」曰：「以行與事示之者如何？」曰：「天子能薦人於天，不能使天與之天下；諸侯能薦人於天子，不能使天子與之諸侯；大夫能薦人於諸侯，不能使諸侯與之大夫。昔者堯薦舜於天而天受之，暴之於民而民受之。故曰：『天不言，以行與事示之而已矣。』」曰：「敢問『薦之於天而天受之，暴之於民而民受之』，如何？」曰：「使之主祭而百神享之，是天受之；使之主事而事治，百姓安之，是民受之也。天與之，人與之。故曰：『天子不能以天下與人。』舜相堯二十有八載，非人之所能為也，天也。堯崩，三年之喪畢。舜避堯之子於南河之南。天下諸侯朝覲者，不之堯之子而之舜；訟獄者，不之堯之子而之舜；謳歌者，不謳歌堯之子而謳歌舜，故曰天也。夫然後之中國，踐天子位焉。而居堯之宮，逼堯之子，是篡也，非天與也。《泰誓》曰：『天視自我民視，天聽自我民

聽』，此之謂也。」㊲

萬章問曰：「人有言：『至於禹而德衰，不傳於賢而傳於
子。』有諸？」孟子曰：「否，不然也。天與賢，則與賢；
天與子，則與子。昔者舜薦禹於天，十有七年，舜崩。三年
之喪畢，禹避舜之子於陽城。天下之民從之，若堯崩之後，
不從堯之子而從舜也。禹薦益於天，七年，禹崩。三年之喪
畢，益避禹之子於箕山之陰。朝覲訟獄者不之益而之啟。
曰：『吾君之子也。』謳歌者不謳歌益而謳歌啟，曰：『吾
君之子也。』丹朱之不肖，舜之子亦不肖。舜之相堯，禹之
相舜也，歷年多，施澤於民久。啟賢，能敬承繼禹之道。益
之相禹也，歷年少，施澤於民未久。舜、禹、益相去久遠，
其子之賢不肖，皆天也，非人之所能為也。莫之為而為者，
天也；莫之致而至者，命也。匹夫而有天下者，德必若舜
禹，而又有天子薦之者，故仲尼不有天下。繼世而有天下，
天之所廢，必若桀、紂者也，故益、伊尹、周公不有天下。
伊尹相湯，以王於天下。湯崩，太丁未立。外丙二年。仲壬
四年。太甲顛覆湯之典刑，伊尹放之於桐。三年，太甲悔
過，自怨自艾，於桐處仁遷義，三年，以聽伊尹之訓己也，
復歸于亳。周公之不有天下，猶益之於夏、伊尹之於殷也。
孔子曰：『唐、虞禪，夏后、殷、周繼，其義一也。』」㊳

㊲　同註❷，〈萬章上〉，頁307、308。
㊳　同註❷，〈萬章上〉，頁308、309。

　　前引兩段章句，（按：此段文字與頁 58-59 同）通常被視為研究孟子政治哲學的重要文獻。但是，如果我們願意調整焦距，那麼這兩段文獻也許可以視為孟子基於天道論、心性論所作的一項歷史解釋；或者，如本文的觀點，一項著眼於基本存有論而發的歷史解釋。我們細繹孟子、萬章這對師徒的對話，可以清楚地體會出，萬章一開始的質問，「堯以天下與舜，有諸？」以及「至於禹而德衰，不傳賢而傳於子，有諸？」，反映的是一般世俗的、常識的觀點；而孟子本諸「天」、「命」所提出的解釋，卻是新穎、耐人尋味的觀點。孟子這種援引「天」、「命」的歷史解釋，決不是否定人在歷史洪流中的自主性，試圖以宗教神秘的力量來合理化人間的事件，因為這明顯地與孟子奮起於「天下之言不歸楊則歸墨」的行事作風與生命性格不合。事實上，我們從孟子引述〈泰誓〉「天視自我民視，天聽自我民聽」，就可以確定孟子心目中的「天與之」，並非什麼「君權神授」的觀念，而是以「人與之」為決定關鍵。但問題是：既然「天與之」亦即「人與之」，孟子又為什麼要疊床架屋地請出「天」一概念來解釋這些歷史事件呢？難道孟子真的是因為去上古未遠，故而仍保有古代宗教的信仰？還是「天」一概念在孟子人性論的自覺中早已「存有論化」（ontologization）了，亦即轉化為明照一切存在界有無生滅的意義基礎？我們從孟子屢言「非人之所能為也，天也」，可以看出孟子在理解一個事件時，往往一反常識生活中以個人意志為中心的因果解釋，而傾向於將主題帶入一個原則上可以無限伸展的相干脈絡中，並向上一翻，逕自通過「莫之為而為」的「天」，將待詮釋的歷史事件，或當前的處境，明照為吾人所必須面對的「莫之致而至者」的「命」。換言

之，孟子的思考方式，顯然是一方面將《詩》、《書》傳統中「形
上天」的信仰「存有論化」，視為說明一切存有物的意義基礎；另
一方面，又進一步將此一不可智測的「意義無盡藏」，具體化為與
人休戚與共的「歷史」，亦即理解為不斷地對人形成召喚，並等待
吾人心性的覺醒、回應的「命運」。

　　果如前述，從「義命合一」到「即命以言天」，孟子所展現的
理路，平實而又深刻。雖然，籠統地將「天」當作一切造化的根
源，孟子並未質疑，但是，「天」在孟子哲學中，既不是作為宗教
信仰的「上帝」被維護著；也不是像西方古典形上學中的「無限實
體」、「第一因」，只是一個在理論上說明存有物構造、產生的思
辨概念。根據前引文獻的分析，「天」在孟子心靈中，主要擔負的
是人在歷史的律動中所遭遇的各種事件、情境的最終解釋。換言
之，孟子顯然已將《詩》、《書》中「形上天」的信仰存有論化
了，轉換為明照生活世界中各種遇合之有無生滅的意義基礎。它的
豐盈不竭的義涵，早已滲透到人類文明的腳步中，只待吾人心性的
覺醒與回應。

四、結論：
「歷史」在孟子人性論中的地位

　　「孟子道性善，言必稱堯舜」。〈滕文公上〉第一章的這段敘
述，雖然從文本的觀點來看，不容懷疑；但是，從內在義理分析的
觀點來看，一個盛言「心、性、天相貫通」的哲理系統，又如何與
一個處處提倡師法聖賢傳統的歷史意識相容不悖呢？此誠如黃俊傑

教授所說，「人的歷史性與超越性應如何統一？這不啻是一場現實世界與超越世界之間的戰爭」❸❾。

　　然而，依據前文的分析，如果我們願意放棄當代學者所習用的詮釋架構，即不再從「道德主體性」來理解孟子「即心說性」，也不順西方古典形上學的思考方式，將「天」視同為「超越實體」，那麼，在參考海德格基本存有論的進路，重新詮釋孟子人性論的結果是：作為道德實踐基礎「心」、「性」，其與超越「天道」的貫通聯繫並未改變，只是這個契接繫聯的途徑，並非道德主體的逆覺體證所能窮盡，而是自始至終地必須以歷史所貫穿的「生活世界」為唯一的場域。換言之，孟子的「言必稱堯舜」，其實是其人性論必然的發展。

　　我們細繹《孟子》七篇，發現孟子引證歷代聖賢嘉言懿行的篇幅，幾近二分之一。無論是對國君暢發王道仁政的理想，還是與學生闡明人禽之辨，孟子總會引述到這些古代聖賢以支持自己的論點。到底這些古代聖賢在孟子心目中，有何特殊的意義？除了在論述上可以增強說服力外，最合理的解釋是，「天之生久矣，一治一亂」，孟子充分理解到人類在生存的道路上絕非平坦的，而是佈滿荊棘的，不但有來自大自然的災害，而且人自身的蒙昧也會引導人類墮入野蠻，與禽獸無異。在這種情況下，如果沒有古代聖王的出現，披荊斬棘，象徵著人性在不同歷史階段中的覺醒，一次又一次的衝破時代的限制與黑暗，人類根本不可能擁有文明，擁有人性的尊嚴。換言之，在孟子的反省裡，堯、舜、禹、湯、文、武、周

---

❸❾　同註❶❺。

公、孔子，不僅僅是存活在某一個過去時代的人物與事功而已，他們其實是好生的「天道」其無邊造化力在人間世界的具體呈現，也是人類克服其生存浩劫、文明危機所必須一再師法的典範。因為沒有他們在每一個時代的奮起，象徵著人性超越理想的覺醒，立人極以彰天極，可以想見的，人類也就沒有未來，生命的活動只是周而復始的重複，歷史沒有意義，天地之間只是一片沈寂。因此，孟子之極稱歷代聖賢，一方面固然是因為他們都能忠於自己的時代，以不同方式體現了人性最原初、本己的可能性；另一方面，則是因為「天道」創生的無邊奧蘊，也早已流注到這些聖哲的人格、事功當中，等待後人的識取與繼承。

果如前述，我們可以確定，孟子強烈的歷史意識，其實是與他在人性論上的洞見以及形上慧解，息息相關，不容拆解。他獨特的史觀，誠然是其人性論透入史料解讀後的一種結果。但是，如果我們在窮究孟子「天人之際」的最高義理時，缺少了孟子的實存體驗、歷史意識，以及從人類過去各種經驗中加以印證、體會的真實工夫，則孟子學萎縮為「狂禪」，亦是預料中事。因此，「究天人之際」與「通古今之變」，在今天學術分類下，已各有不同的領域，但是在孟子的人性論思考中，它卻是一體的兩面，不容許我們有任何的偏廢。

附記：本文曾刊載於《哲學與文化》月刊第 22 卷第 11 期，1995年 11 月，頁 1009-1022。

肆、試論儒家心性之學的現代意涵及其與科學的關係
——兼論當代儒學對西方近代科技的理解與回應

一、導　論

　　從哲學史的角度反省，一個學派的興起、或者一種學說思潮蔚為風氣，其原因總是錯綜複雜的。但是，撇開一些偶然的因素，決定一種思想是否在歷史中歷久彌堅的關鍵，主要還是從三方面來考量，即：㈠它是否與過去的哲學傳統形成一種積極創新的繼承、批判的關係？㈡它能否中肯有效的回應當前文化社會的問題？以及㈢對於未來人類文明的走向，它能否注入思想的力量，有所塑造與影響？質言之，即這個學說在問題意識上是否具有現代性？它是否能在繼承傳統學術的同時，經由創新的詮釋，重新釋放出觀念的力量，對現實有所批判，有所引導？

　　而本文之作，基本上即是循上述的思考，反省當代儒學研究的

成果,試圖從當代儒學對近代科技的理解與回應作線索,檢討當代儒學在心性論的重建中,有何突破性的成就?又有何限制以及其他發展的可能性?

我們之所以選擇西方近代科技為本文的切入點,理由非常明顯。第一是當代儒學運動的開展,一直是扣緊著中國現代化的課題才得到塑形的。七十年來,當代儒學研究的前輩,幾乎每個人或多或少的談到儒家思想與近代科技的相容性,甚至反覆申辯儒家思想超越西方文化的意義,即是明證。第二,自文藝復興以來發展出的近代科技,三百年來,澈底的改變了人類的命運,它作為廿世紀人類文明的基礎,究竟是人類的福祉,抑或災難,不僅是西方工業先進的國家,就是急起直追的古老中國,也一樣必須面對,亟謀因應之道。因此,如果我們要研判當代儒學在重塑傳統心性論的努力中,是否成功地回應了現代化的課題?選擇西方科技為切入點,應該是最能揭發問題關鍵的作法。

但問題是:當我們要衡斷當代儒學對西方科技的理解是否恰當時,我們如何確認西方近代科技的本質、哲學基礎或哲學意涵?回顧當代西方哲學對於近代科技的反省與研究,出版品不僅汗牛充棟,而且研究的觀點不一,根本無法找到焦點共識。但所幸的是,在當代西方哲學家中,近似當代儒學的思考路數,即從形上學的關懷出發,申論存有學與科學的關係的,並非全無可資對比映照的參考系統。海德格(Martin Heideg-ger)其實就是個中翹楚。海德格生於一八八九年,卒於一九七六年,然而證諸七〇年代以後流行的重要

思潮，無論是解構主義、後現代主義，均奉海德格為導師❶，我們可以確認海德格對近代科技的省察，雖然不足以代表西方哲學界的共識，但卻是一支極具分量且深具影響力的學說。因此，本文在反省當代儒學對西方近代科技的理解與回應時，鑒於整個研究的旨趣並非要取代式地批判當代儒學前輩的學術成就，僅是要撐開問題的視域，在一個更寬廣的脈絡中檢討當代儒學運動的限制與其他可能性，所以決定採取比較哲學的進路，即通過當代儒學與海德格的對比性考察，在盡可能不加分析、演繹的情況下，提出本文所欲獲致的結論。

二、儒家心性之學與現代化

當代儒學，在哲學界的理解，主要是指當代新儒家而言，它所涵蓋的代表人物，有梁漱溟、馬一浮、熊十力、張君勱、唐君毅、徐復觀、牟宗三等先生。學術界之所以這樣的認定，除了因為這些前輩先生畢生致力儒學思想的闡揚，而且彼此之間可以找到清楚的師生傳承、友朋講論的關係，最重要的是，一九五八年張、唐、徐、牟四位先生共同發表宣言〈中國文化與世界——我們對中國學術研究及中國文化與世界文化前途之共同認識〉❷，明確的宣達了他們對傳統文化、儒家思想、西方文化、及世界學術思想的立場與

---

❶ Hubert L. Dreyfus & Harrison Hall (eds), *Heidegger: A Critical Reader*, Blackwell Publishers, Cambridge, 1992, p.1.

❷ 此文目前蒐集在唐君毅《中華人文與當今世界》下冊（臺北：臺灣學生書局，1975 年），頁 865-929。

主張。我們細繹這篇宣言的文字，可以清楚的看到這些學者面對四九年以後中國殘破不堪的局勢，既沒有一味地欣羨西方文化而導致懷疑自家傳統，也沒有情感用事的站在本位的立場排斥所有的西方文化。約略言之，他們有以下幾點看法，特別值得深思。

㈠首先，他們對中國文化在長期歷史演進中所形成的種種積弊與病痛，並不諱言，但是基於歷史乃人類生命客觀實現的主張，他們反對將中國文化視同於客觀外在的自然物，而要求所有的研究者肯定中國歷史文化自有其「客觀的人類之精神生命」貫注其間。❸

㈡在他們心目中，所謂「中國歷史文化的精神生命」，其實不是什麼別的，指的就是「由先秦之孔孟，以至宋明儒」的「心性之學」。❹因為儒家這種心性之學，主要建立在實踐與覺悟的相依互進之上，一旦充分的展開，不但可以建立人之外在行為的規範，充實人的內在的精神生活，而且在人的實踐行為步步推擴中，更可以由家、國、天下宇宙，進而參贊天地之化育，撐開一種與西方形上學、宗教迥然不同的形上理境與宗教情懷。換言之，摶造中國文化特殊形態的基礎，正是儒家心性之學這種兼內外、通天人的義理性格。這裡，如果我們原則上承認中國文化的綿延存在有其意義、價值，那麼，屬於中國文化「神髓」所在

---

❸　同註❷，頁 872-875。
❹　同註❷，頁 888。

的儒家「心性之學」，理應得到世人的尊重。

㈢當代新儒家的前輩，雖然一致肯定傳統心性之學在義理上的成就，但是卻不諱言近代西方所成就的民主科學，畢竟是傳統文化所欠缺，乃當前中國亟謀解決的現代化課題。不過，他們與五四以來新文化運動者極其不同的是，他們並不認為傳統文化與學習民主科學有何扞格之處，以致於追求現代化就必須否定傳統文化；相反的，他們相信儒家心性之學所建立的「道德實踐的主體」，依其自身的要求，亦即要求「人格之更高的完成與民族之精神生命之更高的發展」，就能在政治上轉化自身為一「政治主體」，在自然界、知識界成為「認識的主體」及「實用技術的活動之主體」，從而為中國文化發展民主、科學奠定基礎。❺換言之，中國傳統的心性之學，本身即可為現代化提供實踐的動力。

㈣尤有進者，當中國尋求現代化學習民主科學之際，當代新儒家的前輩，基於中國傳統心性之學的體認，認為西方文化也應向東方智慧有所學習。因為西方重理智、運用概念的思考方式，雖然可以成就科學技術或客觀的法律制度，但卻不足以曲盡真正的具體生命世界、人格世界與歷史人文世界中的一切。因此西方文化如要完成領導世界的目標，或完成其自身更高的發展，亦須從中國心性之學所透顯的「圓而神」的智慧，「當下即是」的精神、「溫潤而

---

❺　同註❷，頁896。

　　惻怛或悲憫之情」、「天下一家」的情懷，有所學習。❻

　　我們從前述四點基本主張來看，當代新儒家最大的特色，即是
在回應中國現代化的課題時，他們認為儒家傳統的心性之學，不但
不應輕置，而且應該轉陳出新，由「道統」開「政統」、「學統」
❼，亦即通過心性論更精密的詮釋與重建，進一步釐清其與科學、
民主政治之間的分際與關係。要言之，即通過內聖心性之學的闡
揚，開儒家在當代中國「新外王」的事業。我們細究當代儒學前輩
的著作，雖然涵蓋中、西、印三大哲學系統，但中心關懷卻始終圍
繞著儒家心性之學來暢發其現代意涵。這一點，的確反映出新儒家
在當代中國思想界鮮明、一貫的學術立場。但是，或許不免為外人
所疑慮的是，當代新儒家的前輩學者，究竟依據何種思考來架接傳
統心性之學與科學的關係？這種思考果真曲盡了西方科學認知的內
涵？

三、一心開二門——對牟宗三先生　《現象與物自身》一書的省察

　　〈中國文化與世界〉這篇聯合發表的宣言，在當代儒學發展的
歷史上，確實具有里程碑的重要性。但是，它雖然明白地宣示了新
儒家的立場，畢竟不是嚴謹的學術論著，因此對於心性論與科學之

---

❻　同註❷，頁 910-925。
❼　牟宗三：《生命的學問》（臺北：三民書局，1970）頁 60-71。

間的關係，類此的重大議題，無法給出縝密的說明，我們必須從新
儒家前輩其他的論著中尋找資料。而一般說來，牟宗三先生《現象
與物自身》❸一書所建立的義理宏規──「一心開二門」，應該是
新儒家闡明傳統心性論與科學認知關係的經典之作。

　　牟先生，早年親炙於熊十力先生，大學時代，除了用心於《易
經》的研究之外，在西洋哲學方面，對邏輯、懷德海（A. N.
Whitehead）的哲學特別有興趣。稍後，牟先生的興趣轉向「架構的
思辨」，對康德哲學別有會心，民國卅八年完成《認識心之批判》
❾，初度展示出牟先生對西方哲學，尤其是知識論問題，深度的掌
握。❿然而，自此以降二十年間，牟先生的注意力又有所移轉。先
是有感於中國分裂，大陸共產黨政權破壞中國文化的現實，遂致力
於中國文化內部問題的疏理，寫作《政道與治道》⓫等書；稍後，
又全心投入中國哲學史各階段思想釐清分疏的工作，完成《心體與
性體》⓬、《佛性與般若》⓭等鉅構。直至七〇年代左右，牟先生
因為接觸海德格《康德與形上學問題》（*Kant and the Problem of
Metaphysics*）⓮等著作，重新燃起知識論、形上學的興趣，這才撰寫

❸　牟宗三：《現象與物自身》（臺北：臺灣學生書局，1996 初版五刷）。

❾　牟宗三：《認識心之批判》（香港：友聯出版社，1956）。

❿　牟先生早年學思歷程可參見《五十自述》（臺北：鵝湖出版社，1989）。

⓫　牟宗三：《政道與治道》（臺北：臺灣學生書局，1980）。

⓬　牟宗三：《心體與性體》（臺北：正中書局，1973-75）。

⓭　牟宗三：《佛性與般若》（臺北：臺灣學生書局，1984）。

⓮　Martin Heidegger, *Kant and the Problem of Metaphysics* tr. J. S. Churchill, Indiana
　　University Press, Bloomington, 1962.

《智的直覺與中國哲學》❶、《現象與物自身》二書,其中,前者是後者的「前奏」,後者才是對整個問題思考的完成。❶

嚴格而論,《現象與物自身》一書並不是直接扣緊著儒家心性論與科學的關係而寫的。如就章節內容來看,這本書的性質與其視為闡發儒家心性論的著作,毋寧歸類為知識論研究或康德哲學研究。但是,深入閱讀,我們了解到,牟先生其實是要通過「智的直覺」的肯定,來證成康德「現象」與「物自身」兩界的超越區分,從而安立中國「道德形上學」(廣義的說,「實踐形上學」)與西方科學在存有學上不同的位階。

在《現象與物自身》的序文中,牟先生就曾經表示:

> 近十年來,重讀康德,我把他的《純粹理性批判》與《實踐理性批判》俱已譯成中文。在此譯述過程中,我正視了康德的洞見之重大意義,並亦見到知性之存有論的性格之不可廢,並相信我能予以充分的證成,此則康德本人不能作到者,至少其表達法不能使人信服。此中重要的關鍵即在智的直覺之有無。依康德智的直覺只屬於上帝,吾人不能有之。我以為這影響太大。我反觀中國的哲學,若以康德的語詞衡之,我乃見出無論儒釋或道,似乎都已肯定了吾人可有智的直覺,否則成聖成佛,乃至成真人,俱不可能。因此,智的直覺不能單劃給上帝;人雖有限而可無限。有限是有限,無

---

❶　牟宗三:《智的直覺與中國哲學》(臺北:臺灣商務印書館,1974)。
❶　同註❽,頁4。

限是無限，這是西方人的傳統。在此傳統下，人不可能有智
的直覺。但中國的傳統不如此。……如若真地人類不能有智
的直覺，則全部中國哲學必完全倒塌，以往幾千年的心血必
完全白費，只是妄想。這所關甚大，我們必須正視這個問
題。❼

　　換言之，根據牟先生的理解，如果我們不能肯認人擁有智的直
覺，則不僅康德現象與物自身的超越區分不能證成，知性的存有論
(亦即現象界的存有論)落空，連帶的科學認知也成為問題。尤有進
者，整個中國哲學也要倒塌。因為，否認智的直覺的結果，人成為
有限，那麼儒家的「天人合一」、道家的「天地境界」、天臺宗
「即九法界成佛」，俱成妄想。如此一來，護持整個中國文化生命
的心性之學不就淪為一場空論，而身為關懷中國文化前途的知識分
子，又怎能不正視這個問題呢！因此，牟先生憑藉著他研究康德數
十年的功力，一方面從康德認識論的立場，指出康德否認智的直覺
的不當；另一方面又從對康德道德哲學的批判，指出現象與物自身
的超越區分，亦即「事實」與「價值」的區分。並且據此進一步說
道：

　　　同一物也，對有限心而言為現象，對無限心而言為物自身，
　　　這是很有意義的一個觀念，可是康德不能充分證成之。我們
　　　如想穩住這有價值意味的物自身，我們必須在我們身上即可

---

❼　同註❽，〈序〉，頁3。

> 展露一主體，它自身即具有智的直覺，它能使有價值意味的
> 物自身具體地朗現在吾人的眼前，吾人能清楚而明確地把這
> 有價值意味的物自身之具體而真實的意義表象出來。**⑱**

　　牟先生究竟如何論證康德否定智的直覺的不當，非本文重點，重要的是，我們從前引文獻中看到，牟先生在證成現象與物自身的區分亦即「事實」與「價值」的超越區分後，又將兩界再分別繫屬於兩個主體，一是關乎現象界認知的「有限心」，另一是朗現物自身世界（牟先生有時亦名之為理體、本體）的「無限心」；前者擔負現象界一切知識的構成，後者則為一切價值創造的形上根源。只是，這二者究竟具有何種關係？恐怕就必須再從牟先生「良知坎陷說」找到究極的說明。

　　「良知坎陷說」是牟先生《現象與物自身》一書中最關鍵的理論，可惜著墨不多。扼要言之，牟先生認為，自由無限心作為人類生命的道德自我，如要實現其自身無限的道德心願，解決人生中一切特殊的問題，必須自覺地經由自我否定（亦即自我坎陷），轉化自身為「知性」主體，在與物有對，將一切事物執定為認知「對象」的情況下，建立經驗知識，以期化險阻為易順。**⑲**換言之，牟先生雖然在人類生命中揀別出兩重主體不同的職能，但是有限心作為認識主體，其實只是道德無限心自覺地轉無執為有執，如實言之，真實存在的只是「一心」而已。這裡，牟先生藉《大乘起信論》的觀

---

⑱　同註**⑧**，頁 16。
⑲　同註**⑧**，頁 122。

念，即名之為「一心開二門」。

> 知體明覺之感應（智的直覺，德性之知）只能知物的如相（自在
> 相），即如其為一「物自身」而直覺之，即實現之，它並不
> 能把物推出去，置定於外，以為對象，因而從事去究知其曲
> 折之相。「萬物靜觀皆自得」，在此靜觀中，是並不能開出
> 科學知識的。……然則科學知識有無必要？在上帝根本沒
> 有，亦不必要。依西方傳統，上帝是上帝，人是人，兩不相
> 屬。就科學知識言，上帝無而不能有，人有而不能無。依中
> 國傳統，人可是聖，聖亦是人。就其為人而言，他有科學知
> 識，科學知識亦必要；就其為聖而言，他越過科學知識而不
> 滯於科學知識，科學知識亦不必要，此即有而能無，無而能
> 有。❷

　　牟先生提出「一心開二門」的觀念，其用心良苦，從前引文獻
中可以清楚的理解到。《現象與物自身》一書，表面上似乎是基於
中國哲學的立場，修正補足康德哲學的缺陷，但真正的用意，卻是
通過對康德哲學的批判，證成中國心性之學在過去雖只成就了高明
的形上智慧，但這一真實主體性的肯認，卻可以轉化為「認識主
體」，一樣的開發出西方的科學知識。牟先生談到科學知識的必要
性時，表示「在中國是無而能有，有而能無；在西方是無者不能
有，有者不能無」，不啻再度表達了中國心性之學與科學知識間具

---

❷　　同註❽，頁121-122。

有相容的關係，而且也透露出中國所獨具的這種心性論傳統，自有
其凌越於西方文化之處。

因此，綜觀牟先生在《現象與物自物》的思考，基本上是通過
康德哲學的消化調整，借力使力的撐建起心性之學下開知性主體的
義理間架。這裡，我們完全理解並肯定牟先生在運用康德哲學掘發
中國心性論的現代意涵時，並未混漫儒家與康德之間基本的差異，
但是牟先生這種對康德哲學的「調適上遂」，無形中也承襲了康德
哲學的一些特殊色彩。其中，最具關鍵性的是，牟先生幾乎無所保
留的承接了西方近代哲學主體主義的所有預設，譬如認識論方面的
主客二分、現象與物自身的二分，倫理學方面的事實與價值的二
分，哲學人類學上知、情、意的三分，以及基礎主義
（foundationalism）的思考方式。因此，從非批判的角度來看，牟先生
在《現象與物自身》一書中，通過「一心開二門」的義理間架，似
乎已經為心性論與科學，在存有論及主體性結構中，分別找到了位
置；但是，如果從批判的角度來看，這整個安立的基礎，卻並非沒
有再商榷的餘地。事實上，衡諸當代西方哲學的發展，海德格的哲
學可能就是一個絕佳的參考系統。

四、主體性的勝利與存有的遺忘

在當代西方英美哲學潮流中，以科學哲學為首要關懷的學派及
個別哲學家，為數甚夥，特別是五○年代以後，邏輯實證論式微，
繼起的新思潮轉向從科學史的進路探討科學的性質，有力的扭轉了

過去只重視科學知識的邏輯結構的偏失。㉑海德格雖然沒有躋身於這個潮流中，但是從最近的資料顯示，海德格這位終其一生致力於「存有問題」思索的歐陸哲學家，在許多重要問題的思考上，與最近英美科學哲學家的看法不謀而合。㉒因此，選擇海德格對近代科技的批判來對照比較，應該不是昧於西方學術思潮的考量。

海德格的存有哲學，一般人的印象，或許會認為那只是書齋裡不食人間煙火的玄思。但是，如果我們知道這位愛好隱居於黑森林小木屋的哲學家，曾經一度獻身納粹政權，擔任過弗萊堡大學的校長，那就應該想像到在他嚴肅艱澀的哲學背後，其實是一顆對歷史現實極為敏感、熱情的心。根據齊墨門（Michael E. Zimmerman）教授的研究㉓，出身農村的海德格，對於廿世紀之交德國迅速的走向工業化，一直有著極深的疑懼，他對存有問題的情有獨鍾，以及對西方形上學史及近代科技的批判、解構，許多觀念都應該回溯到這個背景來了解。

目前受限於篇幅及本文研究的目的，我們無法詳述海德格的思想，僅就與本文有關的幾個面相，扼要敘述如后。其中，我們第一個要澄清的就是，海德格「基礎存有論」（fundamental ontology）與西方傳統形上學以及近代知識論的關係。

㉑ Richard J. Bernstein, *Beyond Objectivism and Relativism: Science, Hermeneutics, and Praxis*, University of Pennsylvania Press, Philadelphia, 1983, p.20-25.

㉒ Hubert H. Dreyfus, *Being-in-the-World*, The MIT Press, Cambridge, 1992, p.279-280.

㉓ Michael E. Zimmerman, *Heidegger's Confrontation with Modernity*, Indiana University Press, Bloomington, 1990.

海德格的基礎存有論，一如眾所周知，主要是針對人，亦即
「此有」（Dasein），進行存有學的分析。海德格為什麼特別對人有
所垂青呢？主要是因為在海德格看來，長期遺忘存有的西方哲學，
如果要為西歐文明重新注入生機，必須要返回原初開啟希臘哲學的
存有真理，而重新敞開存有意義的視域，則又需要我們正視那唯一
能夠彰顯存有意義的人性存有者，剋就他那種存有學的性格，予以
重新的理解。換言之，海德格認為兩千年來的西方哲學，外表看
來，波濤壯闊，但究其實，每況愈下，馴致當代，哲學淪為科學的
奴婢，真正主導西歐文明的力量，是以「宰制」為其本質的現代
「科技」，早已不是以開顯存有真理為本務的哲學了。❷

> 在這個尚待回答的問題中，我們所要探問的是存有──那個
> 決定·存有物為存有物，即，儘管我們對存有物可以進一步的
> 討論，但是在這個基礎上，存有物卻早已先被領會了。存有
> 物的存有，其自身並不「是」存有物，如果我們要領會存有
> 問題，在哲學上，我們的第一步即在於不要「敘述故事」
> ──亦即，不要藉著將一個存有物回溯到它所由來的另一存
> 有物這種方式，來規定存有物之為存有物，好像存有也具有
> 某種可能存有物的性格似的。❷

---

❷ Martin Heidegger, *Basic Writings*, ed. D. F. Krell, Harper and Row, Publishers, 1977.

❷ Martin Heidegger, *Being and Time*, tr. John Macquarrie and Edward Robinson, SCM Press Ltd, 1962, p.25-26.

從前引文獻中，我們看出兩點重要的意思。第一是存有不是存有物，而是人們賴以通達存有物的意義之源，或者用海德格在它處所用的譬喻，存有是光，而我們只有在光明中，存有物這才能夠被了然，被領會。㉖其次，西方傳統哲學之所以被譴責為遺忘存有，正是因為他們混漫了存有與存有物之間的差異，試圖運用因果的思考方式，尋找第一因或上帝來說明存有物的存在，結果是形上學萎縮為「存有一神學」（ontotheology）。㉗但問題是，如果忠於存有思考，意謂我們必須要放棄傳統形上學存有物的思考方式。那麼，西方近代知識論的傳統，試圖從人的意識或精神，來安立一切存有物意義的思考方式，是否可以算作一種基礎存有論？

海德格的答案是很明確的，「不」。因為，無論是意識，還是精神，在海德格看來，都是在忽視人性存有者的存有學性格的情況下，企圖通過主體性來取代古代形上學的上帝，一種基本上仍然是以存有物來思考存有問題的作法。換言之，海德格認為，兩千多年來，西方哲學不僅遺忘了存有，而且對人性的理解，也形成了嚴重的扭曲，尤其是文藝復興以後，人文主義的勃興，哲學家更不願意從人與存有相互隸屬的關係來理解人性。亦即在亞里斯多德的時代，人只是被誤解為有理性的動物，但是到了近代哲學，當歐洲人越來越陶醉在他們科技的進步與成就之上時，理性再度被窄化為數學理性、科技理性，而人之所以為人，亦在於他們如何通過科技的

㉖　Martin Heidegger, "The Way Back into the Ground of Metaphysics", collected in *Existentialism: From Dostoevsky to Sartre*, ed. Walter Kaufmann, The New American Library, Inc. New York, 1975, p.265.

㉗　同註㉖，頁 275。

控制，征服自然世界，即從人對存有物的宰制關係來理解。因此，
重返存有的懷抱，當務之急就是將人從古代形上學、近代知識論的
偏蔽中拯救出來，正視人所獨具的那種彰顯存有意義的能力。

> 當此有朝向事物並把握它時，他不是從他早先被幽閉其中的
> 內在領域中站出來。相反的，此有依照他本來的存有方式，
> 一向都是站出來置身於他所遭遇的事物之中，亦即置身於那
> 些屬於他一向已經揭示的世界中的存有物之側。❷❽

　　海德格究竟如何將基礎存有論與西方近代知識論區別開來，從
前引文獻中可以得到線索。根據海德格詮釋現象學的觀點，近代哲
學在說明人類認知活動時，將認識我視作主體，將事物置定為外在
於主體的「對象」，其實一開始就錯失了此有存在的原初現象。事
實上，此有的存活，以「在世存有」（being-in-the-world）為其基本形
式❷❾，早在我們將事物置定為認知對象，展開科學理論的認知以
前，我們已經在「日常生活因應能力」（everyday coping skill）的活動
中❸⓿，對世界中的存有物有所通達、領會，亦即對存有物的存有，
有所領會。換言之，在主客對列之局中所展開的「認知」
（knowing），雖然也是此有在世存有的模式之一，但是它是建立在
與世界溶入式的「照料」（concern）關係之上的一種殘缺的、後起

---

❷❽　同註❷❺，頁 89。
❷❾　同註❷❽，頁 88。
❸⓿　同註❷❷，頁 3。

的模式。㉛近代哲學家在主客二分的預設下，千方百計的想論證出客觀世界的外在存在，在海德格看來，其實只是一場與虛假問題的搏鬥。㉜康德曾經在《純粹理性批判》中表示，迄今我們仍不能證明外在世界的存在，乃是哲學的恥辱。可是，對海德格而言，如果我們今天還要將這一個假問題視為重大課題，這才是哲學真正的恥辱。㉝

果如前論，海德格在基礎存有論中所展開的此有分析，基本上是跨越古代形上學及近代知識論的傳統，重返存有真理的思索。那麼，在海德格的存有哲學中，他又是如何說明近代科技的構成？海德格在他早、晚期的思想中，先後提出了不同角度的說明。

在《存有與時間》一書中，海德格認為，所有科學探究，其實都是建立在一些「基本概念」（basic concept）之上。㉞這些基本概念，往往是我們對這些科學領域中存有物的存有，以一種前科學的方式，先有所經驗、詮釋，因而成形。科學家通常就是根據這些基本概念，這才能夠在林林總總的存有物世界裡，首先界劃出他的領域，然後固定他的探究主題。一般常識的看法總以為實證研究乃是推動科學進步的力量；但是，「真正科學的運動是通過修正基本概念的方式發生的」。換言之，當科學發展進入危機的時代，數學家們不能確定什麼是數，物理學家們對如何說明物質感到猶疑徬徨的

㉛　同註㉕，頁 88。

㉜　Charles B. Guignon, *Heidegger and the Problem of Knowledge*, Hackett Publishing Company, Indiana, 1983, p.147-194.

㉝　同註㉕，頁 249。

㉞　同註㉕，頁 29-31。

時刻，科學家們這才會意識到他們的研究，不僅與哲學、或存有問題具有密切的關係，而且，進步的動力正在修正這些具有存有學意義的「基本概念」。因此，存有學對科學而言，不但具有知識的優位性，而且它是奠定科學可能性的基礎。

早期海德格對科學與存有學的關係的討論，費詞不多，但許多洞見，均能與後來研究科學史的科學哲學家，取得印證。然而，需要略加補充的是，此有從日常生活中對存有物存有的領會，到存有物成為科學理論的對象，其間，存有物也經歷了兩種性格的轉變。在日常生活中，存有物多半以「可用之物」的（zuhanden）存有方式與此有遭遇，但是進入科學探究的階段，當存有物被認識主體置定為客觀對象時，它則是以「現成之物」（vorhanden）出現。❸「可用之物」與「現成之物」的存有論性格，誠然有異。但是海德格屢次強調，這兩者的差異並非近代哲學所謂「價值物」與「事物自身」的區別。它們的不同，主要源自於此有對之「觀看」（sight）的方式不一樣❸，前者出自於此有的關心照料，後者則往往出自於好奇心的凝視，或是本於驚異的觀察。換言之，海德格基於存有學的立場，從存有物的意義、可通達性這個層面，擺脫了近代知識論現象與物自身、事實與價值的二分。

三〇年代以後，海德格修正早期基礎存有論的思考方式，將重心從此有轉向存有自身。在這個階段中，海德格對近代科技的反省更加深刻。約略言之，有兩個重點，特別值得深思。

---

❸　同註❷，頁 102-107。
❸　同註❷，頁 98。

　　第一項是海德格通過存有歷史的回顧，生動地勾勒出西方哲學如何在遺忘存有的情況下，一步步的走向近代的主體主義的框限中，最後進入科技的時代。㊲個中關鍵，我們可以由柏拉圖與笛卡爾的哲學，加以說明。根據海德格的看法，柏拉圖的「理型」（eidos），作為說明現象界事物的模本，其實是希臘存有觀第一次嚴重的扭曲。因為，在先蘇期哲學中，存有作為「自然」（Physis），原本強調的是存有物自我昇起呈現的動態過程，但是當柏拉圖將理型理解為真實、永恆的現成之物，並且是現象物的存有學基礎之後，原初存有的動態義就不見了。尤有進者，存有與「無蔽性」（unconcealment）的真理觀，在希臘人的思考裡，本來也是同義的，但是柏拉圖由於過度強調人對理型正確的觀看，所以原來是無蔽性的真理使理型得以呈現，現在卻變成理型使正確性的真理成為可能，真理變得取決於人對存有物的態度，西方人文主義得到第一次的塑形。馴致近代哲學，笛卡爾提出「我思故我在」，思惟我不但可以確定自身的存在，而且也可以決定所有在思惟中被表象的存有物。於是乎，主體性在繼中古哲學的上帝後，完全取代了存有的地位。然而，笛卡爾主體主義在西方遺忘存有的歷史中，尚有更嚴肅的意義。因為，在笛卡爾的哲學中，一切事物只有通過主體的表象才可以確認它的現前性；而數學作為人類最精確完美的知識，又透露出我們的理性基本上也是依循數學的模式來運作。因此，主體主義再加上數學的表象論，笛卡爾完全證成了文藝復興以來所發展出的數學物理學，而整個世界被表象為一部大機器，科技時代的

㊲　同註㉔，頁 376。

來臨，已是指日可待了。❸

　　其次，值得我們注意的是，海德格晚期對科技本質的說明。❸
海德格通過希臘字源的考證，指出「技術」（techne）在希臘人的世
界中，本來是指：讓事物從隱蔽中冒出。換言之，它的原義其實是
與無蔽性的真理相通的。但是，技術一旦得到近代科學的鼓舞，性
格就有了改變，它變為一種挑釁、強迫，它向大自然挑戰，卻不再
將存有物揭露為科學對象，而僅視之為資源、貯存（standing
reserve）。海德格認為，近代科技的危險是，它一面阻絕了人與存
有的聯繫，使得人無法敞開更豐盈的意義世界；另一方面，它也可
能使得人退墮為資源或狂妄的自認為是自然界的主人。因此，置身
於科技文明的現代人，拯救的契機即在於我們能否重返存有真理的
懷抱？在存有的光照中重啟存有物世界其他更豐富的可能性。

　　綜合前論，我們大體可以發現，在海德格存有哲學中，科學不
再無條件的被尊奉為真理的代表。無論是在他早期的基本存有論
中，還是他晚期對存有的沈思裡，人與存有的相互隸屬，才是他真
正的關懷所在。他對科學本質的探討，雖然還是通過主體性予以說
明。但是，如果主體性並不是人之所以為人的最原初的本性，而主
客的截然二分也不是在世存有的原初形式。那麼，科學在人類文化
中究竟有何意義與價值，顯然必須寄託於人與存有重新修好的關係
上。海德格這種立基於存有學的思考，對當代新儒家，理應有所啟

---

❸　Martin Heidegger, *The End of Philosophy*, tr. Joan Stambaugh, Harper and Row,
　　Publishers, New York, 1973, p.55-74.

❸　Martin Heidegger, *The Question Concerning Technology and the Other Essays*, tr.
　　William Louitt, Harper and Row, Publishers, 1977, p.3-35.

示。

五、海德格 vs. 牟宗三

在前文分別扼要陳述了當代新儒家與海德格的學說後，在這一節中，我們將進一步比較兩者的異同。在英語中，「vs.」往往指訴訟中兩造的對立或競賽裡兩隊的較勁，但是，目前我們要進行的比較，卻是著眼於思想的激盪，探討儒家心性之學在現代科技文明中應該如何自我定位，又應該撐起何種形態的義理間架，這才能夠釋放出觀念的力量，對現代文明有所解釋、批判與引導。

首先，讓我們從英雄所見略同之處談起。

海德格與牟宗三先生，基本上都是第一流形上學家，即使在科技當令的現代文明中，他們仍然堅持形上世界的探索，這才是人類尋找智慧的正途。因此，對於科學認知的價值，他們雖然肯定，但卻一致認為，那只是通往真理的一條道路，不但本身有限，而且也不是惟一的。所以在人類生命尋求最高、最圓滿的實現中，儒家的天人合德，或海德格所謂的人與存有的相互隸屬、「共現同流」（Ereignis），仍然是科學真理之上，更值得現代人追求的圓融理境。

但是，這些相同之處，只是思想大體觀察中所看到的，如果細部的審視，我們發現雙方面在哲學語言及思考方式上，不僅有中、西之別（這本不足為怪），而且還有近代與當代之異。換言之，牟先生在嘗試分別安立儒家心性論所獨顯的道德形上學與西方近代科學時，他基本上是沿用康德哲學的語言，亦即牟先生的思索主要是順

主體性的哲學來展開。但海德格卻不一樣,他為了澈底超克西方傳統形上學、近代知識論的思想窠臼,在哲學語言上不但有所創新更張,而且處處流露出他對傳統哲學的批判,尤其是對近代主體主義的不滿。因此,如果我們站在海德格哲學的立場來省察牟先生的思想,在同情的了解之餘,極可能會提出以下兩點批評:

(一)牟先生以「一心開二門」的義理間架,來分別安立道德形上學與科學,並非究極之說。因為,從存有學的立場來看,自由無限心作為道德主體,有限心作為認識主體,雖然可以用「良知坎陷」予以一體性的收攝,但「主體性」的「存有」是什麼?笛卡爾‧康德、牟先生,均未給出說明。尤有進者,當牟先生表示:道德主體開物自身世界,認識主體開現象界,兩界的區分亦即「價值」與「事實」的區分時,我們也沒有看到牟先生對價值物、事實物,提供任何存有學的解析。換言之,依據海德格哲學的觀點,無論是康德或牟先生,基本上都是在遺忘存有的情況下,試圖從某一個超級存有物來說明其他的事物,亦即他們從未能正視存有與存有物的差異,因而在思考層次上,仍停留在存有物的層面(ontical),而非存有學的層面。所以,一心開二門的結果,表面上道德與科學認知都收攝到一心之內,但「心」是什麼?卻始終夾纏著曖昧。牟先生有時以「本體」名之,有時以「道德實體」名之,甚至稱它為「無限的實體,是生化之原理,因此,同時亦開存在

界」⓿，果如是，牟先生又為什麼認為價值與事實的超越區分僅是「主觀的」？因此，在海德格看來，所有這些曖昧，關鍵只在我們能否釐清「存有」與「此有」之間，既有所差異，復相互隸屬的關係。這也就是說，無論是價值還是事實，甚至精神、物質，所有這些被區分出來的「意義」，其實都是存有物在此有的通達下所可能開顯出的「存有」，牟先生在它們之間強分「物自身」、「現象」，並無補於我們心性論現代意涵的建立。

㈡其次，牟先生在說明科學知識的構成時，從認識主體的「對象化」來入手，確有洞見；但是西方近代科學的極成，並非對認識主體予以內在結構的分析就可以闡明，它分明也是存有歷史中的最大的事件。因此，牟先生以良知之自我坎陷來說明道德主體如何下開認識主體，並宣稱此一下開具有辯證的必然性，究其實，不僅是省略的說法，而且是不具說服力的說法。因為，牟先生在談到科學知識之必要性時，表示「在中國是無而能有，有而能無；在西方是無者不能有，有者不能無」，然而證諸中、西歷史事實，具有心性論、道德形上學傳統的中國，畢竟沒有建立像西方的科學，而近代西方所發展出的科學，卻主要源自於他們的古代的形上學。換言之，牟先生所謂的「辯證的必然性」，其實只是「邏輯的相容性」，充其極，只說明了傳統的心性論或道德形上學，與科學相容不悖而已。但

⓿　同註❽，頁 38。

是，反觀海德格的思想，他從存有的歷史出發，一步步的
說明西方心靈如何轉變他們面對存有物的態度與方式，最
後凝聚在牛頓物理三大定律的陳述中，決定性地開啟了人
與自然界之間的一種新的認知關係。❹海德格這種歷史進
路的思考，表面上只是拾綴歷史上偶然的事件，加以串
釋，但結果卻是提出一種兼具歷史必然性與解構力的論
述，不僅有力的說明了近代科學世界的構成，而且也批判
性地鬆動了我們對近代科技的執迷，為未來文明注入了新
的可能性。因此，新儒家在試圖疏清傳統中國文化與近代
科技的關係時，顯然不能只停留在「主體的自覺要求」或
「良知坎陷」這些只具辯護性的論述中，而必須融「天人
之際」於「古今之變」，具體的說明中國文化為什麼在過
去沒有建立西方式的科學，進而調整傳統心性之學的義理
結構，為中國的現代化注入新的生機。

　　因此，歸納前文，我們了解到，當代新儒家嘗試賦予傳統心性
之學新的意涵，進而吸納西方科學，在用心立意上，不但是可行，
而且是值得鼓勵的。可惜的是，這項努力由於過度依賴十八、十九
世紀的西方哲學，如康德或黑格爾的系統，所以未能敏銳地覺察廿
世紀科技文明的獨大，早已使得當代哲學的問題意識，從「現代」
（Modern）走向了「後現代」（Postmodern）。因此，新儒家前輩所經
營的系統，如牟先生的《現象與物自身》，在理路上只能依循基礎

---

❹　同註❷，頁 247-286。

主義的思考模式，一廂情願地從主體性的結構中建立科學的合理性，卻不能像海德格哲學一樣，從存有學的角度，有效的解構科學的宰控性。「他山之石，可以攻錯」，當代儒學應該如何自我調整，海德格的思想有一定的參考價值。

六、結　論

中國文化何去何從？這個問題，遠從鴉片戰爭開始，就成為百年來所有中國人共同的課題。而當代新儒學運動，奮起於五四反傳統文化的激情狂潮之後，如何澄清傳統文化與西方科學民主的精神並行不悖，似乎也成為新儒學歷史的宿命。一九四九年中國分裂，面對大陸共產黨政權無情地破壞中國文化，這項歷史的擔負也益形加重。然而，五十年過去了，中國現代化的腳步並沒有因為海峽兩岸的分裂而中斷，無論是臺灣還是大陸，在全力發展科技之際，均無法自外地面臨全球性科技所帶來的各種衝擊與危機。換言之，九○年代中國文化的處境，顯然已不是在中國人理智與情感瀕臨破裂的緊張中，思考如何在追求現代化的過程中，同時保有傳統文化；而是如何躍入世界哲學的潮流中，與當代西方第一流的哲學心靈，共同的面對科技所衍生的各種文化問題。因此，如果現階段儒學研究的問題意識，仍舊停留在自辯（apology）的模式中，不願跳出來，那麼，儒家哲學不僅失去參與世界學術動向的機會，而且新儒學運動也將步入歷史，註定擁抱著它的宿命，成為當代中國哲學史上的一頁陳跡。

當代新儒學的前輩，在最艱苦的歲月中，為中國人思考，嘗試

走出一條既有所本兼能開新的路來,經過近五十年的努力,其實早已證明他們在中國思想史上的地位。因此,本文對當代儒學的檢討,與其是質疑他們的客觀成就,毋寧是主觀的提出一些有關新儒學未來發展的自我期許。

　　歷史的腳步總是那麼緩慢而又深刻,不知什麼時候,物換星移,我們又步入另一個新的視域;而肩負引領人類生命方向的哲學心靈,只有敏銳地不斷調整焦距,這才能夠洞悉自己的處境,知所從來復向何去。當代儒學研究能否真的為中國文化找到方向?端視於我們對於這些歷史腳步的移動能否洞燭機先了。

附記:本文曾刊載於劉述先主編:《當代儒學論集:挑戰與回應》
　　　(臺北:中央研究院中國文哲研究所籌備處,1995 年 12
　　　月),頁 199-223。

伍、什麼是人？：孟子心性論與海德格存有思維的對比研究

——兼論當代孟子心性論詮釋的困境及其超克

一、前　言

　　人是什麼？相信不僅每個人在心智成長過程中，會提問到；就是每一個民族文化，其所以能夠滋長出各種價值規範、文明機制，也是通過這個問題的一再致意、探索，這才粲然大備，從而保障了族群的綿延、發展，成就了各民族不同的文化與歷史。因此，以「人」為主題，從事中、西哲學的對比研究，不單可以使我們瞭解到中、西文化為何在歷史上形成各種不同的面貌；尤有進者，由理解到會通，中、西哲學思考的整合，也將影響到二十一世紀人類生命共同體的命運與方向。

　　本文之作，即是在前述背景下逐漸成形。雖然，乍看之下，將孟子心性論與海德格的存有思維關聯在一起，似乎不倫不類。但

是，深入看來，如果孟子心性論不僅是一種哲學人類學或倫理學，同時涵具著一套說明萬物造化的存有學洞見；而海德格的存有思維，也一如他自己表明，蘊藏著某種「根源性的倫理學」（original ethics）❶；那麼，將二者納入同一個視角來審視，就不是一種唐突任意的作法。此外，將孟子與海德格對比來研究，最重要的考量是，海德格作為二十世紀西方世界最具影響的哲學家，其對西方傳統形上學、近代知識論嚴厲的批判、解構，適足以提供一個更深遠，也最具前瞻性的交談脈絡，不僅可以為我們詮釋《孟子》文本提供深具啟發性的視野，而且也可以使我們洞悉當代孟子學詮釋上的諸種困境，並找到超克困境的可能出路。

事實上，近年來西方學者如 H. L. Dreyfus ❷，Wemer Marx ❸，L. J. Hatab ❹等，均指出海德格對西方傳統哲學的衝激，不僅在於他提出了「存有遺忘」（oblivion of being），而且他從存有學的角度重新揭露人性存有者的深層結構，為道德哲學的思考也提出了許多精闢的洞見。筆者從 1994 年開始，即嘗試從海德格基礎存有學重新詮釋孟子，先後完成了三篇論文，每次均有言不盡意之感 ❺。因此，本文之作，基本上是循以往已經建立的研究，扣緊「什

---

❶ Martin Heidegger, *Letter an Humanism*, collected in *Basic Writings: Martin Heidegger*, ed. by David Farrell Krell, Routledge, London, 1996, p.213-265.

❷ Hubert H. Dreyfus, *Being-in-the-world*, MIT press, Cambridges, 1992.

❸ Werner Marx, *Toward a Phenomenological Ethics*, Suny, 1992.

❹ Lawrence J. Hatab, *Ethics and Finitude: Heideggerian contributions to Moral Philosophy*, http://www.focusing.org/Hatab.Html.

❺ 袁保新：〈試論儒家心性之學的現代意涵及其與科學的關係——並論當代儒學對西方近代科技的理解與回應〉，收錄於《當代儒學論集：挑戰與回應》

麼是人」這樣的主題，再次撐開古代中國與當代西方兩位哲學家對話的脈絡，一方面為孟子心性論賦予新的意義面貌，另一方面也希望從兩位哲學家的共同互通之處，為二十一世紀人類文明的人性論基礎，勾繪出新的思考方向與架構。

二、《孟子》與當代孟子學

對於現代中國人而言，孔孟並稱，以及孟子是繼孔子之後儒家最重要的哲學心靈，大概沒人會懷疑。但是，事實上，孟子在儒學傳統中的地位與重要性，是到兩宋以後才被確認。有一段很長的歷史，《孟子》主要是以儒家諸子之一，或者解經之「傳」，保留在眾多的先秦典籍之中❻。兩漢之後，儒學式微，中國哲學的風流盡在道、佛。惟獨唐中葉的韓愈，力持「道統」之說，肯定孟子在儒學聖聖相傳之道統中的地位。但是，像韓愈的見解，所謂「自孔子沒，獨孟軻之傳得其宗。故求觀聖人之道者，必自孟子始」❼，在整個唐代學風中，畢竟是一家之言，未得學術界的共識。及至北宋二程子出，內聖之學講論益精，孟子的義理思想才算真正得到重視

（臺北：中央研究院中國文哲研究所籌備處，1995 年），頁 199-223。〈天道、心性、與歷史——孟子人性論的再詮釋〉，《哲學與文化》月刊第 22 卷第 11 期（1995 年 11 月），頁 1009-1022。〈盡心與立命——從海德格基本存有論重塑孟子心性論的一項嘗試〉，收錄於《孟子思想的哲學探討》（臺北：中央研究院中國文哲研究所籌備處，1995 年），頁 159-198。

❻　楊伯峻：《孟子譯註》（臺北：源流出版社，1982 年），頁 8-9。

❼　朱熹：《四書章句集註》（臺北：鵝湖出版社，1984 年），頁 198。

與發揚❽。南宋以後，朱子將《論語》、《孟子》以及《禮記》中之〈大學〉、〈中庸〉，合編為《四書》，並詳為之集註。而陸象山更自謂學無所受，「因讀孟子而自得之」❾，並表示「竊不自揆，區區之學，自謂孟子之後，至是始一明也。」❿從此之後，孟子的地位再無異議。無論是主張「性即理」的程朱「理學」，還是主張「心即理」的陸王「心學」，《孟子》一書都成為他們理論援引的重要經典之一。而孟子三辨之學所建立的義理分判，也成為宋明以來儒者共同堅持的理解架構。尤其是「人禽之辨」所繫的心性論，更是宋明理學家全幅心力所在，孟子「性善」之說遂成為儒家學者共同秉執的基本立場。

然而，孟子心性之學雖然在宋明兩代成為思想主流，但是孟子「民貴君輕」之說，卻一度不能見容於明太祖朱元璋，不但遭到刪節，甚至他的神位也幾至被逐出聖廟❶。孟子這種本諸人性論所揭舉的政治理想，至明末清初之際，因國族之巨變，才逐漸受到士林重視，而黃宗羲的《明夷待訪錄》，也就是在這種背景下完成❷。及至清末，西潮東漸，面對中國專制政權的腐敗，西方民主政治之開明進步，當時提倡變法者如康有為❸，領導革命者如　國父孫中

---

❽　唐君毅：《中國哲學原論·原道篇一》（臺北：臺灣學生書局，1986 年），頁 213。

❾　陸象山：《陸象山全集》（臺北：世界書局，1971 年），頁 308。

❿　同上，頁 85。

❶　容肇祖：《容肇祖集》（濟南：齊魯書社，1989 年），頁 170-173。

❷　黃宗羲：《黃宗羲全集》（臺北：里仁出版社，1987 年）。

❸　康有為：《孟子微》（臺北：臺灣商務印書館，1968 年）。

山，莫不推尊孟子「民貴」之說，孟子儼然「又成為中國民本民主之政治思想之宗師」❶。因此，唐君毅先生曾表示，孟子之學在中國歷史上先後經歷過三個階段的變化，先是西漢作為羽翼五經之傳記之學，然後是宋明理學階段，孟子被推尊為在心性學方面繼承孔子仁道的大宗師，最後是清末民初，孟子又被視為中國民主思想的先導。

　　唐先生對孟子學發展的這項歷史評述，大體無娛。所遺憾者，唐先生並未概括 1900 年以來孟子學在當代的發展情形❶。事實上，當代孟子學的開展，絕不是「中國民主思想先導」這個方向所能究盡。它的內涵與重要性，非常深遠，必須扣緊著「傳統中國文化面對西方現代文明的壓迫，如何走出自己一條現代化的道路」，這才能夠準確地掌握到它的特色、方向，甚至看出它的限制。換言之，我們必須從當代新儒學的開創、發展、問題意識、學術成就，來審視當代孟子學的意義，並評估它的成果。

　　當代儒學的發展，參與的學者甚夥。但是依哲學界嚴格意義來看，主要是指當代新儒家而言，它所涵蓋的代表人物，有梁漱溟，馬一浮、熊十力、張君勱、唐君毅、徐復觀、牟宗三等先生。學術界之所以這樣認定，除了因為這些前輩學者畢生致力儒學思想的闡揚，而且彼此之間可以找到清楚的師生傳承、友朋講論的關係。最重要的是 1958 年張、唐、牟、徐四位先生共同發表宣言〈中國文

---

❶　同註❽，頁 213。

❶　關於孟子學在中國歷史上的發展變遷，其實是非常細膩而豐富的，黃俊傑教授在其兩冊《孟學思想史論》中，有詳盡的討論，可參考《孟學思想史論・卷二》（臺北：中央研究院，中國文哲研究所籌備處，1997 年 6 月）。

化與世界——我們對中國學術研究及中國文化與世界文化前途之共
同認識〉（以下簡稱〈宣言〉），明確的宣達了他們對傳統文化、儒
家思想、西方文化及世界學術思想的立場與主張❶。我們細繹這篇
宣言的文字，可以清楚的看到這些學者基本上是面對五四運動對傳
統中國文化的否定，以及中國人對西方近代文明科學、民主的嚮
往，反覆辯論中國文化自有其「客觀人類之精神生命」貫注其間。
他們認為傳統中國文化雖與西方「方以智」的精神趨向不同，未能
成就科學技術、民主法治；但是中國文化「圓而神」的智慧，「當
下即是」的精神、「溫潤而惻怛或悲憫之情」、「天下一家」的情
懷，卻值得西方世界學習。其間，我們必須一提的是，〈宣言〉中
有兩項論述，適足以說明孟子學在當代儒學運動中的重要性，簡言
之，即：

　　㈠所謂「中國歷史文化的精神生命」，其實不是什麼別的，指
的就是「由先秦之孔孟，以致宋明儒」的「心性之學」。因為儒家
這種心性之學，主要建立在實踐與覺悟的相依互進之上，一旦充分
的展開，不但可以建立人之外在行為的規範，充實人的內在的精神
生活，而且在人的實踐行為步步推擴中，更可以由家、國、天下宇
宙，進而參贊天地之化育，撐開一種與西方形上學、宗教迥然不同
的形上理境與宗教情懷。換言之，搏造中國文化特殊型態的基礎，
正是儒家心性之學這種兼內外、通天人的義理性格。這裡，如果我
們原則上承認中國文化的綿延存在有其意義、價值，那麼，屬於中

---

❶　唐君毅：《中華人文與當代世界·下冊》（臺北：臺灣學生書局，1975
　　年），頁 865-929。

國文化「神髓」所在的儒家「心性之學」，理應得到世人的尊重。

（二）張、唐、徐、牟四位先生，雖然一致肯定傳統心性之學之義理上的成就，但是卻不諱言近代西方所成就的民主科學，畢竟是傳統文化所欠缺，乃當前中國亟謀解決的現代化課題。不過，他們與五四以來新文化運動者極其不同的是，他們並不認為傳統文化與學習民主科學有何杆格之處，以致於追求現代化就必須否定傳統文化；相反的，他們相信儒家心性之學所建立的「道德實踐的主體」，依其自身的要求，亦即要求「人格之更高的完成，與民族之精神生命之更高的發展」，就能在政治上轉化自身為一「政治主體」，在自然界、知識界成為「認識的主體」及「實用技術的活動之主體」，從而為中國文化發展民主、科學奠定基礎。換言之，中國傳統的心性之學，本身即可為現代化提供實踐的動力。

果如前論，我們可以看出孟子學在當代儒學運動中，不但是核心的課題，而且它主要是以「心性之學」的義理性格，進一步被詮釋為一套有別於西方的「道德形上學」。尤有進者，這種道德形上學建立在「道德實踐的主體」之肯定上，但這一「道德主體性」，卻可以依其自身的要求，轉化為一「政治的主體」、「認知的主體」，從而為當代中國的現代化提供動力根基。換言之，當代孟子學的詮釋與展開，主要是做為一套回應當代中國現代化需要的「主體性哲學」（Philosophy of Subjectivity）來把握的。

我們仔細查閱當代新儒學者的著作，無論是老一輩熊、唐、牟、徐，還是稍年輕的像劉述先、蔡仁厚、杜維明等先生，甚至不隸屬於新儒家陣營中像勞思光先生等，基本上都是循「主體性哲學」的理解來詮釋《孟子》的文本。他們的論述，詳略精粗，固然

有別，但是卻有一些共通之處，譬如他們總是旁徵博引地根據〈公
孫丑上・六〉「今人乍見孺子將入於井」、〈離婁下・十九〉「人
之所以異於禽獸者」、〈告子上〉各章，指出孟子的人性論是「即
心以言性」，而「心」又是以「仁、義、禮、智」為先驗內容的道
德心（有時又稱之為「道德意識」、「道德理性」、「道德主體」等等，不一而
足）。再者，他們又會依據孟、告辯論「仁義內在」，指出孟子人
性論所涵蘊的倫理學，在型態上必須理解為一套「自律道德」，而
非「他律道德」。尤有進者，他們還會引述〈盡心上・一〉，「盡
其心者，知其性也。知其性，則知天矣。」，指出孟子這種「盡心
－知性－知天」的哲學理論，涵具著一種「道德的形上學」，借牟
宗三先生在其大著《圓善論》中的話，則是：

> ……我們可以籠綜天地萬物而肯定一超越的實體（上帝或天
> 道）以創造之或創生之，這乃完全由人之道德的心靈，人之
> 道德的創造性之真性，而決定成的。此即是說：天之所以有
> 如此之意義，即創生萬物之意義，完全由吾人之道德的創造
> 性之真性而證實。外乎此，我們決不能有別法以證實其為有
> 如此之意義者。是以盡吾人之心即知吾人之性，盡心知性即
> 知天之所以為天。天之所以為天即天命之于穆不已也。天命
> 之于穆不已即天道不已地起作用以妙運萬物而使之有存在
> 也。……說上帝創造萬物，這只是宗教家的一個說法而已，
> 說實了，只是對于天地萬物的一個價值的解釋。儒家說天道
> 創生萬物，這也是對于天地萬物所作的道德理性上的價值的
> 解釋，並不是對於道德價值作一存有論的解釋。因此，康德

> 只承認有一道德的神學，而不承認有一神學的道德學。依儒
> 家，只承認有一道德的形上學，而不承認有一形上學的道德
> 學。此義即由孟子盡心知性知天而決定，決無可疑者。**⓱**

　　換言之，孟子的人性論兼具有形上學的向度，它可以對天地萬
物的存在，提供道德理性上的價值的解釋；亦即當代孟子學一旦取
得了主體哲學的涵義之後，基本上認為道德可以決定存有，而非存
有決定道德。

　　但問題是，這種深富先驗主體性哲學色彩的孟子學詮釋，果真
是忠於《孟子》文本的唯一解讀嗎？當代新儒家這種立基於主體性
之上的哲學建構，果真可以為當代中國現代化提供實踐動力嗎？抑
或只是在哲學層面澄清中國傳統心性之學，與近代西方哲學、民主
的精神並不相悖？雖然，無可否認的，當代新儒家在賦予孟子主體
性哲學的義涵時，均能引經據典，依據文獻來闡釋。但是主體性哲
學的思維模式，畢竟是近代西方哲學的產物，它無可避免地夾帶著
整個近代西方哲學的預設，諸如形上學方面的心／物二元、事實／
價值二分，知識論方面內／外、主／客二分、理性／感性二分，以
及人性論方面知／情／意三分，這些屬於西方哲學在特定時空背
景、條件下的思維方式，進入孟子學的詮釋中。然而這種思維模
式，果真也是孟子本身所具備的思考特徵，我們的確不能無疑。即
以〈告子上·十五〉為例：

⓱ 牟宗三：《圓善論》（臺北：臺灣學生書局，1975 年），頁 133-134。

> 公都子問曰：「鈞是人也，或為大人，或為小人，何也？」
> 孟子曰：「從其大體為大人，從其小體為小人。」
> 曰：「鈞是人也，或從其大體，或從其小體，何也？」
> 曰：「耳目之官不思，而蔽於物，物交物，則引之而已矣。
> 心之官則思，思則得之，不思則不得也。此天之所與我者，
> 先立乎其大者，則其小者不能奪也。此為大人而已矣。」

　　如果我們順主體性哲學的理解來解讀這一章，亦即將「心官」理解為道德理性，或先驗的道德主體，那麼我們立刻就要面對的問題是：「心官」與作為形軀感性存在的「耳目之官」，究竟是什麼關係？它們是兩種本質迥異的存在？如笛卡兒心物二元論主張一樣？還是人生命整體結構中的兩種「機能」（faculty）？果如後者，那麼「心官」作為先驗的、獨立自足、自我立法的「道德理性」，與有待於外、經驗的「感性」存在，分明為兩物，不可化約；那麼我們又必須回到第一個問題，即它們兩者之間的關係是什麼？它們又如何統整在人生命整體的結構中？尤有進者，為什麼作為人之所以為人的本心真性，居然會被逐物不返的「小體」篡奪其主導生命的地位？是「誰」在「從」其「大體」或「小體」？凡此諸多疑難雜症，都是採取主體性哲學進路詮釋孟子所不可避免的問題。只是，不免令人懷疑的，這種詮釋是否真的忠於孟子的本懷。

　　然而，當代孟子學順主體性哲學的理論來詮釋孟子，其衍生的問題與複雜性，遠比我們想像還要嚴重。前文還只是從「身心關係」揭露主體性詮釋進路的困難，如果我們進一步探究孟子人性論形上學蘊涵的話，我們發現牟先生所謂的「道德的形上學」，其實

也有爭議。誠如勞思光先生在其《新編中國哲學史》中，詮釋孟子
「盡心－知性－知天」意涵時所說：

> 形上學重視「有或無」，故必以「實體」觀念為根本；心性
> 論重視「能或不能」，故以「主體」或「主宰性」為根本。
> 明乎此則先秦之儒學之本旨不致迷亂也。此處之「天」字，
> 不重在「限定義」，而有「本然理序」之義。「天」作為
> 「自然理序」看，則即泛指萬事萬物之理。說「知其性，則
> 知天矣」，意即肯定「性」為萬物之源而已。⓮

　　換言之，勞思光認為孟子的心性論根本毋須預設「天」作為形
上實體，照樣可以是一套完整的系統。在此，我們是否要接受勞先
生的看法，筆者已有另文討論。但是，可以確定的是，如果我們採
認康德道德哲學的看法，亦即「道德性」必須從「實踐理性的自我
立法」來規定的話，那麼儒家的成德之教，只要有「道德主體性」
的肯定，即已足夠，根本不需要在「心」、「性」之外，再肯定一
個「超越實體」的「天」，來進一步解釋天地萬物的存在。易言
之，當牟先生接受近代西方主體性哲學中「事實／價值」的二分，
認為道德價值不需要存有論的解釋，則他所謂的「道德的形上
學」，其實是以「主體性」取代「實體」概念，以「價值界」統攝
「事實界」，其結果並不是證成「形上天」的合法性；相反的，它

⓮　勞思光：《新論中國哲學史·第一卷》（臺北：三民書局，1985 年），頁
196-197。

是在限制「天」豐富的內涵。只是，一如前文的質疑，在孟子的心
靈中，果真像近代西方哲學一樣，理所當然地預設了「事實／價
值」的二分，我們不能無疑。

因此，當代孟子學在賦予《孟子》文本一種嚴格的哲學意涵
時，由於過度依賴近代西方主體性哲學的架構，雖然言出有據，但
無形之中也將孟子範限到近代西方哲學的框架中。這不僅使我們從
詮釋學的立場懷疑它的唯一合法性，而且當我們洞悉到這種主體性
詮釋的進路，不可避免地將導致「道德」與「存有」之間單向度的
宰制關係。我們也懷疑孟子心性論所涵具的這種形上理境，果真廣
大悉備地足以成為當代中國現代化的動力。物換星移，時過境遷，
當時序已屆二十世紀尾聲的時候，我們期待打開一些新視窗，重新
審視《孟子》文本中可能潛藏的意涵，為二十一世紀人類文明的方
向，投下新的曙光。

三、海德格的存有思維
及其對人本位主義的批判

我們為什麼要選擇海德格作為孟子心性論交談的對手，其實在
前言中已約略說明。然而，值得補充的是，除了海德格對人性存有
者的分析，在西方哲學傳統中，具有原創性的地位外，我們認為海
德格也是啟發後現代（Post-modern）哲學思維，最具有前瞻性視野的
哲學家。因此，設計孟子與海德格的對談，其主要用意即在衝破現
代性的格局，尋找孟子學新的義理風貌。

海德格的哲學，素以晦澀著稱。但是自從 1927 年海德格發表

其代表作《存有與時間》❶一書之後，已有七十餘個年頭。因此，儘管世人對海德格哲學的理解，是否已經成熟到蓋棺論定的階段，恐怕一時還有爭議；但是，他環繞「存有」概念所發展的基本課題，像「時間」、「真理」、「語言」、「藝術」、「技術」等等，卻多已有了共同的理解。一般而言，學者們都會依據海德格自己的陳述，認為在 1930 年海德格公開演講〈論真理的本質〉（On the Essence of Truth）之後❷，經歷了一次思想重要的「轉折」（turn），因此將海德格哲學區分為兩個階段，即早期與晚期；並認為兩個階段的差別，主要在於早期強調「此有」（Dasein）的存在分析，晚期則越過「此有」，直接扣緊「存有自身」（being itself）來發言。對於這樣的區隔，筆者無意反對，但總覺得太過簡略。因為，依據海德格晚期核心概念「共現同流」（Ereignis, appropiation）的意涵，存有與此有相需互依、共同隸屬，海德格顯然並未放棄此有。因此，海德格思想「轉折」前後的差異，與其理解為晚期忽略此有，強調存有自身，毋寧理解為轉折後的海德格，終於能夠徹底地揚棄了主體性形上學的語言，忠於自己對於存有的思維，暢所欲言。明顯的例證，即是 1947 年海德格發表的《論人本位主義的信簡》（*Letter on Humanisn*，以下簡稱《信簡》）❸。

　　《信簡》是一篇三萬多字的長篇論文，具有很明顯的論辯性格。美國學者 David Farrell Krell 在編輯《海德格基本著作選》

---

❶　Martin Heidegger, *Being and time*, tr. By Joan Stambaugh. Suny, 1996.

❷　Martin Heidegger, *Basic Writings*, ed. D. F. Krell, Harper and Row, Publishers, 1977, p.231.

❸　同註❷，頁 213-265。

（*Basic Writings: Martin Heidegger*）㉒時，全文收錄，足以顯示這篇論文在海德格思想中的重要性。大陸學者宋祖良，曾經對這篇論文的最初的中文譯名〈論人道主義的信〉，嚴厲批評，指出這裡的 humanism 不應當翻譯為「人道主義」，而應當譯為「人類中心論」㉓。宋先生的批評，頗能忠於原著精神，但是「人類中心論」是英文 anthropo-centrism 的譯名，因此筆者目前在本文中一律翻譯為「人本位主義」。事實上，這篇論文從頭到尾，海德格都在標示他的思想是「存有思維」（thinking of being），而非傳統意義下的「存有學」、「形上學」或任何一種以人為本位的哲學思考，所以這個翻譯應當不會導致誤解。

問題是：海德格為什麼要批判人本位主義？這種批判是不是在貶抑人性尊嚴、否定文化價值？這就要回到《信簡》寫作的緣起，才能明瞭。

1927 年海德格發表《存有與時間》一書以後，聲名鵲起，影響所及，鄰近的法國也由沙特（J. P. Satre）領軍，開啟了存在主義的思潮。1946 年沙特在公開演講〈存在主義是一種人本位主義〉（Existenialism is a Humanism）之後，海德格的法國友人 Jean Beaufret，就寫信提出了許多問題，而海德格為了劃清他與沙特之間的界線，特別針對其中的一個問題，即「我們如何能夠保有 "humanism" 這個字的意義？」，作出回應。於是乎有了《信簡》這份重要的文

㉒　同註㉒。

㉓　宋祖良：《拯救地球和人類未來》（北京：中國社會科學出版社，1993年），頁 226。

獻㉔。我們仔細閱讀《信簡》這篇長文，可以清楚地看到，海德格主要是沿著他的「存有思維」與西方傳統「主體性形上學」的差異，反覆辨明他自從《存有與時間》提出「基礎存有學」以來，就在「人的本質」這個問題上，不但與傳統迥然有別，而且只有他的主張才真正捍衛了人性的尊嚴。

> 在羅馬，我們碰到了第一個人本位主義。所以，人本位主義本質上始終是一種特殊的羅馬現象，這種現象產生於羅馬人與晚期希臘教化的相遇。……因此，從歷史學上來理解人本位主義，總是包含著一種對人性的探究，而這種探究又以某種特定的方式，回溯到古代，因而總不外乎成為一種對希臘文明的復興。㉕
>
> 每一種人本位主義或者建基於一種形而上學中，或者它本身就成了這樣一種形上學的根據。對人的本質的任何一種規定，都已經以那種對存有真理不加追問的情況下，逕自以一種存有者的解釋為前提；任何這種規定，無論對此情形是知道，還是不知道，均是形上學的。
>
> 第一個人本位主義，即羅馬人本位主義，以及此後直到當代出現的一切種類的人本位主義，都把人的最普遍「本質」假定為不言自明的。人被看作理性的動物（animal

---

㉔　同註㉓，頁 214。

㉕　同註㉓，頁 224-225。本文的翻譯，曾參考大陸學者孫周興的譯筆，但是略有更動，如有錯失，概由筆者自負。可參閱海德格等，孫周興譯《路標》（臺北：時報文化出版公司，1997 年），頁 313-364。

rationale）。……這一對人之本質的規定並沒有錯。但這一規
定是由形而上學來決定的。而在《存有與時間》中，不僅是
它的限制，就是它從形上學而來的本質規定，都變得可疑問
了。㉖

從前引文獻中，我們看到海德格首先將人本位主義從歷史的溯
源中，解構為一特殊的偶然的歷史現象。接著，又從內涵上指出，
名式各樣的人本位主義，其本身不是一種形上學，就是植基於某種
形上學之上，因為「無論人本位主義的種類形式有如何的不
同，……他們對 homo humanus（人文化的人）的 humanitas（人性），
都是從一種已經建立的對自然、歷史、世界、世界根據的解釋，來
規定其意涵，亦即從存有者整體的解釋的角度來加以規定」㉗。但
問題是，人本位主義作為一種形上學，有什麼不妥？它有什麼錯
誤？海德格的回答是：

雖然形上學將那在其存有中的存有者表象出來，並且依此來
思考存有者的存有。但是它卻沒有思考存有與存有者之區
別。形上學也不追問存有自身的真理。甚至它也不追問，在
何種方式下，人的本質是屬於存有的真理。……形上學從
animalitas（動物性）出發來思考人，卻沒有從人的 humanitias

㉖　同註㉔，頁 225-226。
㉗　同註㉔，頁 225。

（人性）的方向來思考人。❷❽

換言之，依照海德格觀點，人本位主義做為一種形上學，並沒有犯什麼錯誤，它的不妥主要在於：它根本沒有從人的本質來掌握人。但如何思考人的本質呢？這就必須從人與存有真理的關係來理解。

> 形上學一直無視於這樣一種簡單而重要的事實：人惟有在本質中才成其本質，而人的本質又為存有所要求。惟有這種要求中，人才「已經」發現了他本質居住於何處。而惟有從這種居住中，人才「具有」「語言」作為寓所，而這個寓所又為人的本質保持著自身站出來的狀態（the ecstatic for his essence）。這種在存有之澄明中的站立，我稱之為人的存一在（the ek-sistence of man）。只有人才具有這種存有方式。而存一在，依此義理解，不僅是理性（即 ratio）之可能性的根據，而且也是人的本質從而得以保持其規定之來源的所在。❷❾

什麼是人的本質？海德格在《存有與時間》中，就曾經表示：人的本質在於他的存在。這個命題，在西方整個哲學史上，無疑是石破

---

❷❽　同註❷⓪，頁 226-227。
❷❾　同註❷⓪，頁 227-228。

天驚的創舉❸，不啻宣布所有本質主義在人性探索方面完全是無效的。但是，這句話也是極易遭人誤解的，海德格在《信簡》中，反覆釐清他所謂的「本質」、「存在」不是中古哲學所稱的 esse essentiae、esse exisentiae，並且為了區以別之，更將原來的 existence（存在）改寫為 ek-sistence。他甚至直接重釋這句名言，表示：

> 這句話的意思毋寧是：人就是這個「此」（das "Da"），即，存有之澄明，而成其本質的。這個此之「存有」，而且惟有這個此之「存有」，才具有存一在的基本特徵，亦即從自身站出來屹立於存有真理之中。❸

現在，為什麼海德格要鑄造「此有」（Dasein）來稱謂人，似乎是不言而喻了。顯然海德格認為真正足以彰顯人之所以為人的思維，不能從「存有者」著眼，即將人想為某種「生物」，然後再加上「理性」、「人格」、「精神」這些種差；而是應該從「存有」著手，因為芸芸萬物之中，只有人才會探問存有，只有人才具有「存有學的天職」足以承接存有的召喚，開顯世界，讓一切存有物成其所是。而這個存有學的天職，或探問存有的能力（ability-to-be），作為人的本質，並非恆常不變的、靜態的隱身在人的各種活

---

❸ Hubert Dreyfus & Haugeland, *Husserl and Heidegger*, Collected in *Heidegger and Modern Philosophy*, Yale University, 1978, p.222-238.

❸ 同註❷，頁 229。

動之後，如傳統本質主義所思考的一樣；相反的，它是動態的，以不斷從自身站出來的方式，迎向各種可能性，從而敞開了一個開放的領域，讓存有真理得以顯現。因此，當海德格表示人的本質即在於他的存－在時，他其實是從存有真理與人的完成，這種互動相依的關係，來揭露人性存有者真正的尊嚴所在。然而，不免令人猶豫的是，什麼是存有？存有以何種方式進入人的存－在中，從而讓存有真理顯現於「此」？人又應當以何種方式回應存有的召喚，完成他的本質？

> 但存有——什麼是存有呢？存有是存有本身。未來的思維必須學會去經驗和言說存有。「存有」——它不是上帝，也不是世界根據。……存有乃是最切近者。❸❷
> 其實，人是被存有本身「拋」到存有之真理中的，人在如此這般的存－在中，守護著存有之真理，以便存有者如其所是地在存有之光中顯現出來。至於存有者是否顯現，以及存有者如何顯現，上帝、諸神、歷史和自然，是否以及如何進入存有之澄明中，是否以及如何呈現與離開，凡此種種，都不是由人決定的。存有者的臨現乃基於存有之命定。但對人而言，這始終是一個問題：如何在他本質中找到那符應這個命定者？因為依照存有之命定，人作為存－在者，必須守護存有的真理。人乃是存有的守護者。❸❸

---

❸❷　同註❷⓿，頁234。

❸❸　同上註。

海德格終其一生都是在與存有搏鬥，但是他汗牛充棟的著作中，我們始終找不到一個明確的答案。我們唯一可以確定的是，存有在海德格的思維中，既不是希臘中古世紀形上學中的上帝，也不是近代哲學中作為說明世界之超越根據的主體性，它甚至不可以用任何原因、原理的概念來表象。海德格自己表示：「存有乃是最切近者」，但這個最切近者，我們除了得到「光」（light）的譬喻外，仍然感到模糊。事實上，海德格在《存有與時間》及《信簡》中，都有進一步的提示。

> 在這個尚待回答的問題中，我們所要探問的是存有——那個決定存有物為存有物，即，儘管我們對存有物仍可以討論，但在這個基礎上，存有物卻早已先被領會了。❸❹
> ……存有如何有，我們唯有從「意義」（Sinn, meaning），亦即存有之真理，才能領會。存有在人從自身站出來的投射（Entwurf, projection）中，對人自行澄明。但是這個投射並沒有創造存有。❸❺

對海德格而言，存有其實就是使一切對存有物的領會成為可能的「意義」，或者用筆者習慣的詮釋，「意義的無盡藏」❸❻。為什麼筆者要用中文「無盡藏」來修飾作為意義整體的存有？主要的理

---

❸❹　同註❶❾，頁 4。

❸❺　同註❷⓪，頁 240-241。

❸❻　同註❺，頁 175。

由是，在海德格的思維中，是存有使人富有起來，亦即是存有的召喚使人完成他的本質，成為存有的守護者。再者，海德格自己曾經表示，「存有就是存有的歷史」，在存有真理的自行澄明中，一有開顯，即有遮蔽，存有乃一即顯即隱的動態過程。人注定了要在歷史中承接存有的命定，而存有真理的揭顯也將永無窮竭之日。果真如是，那麼我們就可以瞭解到，海德格對人的本質的規定，至少在四個方面跨越了傳統西方哲學的思考，即：

㈠就人不僅是世界中的存有物，他同時具有存有學的天職；能夠向存有探問而言，人的本質，必須從他與存有真理的關係來掌握；

㈡就人的本質在於他的存－在而言，人的本質並非如傳統本質主義所設想，一種靜態的、完足的先驗內容；相反的，它是不斷地從自身站出來，傾聽存有的召喚，開顯世界，使存有物如其所是，讓存有真理在「此」顯現；

㈢就存有決定存有者是否及如何開顯而言，人作為存－在者，也必須依照存有的命定，成為存有真理的守護者，而非存有物世界的宰制者；

㈣就存有真理的自行開顯，乃一顯隱共呈的動態過程而言，人的本質完成，也注定是歷史性的。

職是之故，我們也可以明白，海德格為什麼要對西方人本位主義採取批判的立場。因為無論是希臘人將人定義為「理性的動物」，還是近代西方哲學從「主體性」來規定人的本質，在海德格看來，都是不徹底的，是在「遺忘存有」的情況下的一種形上學產物。前者之失，固在於肯定的「太少」，蓋僅從動物性出發，不夠

根源性；而後者之過，則在於肯定的「太多」，蓋忽略了人的被拋擲性，誤以為人果真是萬物的主宰。相較之下，海德格認為將人理解為存有的守護者，表面上是一種壓抑，但是在這個讓步中，人反而得以到達存有的真理，取得了人性真正的尊嚴。但問題是，海德格一味地從存有思維來規定人的本質，是否透露出他反價值、反倫理的傾向？

　　海德格的答覆，當然是否定的。他首先指出，如果我們將文化、藝術、科學、人的尊嚴、上帝都視為是「價值」的話，就在這個評價中，我們已經剝奪了被評價的事物的尊嚴。因為，在評價中，被評價的事物僅被容許作為人的對象來看待，但某物在其存有所是的東西，並不限於它的對象性。因此，當我們宣告「上帝」是「最高價值」之時，其實「上帝」的本質已經遭到貶低❸❼。換言之，海德格認為這種建基在主體性哲學基礎上的價值觀，不但預設了主客二分，略過了人「在世存有」（being-in-the-world）的基本特徵；更不足取的是，它在不能忠於存有物的存有情況下，造成了二十世紀宰制性的科技文明。然而，這是否意謂著我們現代人的生活可以不要律法及規範呢？海德格在〈信簡〉的後段文字中，提出了「根源性的倫理學」的構想。

　　　　Ethos 意謂著居留、居住之所。這個字指示著人居住於其中的那個敞開的區域。人在居留中所敞開的領域，讓那屬於人的本質在其接近之際，顯現出來。人的居留包含並保存著人

---

❸❼　同註❷⓪，頁 251。

在其本質中所屬於的那個東西的到來。❸

如果倫理學這個名稱依照 ethos 的基本涵義來看，倫理學應
該被說成是對人之居留的深思，那麼，那個將存有真理的思
維視為存一在之人的根本要素的思想，其本身就是根源性的
倫理學了。❸

只有當人從自身站出來，進入存有真理之中，並將自己歸屬
於存有之際，存有自身才會派發出那些必然成為人的律令及
規範的指令。在希臘文，指派就是 nemein。規範不僅是律
令，而且其派發更根源地包含在存有的發送中。只有這種派
發才能將人派遣到存有中。只有這種派遣才能夠承荷與維
繫。此外一切律令僅只是人類理性的製作品而已。比製作律
令更重要的是，人找到了居留於存有真理的處所。這種居留
產生了我們可以依靠的經驗。存有的真理為一切行為提供了
依靠。「依靠」（Halt, hold）在我們德文中的意思，就是「守
護」（Hut, protective heed）。……❹

　　海德格一貫的思想作風就是追本溯源。他不願在學院的知識區
分下，思考「存有學」與「倫理學」的關係，他要回溯到「倫理
學」的字源-ethos，指出它原始字義「居存」（abode, dwelling place）
與「存有真理」的關聯。在海德格的思想裡，倫理學如果依賴理性

---

❸　同註❷，頁 256。
❸　同註❷，頁 258。
❹　同註❷，頁 262。

的抽象或計算能力來訂製人間規範，是沒有約束力的。因為人的存在處境一直在變遷中，即令我們能夠建立具有普通性義務的格準或幸福的計算公式，我們仍不能在這些形式化的規範之前找到可靠的律令。行為規範的可靠性，只有人在忠於他的本質，在不斷的從自我站出來的情況下，承接存有命定的差遣，這才能找到人安身立命的規範。海德格心目中的「根源性倫理學」，其實就是他所謂的「存有思維」，只是不同於傳統西方哲學的是，這種思維也同時是一種行動，不過這個行動超越「理論」與「實踐」的區分，將「真」與「善」在「存有」的名義下，完全交由人的本質的歷史性之完成，不著痕跡的道說出來。從中國哲學的觀點看來，海德格的存有思惟，不僅徹底的顛覆了西方哲學的知識分類，諸如形上學、知識論、存有學與倫理學的區分；而且更有趣的是，他的想法似乎與傳統中國哲學「天道性命相貫通」的智慧，並行不悖。

四、從「存有與道德的統一」 重釋「天道性命相貫通」之旨

依據前文第二節有關當代孟子學的省察，我們可以簡單的概括為：當代孟子學基本上是延續宋明儒心性之學的傳統，參考西方近代主體性哲學的架構，所展開的一套以孟子人性論為核心的現代詮釋。我們從當代新儒學運動產生的外緣背景來看，投入《孟子》現代詮釋的前輩，均屬一時俊彥，他們在賦予《孟子》文本現代意義的過程中，不僅都能還原到文獻，承繼宋明理學疏解的理路，侃侃而談；而且在運用西方哲學的概念來闡明孟子義理時，也的確展示

出分析論辯的思想精密性。但是，如果我們考究當代新儒學試圖為
中國現代化提供哲學基礎這個目的時，我們就不得不承認，當代孟
子學的現代詮釋，潛存著一定的困難與限制。理由很簡單，只要我
們思考的視野並不限於「現代性」一端，而願意伸展到「後現代」
批判性的觀點來反省，我們就會發現，以近代西方主體性哲學的語
言來詮釋《孟子》，恐怕是未蒙其利，先受其弊。尤有進者，過度
依賴近代西方哲學的思考方式來解讀《孟子》，雖然可以賦予孟子
學非常鮮明的哲學形式，但是也阻塞了《孟子》與當前人類各種人
生、文化經驗接榫、對話的可能性。因此，調整我們的焦距，擴大
思考脈絡，重新思索孟子人性論的可能義蘊，不僅是值得鼓勵的，
也有其時間上的迫切性。

　　事實上，從海德格存有思維的立場來看，當代孟子學的詮釋，
問題不在詮釋上有任何不正確，而是詮釋的不夠根源性。一如海德
格在〈信簡〉中回答存有學與倫理學的關係時，海德格認為這些哲
學知識的分類源起於柏拉圖的學院，是真正的思惟讓步給哲學，而
哲學又委身於科學之後的產品，根本不足以廓清「存有」與「道
德」的關係。因此，當我們試圖推陳出新，打開孟子人性論的可能
義蘊時，首先要釐清的是孟子人性論與西方倫理學、形上學的關
係。

　　無可否認的，《孟子》文獻中的確保留了許多言心言性言天的
文獻，但是孟子即事以言理或格言警句式的言說方式，使我們懷疑
孟子對這些基本語詞的使用，是否已經提煉到理論性概念之層次；
還是它們根本是隨著言說脈絡變化，僅具有家族相似性的意義關
聯。因此，任何將孟子人性論判定為某種型態的倫理學或形上學的

作法,即令有顯豁某些章句義涵的效果,但是如果這麼做,將有意無意地迫使我們忽略孟子的言說方式,及其他似相干又不相干的文獻,我們就會覺得有商榷的必要。舉例而言,〈梁惠王・上〉第一章,孟子從「上下交征利,而國危矣」、「苟為後義而先利,不奪不饜」、「未有仁而遺其親者也;未有義而後其君者也」展開對梁惠王重「利」思想的批評時,他顯然是從行為後果的可欲、不可欲來發言,具有非常明顯的功利主義效果論的色彩。但是,當孟子在〈告子・上〉第六章,對公都子解釋他性善的主張時,「惻隱之心,人皆有之;羞惡之心,人皆有之;……仁、義、禮、智,非由外鑠我也,我固有之也,弗思耳矣」,又透露出康德義務論的口氣。而〈告子・上〉第十九章,孟子表示「五穀者,種之美者也;苟為不熟,不如荑稗。夫仁,亦在乎熟之而已矣」,孟子似乎關切的是德行的養成,這又是德行倫理學的口吻。然而令人困惑的是,如果孟子是一個思想一致的人,他的人性論如何可能在倫理學上同時兼有三種不同的立場?是不是一開始我們就不應該用西方倫理學的角度來衡定孟子的人性論?

我們細繹《孟子》全書,孟子在人性課題的發言,雖然最終目的是在建立一個全方位的道德生活秩序,但是他的作法,決不是通過一套建立在概念、原理的分析之上的客觀的倫理學知識來達成。我們在《孟子》一書中,似乎找不到任何探索理論模型,或是從某些抽象的、普遍的道德原理來為某一行為提供理性證成的興趣;相反的,我們看到許多章句,都是在記載著孟子如何面對價值衝突的具體情境,作出道德抉擇,或提出道德解釋。其間,孟子不是沒有提出論證。事實上,孟子是極其好辯的,但是他的論證,不是用來

建構知識，而是用來說服。而說服力的基礎，與其說是建立在一些客觀、自明的道德原理之上，毋寧說是建立在人我共通的道德體驗或人格修養之上。因此，孟子在人性論的論述，並不是要在知識的層面上證成道德生活可能的根據，而是要在真實生活上喚醒、邀請每個人自己走上成德之路。傳統的說法，往往將儒學界定為「成德之教」，這顯然比我們將孟子詮釋為某種義理型態的倫理學要恰當些。

果如前述，我們覺得當代孟子學的詮釋不宜將其人性論簡單化約為某種倫理學。那麼，我們順著〈盡心上〉第一章「盡其心者，知其性也。知其性，則如天矣」，進一步將孟子人性論解讀為「道德的形上學」，恐怕也是值得再斟酌的。事實上，這項詮釋與哲學定位，是牟宗三先生一生研究儒學及康德所鑄鍊出來的，自有其深義。但是從海德格批判西方傳統哲學的角度來審視，這項詮釋有兩個預設，卻是極具爭議性的。第一個是關於形上學的理解，牟先生顯然是從「實體－神－學」這個單一架構來界定；另一個則是關於道德的理解，牟先生更是徹底的只同意從康德的「自律道德」來規定。但無論是前者，還是後者，都是西方特定歷史背景下的產品，我們懷疑它們無條件的一體適用性。

首先，「實體－神－學」作為形上學主要的架構，其實是從亞里斯多德開始，才決定性的發展出來的。特別是到了中古世紀，基督宗教為了馴化不信仰上帝的蠻族，形上學更是扮演在理性上論證「無限實體－上帝」客觀存在的主要工具。但是，衡諸中國古代文化的發展，我們從未發現類似希臘人的這種理論上的興趣，或理智上的懷疑。中國古代人，對於「天」乃萬物造化的根源，從未質疑

過。因此，孟子「盡心－知性－知天」的陳述，與其理解為通過盡心、知性，吾人即可證知「天」作為「超越實體」的客觀存在；倒不如說，在盡心－知性中，吾人也就瞭解了天之所以為天，亦即天之造化無邊的義蘊。換言之，我們可以參考海德格基礎存有學或晚期存有思維的理論，將「天」存有論化或存有化，即視為「意義的無盡藏」，而不必一定要將「天」理解為超越實體。因為質諸《孟子》文本的相關文獻，我們實在找不到證據證明孟子——如亞里斯多德，對個體物的產生、毀滅，有著極大的理論興趣；同時我們也不認為孟子人性論的提出，是為了維護中國古代的天道信仰，論證天道的客觀存在。因此，將孟子「知天」之說，定位為一種以「實體－神－學」為架構的形上學，一開始便是有疑問的作法。

尤有進者，當牟先生表示孟子人性論所涵具的形上學，乃一「道德的形上學」時，表面上是將孟子與西方思辨的形上學予以區隔，凸顯孟子以道德實踐為進路的義理型態。但事實上，他要表達的是，「依儒家，只承認有一道德的形上學，而不承認有一形上學的道德學」。換言之，反對道德價值在人性之外，還需要有一存有論或形上學的解釋。牟先生這種詮釋，真正的用心，其實是要貫徹他依康德自律道德來解釋孟子人性論的立場，將他先前賦予孟子形上學的義涵，在徹底轉化為一種主體性的形上學，從而取得具有「現代性」的義涵。牟先生這種詮釋上的轉化，用心良苦，但是卻忽略了兩個嚴重的問題。第一個是在西方形上學的系統結構中，只允許一個第一原理。如果我們採取無限實體來說明萬物存在，我們就不能夠、也不需要另立一個主體性原理；反之亦然。在西方哲學史上，希臘中古時期是以「實體」概念為首出，但到近代經歷知識

論的覺醒以後，即便是上帝存在的確定性，也要靠主體性原理來保
證，主體性完全取代了古典「實體－神－學」的架構。因此，當牟
先生以道德的創造性來證實「天」的超越實體性時，這個程序，既
不充分，也不必要。

　　第二個嚴重問題是，康德提出自律道德的主張，雖然有其嚴肅
性的一面，但是主體性的肯定，恐怕未必能夠說明我們的道德經驗
與道德生活。從海德格哲學來看，人遠在自覺為一道德主體以前，
就無所逃地註定以「在世存有」、「共同存有」（being-with）為其
存在模式。而且，人所置身的世界，由於徹底的被歷史性所滲透，
因此，有關人的各種道德價值的獲取或道德規範的建立，與其說是
道德主體在自我覺醒後的自我立法，毋寧是人在融入歷史傳統中逐
漸內化習得來的。海德格這項反省，重點不在質疑道德價值可普遍
化的原則，而是要凸顯人的有限性、歷史性，指出那個先驗、普
遍、超越一切時空條件的道德理性，從來不是人性的真實內容。換
言之，康德的自律道德，儘管在理論系統內有其一致性，但是在遺
忘人的歷史性的情況下，它始終不能充分地解釋我們的道德經驗。
尤有甚者，如果我們回歸原典，發現孟子言心言性的篇章，未必要
順主體性哲學來詮釋，那麼，牟先生依據康德道德哲學的立場，力
持孟子的人性論乃一自律道德，反對道德價值需要存有論的解釋，
就極可能是一種削足適履的作法。

　　唐君毅先生在《中國哲學原論・導論篇》，曾引述〈萬章上〉
第八章「或謂孔子於衛主癰疽，於齊主侍人瘠環，有諸乎？」，盛
發孟子人性論中「義命合一」之旨，他說：

　　由孟子此段話，便知孔子之言命，乃與義合言，此正與《論
　　語》不知命無以為君子言通。孔子之所以未嘗有主癰疽與侍
　　人瘠環之事，因此乃枉道不義之行，孔子決不為也。彌子謂
　　子路曰：孔子主我，衛卿可得，孔子之答又為有命。故孟子
　　之釋曰：無義無命，此即言義之所在，即命之所在也。此所
　　謂義之所在即命之所在，明非天命為預定之義。……❹

　　……在孔、孟，則吾人所遭遇之某種限制，此本身並不能說
　　為命；而唯在此限制上，所啟示之吾人之義所當為，而若令
　　吾人為者，如或當見、或當隱、或當兼善、或當獨善、或當
　　求生、或當殺生成仁，此方是命之所存。唯以吾人在任何環
　　境中，此環境皆若能啟示吾之所當為，而若有令吾人為者，
　　吾人亦皆當所以處之之道，斯見天命之無往而不在，此命之
　　無不正。……❷

　　長期以來，一般人都會因為〈盡心上〉第三章記載「求則得
之，舍則失之，是求有益於得也，求在我者。求之有道，得之有
命，是求無益於得也，求在外者也」，認為孟子人性論將「應然」
與「實然」二分，把道德實踐完全歸給道德主體的自由自主來安
立，亦即孟子人性論涵具著「義命二分」的立場。但是，前引唐先
生的詮釋就不一樣，他認為孟子並沒有在維護道德自主性的同時，

---

❹　唐君毅：《中國哲學原論，導論篇》（臺北：臺灣學生書局，1986 年），頁
　　535-536。
❷　同註❹，頁 545-546。

將「命」完全從生命中推出去，而視作與生命實現無關的外在事實。換言之，在孟子人性論中，並沒有像近代西方哲學預設著「應然」與「實然」的迥然二分；相反的，義之所在，即命之所在，在孟子觀念中，道德的應然世界與存在的實然世界，只是一個世界。唐先生在《中國哲學原論·原道篇一》中，有兩段文字，可以輔助我們理解孟子這種「義命合一」的思想。

> 凡自然之事而合當然者，皆是義之所存，亦天命之所在。義何所不存？義何時不新？則天何所不在？命何時不降？天時降新命于我，固亦同時是我之所自命于我，如為孝子、為慈親，皆我之自命于我者也。然卻不可只說是自命。因無我，故無此一自命，無我之所遇合，亦無此自命。則于此凡可說為之自命者，而忘我以觀之，皆可說為我之遇合之所以命我，亦即天之所以命我。由此而可說我之有命，乃我與我之此自命相遭遇，亦我與天之所以命我相遭遇。我之實踐此義所當然之自命，為我對此自我之回應，同時即亦為我對天命之回應也。❹❸
>
> 然在中國傳統思想與孔子思想中，則原無此視個人為一原子或個人主義之說，而自始即以吾人之一己，乃一存在於「人倫關係，及與天地萬物之關係中」之「一己」。吾人之一己，原是一能與其他人物相感通，而此其他人物，亦原為可由此感通，以內在於我之生命之存在中者。依此思想，則一

---

❹❸　同註❽，頁 120-121。

> 人之為一個體，即原為通於外，而涵外於其內之一超個體之
> 個體，亦即一「內無不可破之個體之硬核，或絕對秘密，亦
> 無內在之自我封閉」之個體。……㊹

對康德倫理學而言，「自律」與「他律」是排斥且窮盡的關係，但在唐先生對孔孟儒學的詮釋中，「自命」與「天命」卻是相即為一的關係，並沒有任何矛盾。因為，依唐先生的理解，「道德我」自始即不是一「內無不可破之個體之硬核，或絕對秘密，亦無內在之自我封閉」之個體；相反的，他自始即是一存在於「人倫關係中，及與天地萬物之關係中」之「一己」。換言之，心性作為道德實踐的根源，並不是一定要定位為一「先驗的道德主體性」，才能說明吾人道德生活的展開；它毋寧是以「在世存有」的身分，一往無盡地投入生活世界，由命見義，從而完成他的本質。果真如是，當代孟子學將孟子人性論詮解為「道德的形上學」並反對「形上學的道德學」，非但無助於澄清孟子義理的性格，而且這種對西方近代主體性哲學架構過度的倚重，也將孟子人性論侷限在現代性的框架中，無緣介入後現代的文明處境中。當然，前述的評斷，仍不免是一個過急早熟的看法。我們應該在廓清了當代孟子學與近代西方哲學的糾葛後，回歸文本，檢視海德格存有思惟所含蘊的「根源性的倫理學」，是否更貼合孟子的本義，即由「存有與道德的統一」重釋儒家「天道性命相貫通」這個基本命題。

㊹　同註❽，頁134。

孟子曰：「盡其心者，知其性也。知其性，則知天矣。存其
心，養其性，所以事天也。殀壽不二，修身以俟之，所以立
命也。」（《孟子·盡心·一》）

一般而論，這段章句應該是儒學「天道性命相貫通」的文獻依
據。但是，所謂的「相貫通」是什麼意思呢？牟宗三先生借《易
傳·乾·文言》「大人者與天地合其德，與日月合其明，與四時合
其序，與鬼神合其吉凶。先天而天弗違，後天而奉天時。天且弗
違，而況於人乎？況於鬼神乎？」，有一段闡述：

大人或聖人即是能將本心真性充分體現出來的人，也就是德
行之純亦不已的人。他與天地合其德即合其同一創造之德：
在大人處即是心性之道德創造（德行之純亦不已）之德，在天
地或天處即是天命不已（天道創生萬物）之德：天命不已（天地
或天之生德）即是本心真性之客觀而絕對地說，本心真性即是
天命不已之主觀而實踐地說（只就人或一切理性存有之實踐說），
就其為體言，其實一也。天命不已是天之體（天之所以為
天），本心真性是人或一切理性的存有之體。但是人處有體
現與被體現之別：人是怎體現，體是被體現。在天處卻無此
分別：天命不已即是天自己，此只是一創造性自己。❹

基本上，牟先生是從「天人合德」、「天人合一」的角度來說

明「相貫通」。但「天人合德」與「天人合一」，在哲學意義上畢竟是不同的。因為，如果天指謂創生萬物的超越實體，而人只是理性的存有（者），則就其分別為兩類存有者而言，我們無法理解他們為什麼又是同一的。馮耀明先生就曾經從分析哲學的角度，質疑儒學「天人合一」說的曖昧性。因此，嚴格說來，「天人合德」是較妥適的說法。但問題是：天人如何合德？如果「人處有體現與被體現之別」，而「在天處卻無此分別」，那麼，顯然「創造之德」在天人之間，仍舊有別。他們的「同一」，絕非靜態本質上的相同，而必須動態地理解為：人在「本質化」的過程中，與天同一「創造之德」。但這樣解釋仍有不週之處，因為它只說明了人如何與天合德，卻沒有將「相貫通」的「相與性」說明出來。這個問題，我們就必須回到〈盡心章〉，重新釐清「心」、「性」、「天」、「命」四者的關係，才能解決。

事實上，筆者在 1994 年發表〈盡心與立命——從海德格基本存有論重塑孟子心性論的一項試探〉時，已經試圖重新詮釋這四個觀念的意義，這裡毋庸重述。目前，為了凸顯與當代孟子學詮釋的差異，我們不妨參考海德格存有思維的理路，扼要簡述於後：

㈠傳統理解孟子人性論，多半都會指出孟子「即心以言性」這個理路，以有別於告子「即生以言性」。對於這個看法，基本上我們沒有異議。但問題是，心與性的關係是什麼？勞思光先生認為「心是主體，性是主體性」，這個看法，我們恐怕很難接受。因為，如果參考海德格對人本位主義的批判，我們會認為這種人性的理解，一方面肯定的太少，另一方面肯定的又太多。太少，意思是說，以人擁有主體或主體性來區別人與動物，事實上仍是在「理性

動物」的基礎上來規定人性，並沒有真正彰顯出人之所以為人。而太多，意思是說，毋需他者即卓然自立自足的主體性假定，其實是將西方上帝的形象誤置為人性，主以為人可以主宰萬物，它早已嚴重偏離了人性的真實。因此，恰當的說明心與性之間的關係，我們必須將海德格「本質化」（wesen）的概念納入詮釋脈絡中，即：如果「性」指著人的本質，那「心」就是這個本質動態地自我展開、自我完成。換言之，所謂「盡其心者，知其性也」，也就是說人的真性，只有在心的充盡地自我展開、自我完成中掌握。但問題關健是：心應該如何理解？其實回溯前文徵引唐君毅先生的話，人「乃一存在於人倫關係中，及與天地萬物之關係中之一己。……原是一種與其他人物相感通……者」，我們可以確定，所謂「心」，它不是指一個內在完整的、先驗的主體，而是以一種「在世存有」為基本形式的感通能力。這種感通能力，在孟子就形容為「明於庶物、察於人倫。非行仁義，由仁義行」；在海德格，則就指著那不斷從自我站出來，開顯世界，讓存有物成其所是的「存－在」（Ek-sistence）。

㈡其次，需要說明的是，心性與天的關係。依照前文所論，如果孟子心目中的「天」，並不適宜詮釋為「超越實體」，而所謂「知天」，也不是證實此超越實體的客觀存在，那麼，「知天」當亦只是在說知道天之所為天，亦即知道天道造化萬物的無邊義蘊。但問題是，為什麼「知其性」就可以「知天」？在中國老傳統裡，天一向被視為是萬物造化的根源。對此，古代中國人未懷疑過，也從未將它的存在、屬性當作客觀的知識對象，加以研究過。對中國

人而言，天就在「四時行焉，百物生焉」❹的過程中，默默地呈現它自身。而在芸芸萬物當中，唯獨人，因為他具備「明於庶物，察於人倫」這種無外的感通能力，所以能夠獲知天道生物不測的奧秘。這裡，「知天」之所以可能，最終基礎就在於「心」乃一無外感通的能力。而孟子這種由「心」規定「性」的思路，其實也就是從天人關係中來規定人之所以為人，是對人性尊嚴最高的肯定。

　　㈢已如前述，盡心可以知性知天，那麼，為什麼孟子還要補充「存其心，養其性，所以事天也」？人在盡心中既已參與了天道無邊造化的奧秘，為什麼還要「事天」呢？關鍵即在於「心」畢竟只是能力，它作為「在世存有」，即在公共世界的投入中，一方面固然可以一往無盡地隨人生之遇合，由命見義以知天；另一方面，它也可能因為「宮室之美，妻妾之奉，所識窮乏者得我」，「失其本心」❹。換言之，心作為「大體」，原本是與天相通相與，但是由於它同時也是「在世存有」，因此在芸芸萬物之中，它也可能逐物不返，退墮為「小體」，成為萬物中的一「物」，放棄它的天職。所以，在孟子的人性論中，並沒有因為肯定盡心可以知天，就忽略了成德的功夫修養。因為孟子充分體認到人的有限性，即無所逃地作為「在世存有」，生活世界的慣性往往會阻礙了感通的無外性，所以不得不強調「存養」的重要性，謙遜的要求每個成德之人必須以天為尊。牟宗三先生表示，「事天即是仰體天道生物之無邊義蘊

---

❹　同註❼，頁 180。
❹　同註❼，頁 333。

而尊奉之而無違之意」❸，誠為善解。蓋尊奉之，亦即無違之，而無違亦即隨人生之遇合，由命見義，以義立命。

㈣因此，總結前述所論，如果我們要具體落實的說明如何盡心以知天，如何存心以事天，關鍵即在於「立命」。蓋「殀壽不二，修身以俟之，所以立命也」，正說明一個人或殀或壽，或窮或達，皆是「莫非命也」❹，「非人所能也，⋯⋯天也」❺。但孟子認為，如果我們面對無所不在的命限能夠不二其心，亦即忠於我們本質上所是的那個無外的感通能力，感而通之，行其所當然，那麼，誠如唐君毅先生所說，「義何所不存？義何時不新？則天何所不在？命何時不降？」，天人不但在這裡相遇，而且在「由命見義」、「以義立命」的往復過程中，具體的展現了「天道性命相貫通」的義蘊。因此，「盡心」亦即「立命」，道德的履踐與存有的召喚，原來只是一事。

果如前述，我們看到孟子人性論的哲學蘊涵，其實並沒有必要侷限在近代西方主體形上學的框架中呈現，它儘可以參照像海德格存有思惟的理論，展示出一種更活潑、更符合後現代的義理型態。只是，我們可能還需要補充說明的是，為什麼這種對孟子人性論的重塑，與二十一世紀人類文明的思考息息相關。這就由本文的結論來回答了。

---

❸　同註❶，頁 136。

❹　同註❼，頁 349。

❺　同註❼，頁 226。

五、結論：
二十一世紀人類新倫理的探索

　　二十世紀人類文明的發展，基本上是由科技的更新來主導的。科技在二十世紀的進步，不但改變了人類的生活方式，而且也打破族群與國家之間的樊籬。都市文明的興起，已經使舊有的生活秩序解體，但是在交通、資訊工具急速的變遷與進步下，就是任何族群與國家，也都不可能獨立地存在。現代人註定要在與「它者」（the other）的相遇中，尋找自我的定位。因此，現代文明的困境，不是人類行為沒有規範可以諮詢，而是「誰」的規範，足以為「地球村」的生命共同體訂定行為的準則。在人類歷史中，從來沒有比二十世紀的現代人更加困惑與迷惘的了。

　　尤有進者，現代科技的進步，雖然可以將人送到太空，但是科技在經濟進步主義的推波助瀾下，卻逐漸使人不能存活於地球之上。生態環境嚴重的破壞，早已使人懷疑科技的更新，果可拯救科技帶來的災難？自然界強勁而無情的反撲，不啻讓現代人再次經驗到「它者」。只是，令現代人迷惘的是，科學不是一直是二十世紀人類最有自信的成就嗎？為什麼擁有「真理」與「知識」光環的科學，愈來愈不了解他所居住的自然界或地球。是不是我們自傲的科學一開始就將自然界過度簡化為某種特定認知模式下的「對象」，忽略了自然其實也有它永遠拒絕被化約的尊嚴。二十世紀晚期環境哲學或環境倫理學的興起，正說明了二十世紀文明的這種困境，即：「它者」拒絕被化約為「我」或「我們」的情況下，什麼是自我？什麼是人性？什麼是自然？都成為一些迫切等待重新思索的問

題。換言之，存有的再探索與新倫理的重建，已經成為二十一世紀人類文明最重要的課題。

未來人類文明究竟何去何從呢？如果我們不能從歷史的回顧中，洞悉現代人存在困境的根本癥結，對症下藥，那麼再多的哲學也只不過是無用知識的堆積。唐君毅先生在反省當代存在哲學的興起時，曾經一針見血地指出現代人的精神處境，亦即「上不在天，下不在地，外不在人，內不在己」。也就是說現代人既沒有超越的價值理想（上不在天），也失去了可以修游藏息的自然世界（下不在地）；尤有進者，不同族群價值觀的衝突，使得人間頓成江湖，只是以前是刀光劍影，現在是高科技的現代武器（外不在人）。更可悲的是，人愈來愈不能理解自己了（內不在己）。究竟是什麼原因將人類帶到這樣的困境中？也許不是三言兩語可以交代清楚。但是可以確定的是，如果我們要建構二十一世紀的新倫理，恐怕不能再將希望寄托給近代西方倫理學的思考模式，亦即在主體性的絕對預設下，假普遍理性之名將所有的事物對象化，形成單向度的宰制關係。換言之，我們必須放棄人本位主義的思考方式，重建天、地、人、我之間的和諧關係，並謙遜的接納歷史性所賦予的各式各樣的「差異」，讓每一個人、物皆能是其所是，成就他自身。

因此，我們現在也就可以了解到，為什麼我們要從「存有與道德的統一」這個觀點，來重釋當代孟子學「天道性命相貫通」這個命題了。因為，如果我們仍舊堅持從康德倫理學來詮釋孟子人性論的蘊涵，那麼，主體性獨大的理論後果，不但使「天」的存有學意涵不能證成，而且遺世獨立的道德主體，也可能孤芳自賞地在其先驗的國度中自我陶醉，成為無光無熱，沒有歷史參與的「孤體」。

我們惟有先將孟子「心」這個概念，從近代西方倫理學中「道德理性」這個框架中拯救出來，重新詮釋為一不斷從自我站出，通向其他人、物的「在世存有」，那麼，天道生生不息的造化奧蘊，這才能夠在歷史的律動中真實具體地為人領納，轉化為「成己」「成物」真正的道德行為。我們相信，二十一世紀人類文明的倫理，必須在孟子這種人性論中才能找到基礎。

附記：本文曾刊載於《中國哲學與全球倫理》（臺北：東吳大學哲學系，2000 年），頁 55-96。

陸、從「義命關係」到「天人之際」

——兼論「自由」在孔孟儒學中的兩重義涵

一、問題之提出

　　以孔、孟為核心的儒家傳統，在長期中國歷史發展中，並非一成不變的延續著。兩漢的「經學」，固然與兩宋的「理學」，迥然不同；即令是同一個時代環境、同一師承背景，親密如二程兄弟（明道與伊川），也對儒學核心義理，有不盡相同的理解與發揮。馴致廿世紀，面對西方強勢文化的沖擊，不僅中國的政治、經濟要學習西方的「現代化」，就是傳統的義理之學，也要參照西方哲學的問題意識、語言概念，建立起足以與西方重要哲學系統，相提並論、異中有同的理論架構。於是乎，先秦儒學在當代學者不同詮釋進路下，遂呈現為各種型態的詮釋系統。

　　檢視當代學者在這種「新格義」❶氛圍下所建構的儒學詮釋，不但在著作的數量上，極其豐沛；就是詮釋的論點與立場，在大同大異之外，也潛存著許多極其細密而深刻的差異。姑不論過去五十年以來，海峽兩岸學者因為意識形態、理論工具的不同，所造成重大的紛歧；就是在臺、港地區，具有相同文化立場、相同哲學信念、深厚私誼及往復論學的前輩先生，對孔、孟儒學的理解，也存在著不容忽視的歧異。其中，最值得我們追究深思的，就是勞思光與牟宗三、唐君毅三位先生之間，有關孔、孟儒學義理性格判定方面的異同，以及《論語》、《孟子》中有關「義命關係」的不同詮釋。

　　一如大家所已知，勞思光先生雖然不宜納入到「當代新儒家」這個陣容中，但是在對中國哲學的特質，尤其是儒家義理性格的定位，其實與牟宗三先生的見解非常一致。二人都認為「心性論」乃是先秦儒學的主流，而道德主體性（moral subjectivity）的肯定，又是此一心性論傳統的核心基礎。然而，令人不解的，就在這個基礎上，勞思光先生提出了一種與當代新儒家迥然有別的立場，他表示：

---

❶　「格義」，原本是指魏晉時期弘法的佛教僧侶為了協助中國人理解印度佛教，援引中國固有的哲學概念來解釋佛教思想中類似的概念，一種在歷史上特殊的經典詮釋作法。然而，曾幾何時，當代中國人在理解本國傳統哲學時，由於知識、語言的生態環境丕變，以至於居然要通過西方哲學的概念語言，這才能使傳統的智慧稍稍為本國人理解。因此，我反諷的稱當代中國哲學的處境為「新格義」時代。

我不認為「心性論」必歸於「道德形上學」。❷

我們確知孔子至孟子一系的先秦儒學，確以道德主體性為中心，並不以「形上天」為最高觀念；而且孔孟學說中，就理論結構看，亦完全無此需要。因此，我們亦不可說「形上天」是孔孟哲學的觀念。❸

換言之，勞思光先生認為以心性論為理論核心的先秦儒學，只要有「道德主體性」的肯定，即足夠撐建起人文教化之學，根本毋須「形上天」的奧援，如此方能成為自我完足的體系。這種見解，顯然與牟宗三先生素來主張儒家心性論涵蘊著一種「道德形上學」的看法，分庭抗禮。但問題是，為什麼同樣都是從「道德主體性」來詮釋儒家的心性論，卻在「形上天」這個概念上出現涇渭分明的立場？

事實上，這個問題早在 1994 年筆者撰寫〈盡心與立命──從海德格基本存有論重塑孟子心性論的一項試探〉❹一文時，就曾探討過。它所牽涉到的層面非常複雜，不僅與〈中庸〉、〈易傳〉成篇年代、義理形態的判定有關；而且，更為重要的，與兩位前輩先生如何理解界定「形上學」與「倫理學」的關係，也有決定性的關聯，只是，當時撰文既有明確的主題，不容許過度的擴張旁涉，所

---

❷ 勞思光，《新編中國哲學史（一）》（臺北：三民書局，1984 年），頁403。

❸ 同前註，頁81。

❹ 該文現收錄於李明輝主編《孟子思想的哲學探討》（臺北：中央研究院中國文哲研究所籌備處，1995 年），頁 159-198。

以只好直截地援引唐君毅先生「義命合一」的詮釋觀點，架接儒家道德實踐與「形上天」的關係，試圖化解、調合勞、牟兩前輩的歧見。但是幾年來一直感到不安的是，勞先生對先秦儒學中「義命關係」的討論，一向立場鮮明，即所謂的「義命分立」說，他根本不可能接受像唐先生「義命合一」這樣的觀點。因此，如果我要充分證成自己的看法，即在儒家心性論傳統中，仍舊為「天」保留一種存有學的義涵，我必須針對勞思光、唐君毅先生有關「義命關係」的詮釋，提出明確的分析與評議。

職是之故，本文之作，基本上仍是延續過去的思考，集中在先儒學中「義命」「天人」關係的省察。只是，這一次的探討，與過去不同的是，我將從勞、唐兩位前輩「義命關係」詮釋的差異出發，嘗試在中西比較哲學的大架構下，分析、評論兩位前輩的得失。並且，在初步獲致結論之後，我將再引申它在理論上的涵蘊，即針對當代新儒家前輩詮釋儒學的一些基本概念、命題，諸如「主體性」或「儒家只承認有一道德的形上學，而不承認有一形上學的道德學」，提出一些可能只是用語、設辭不同，實質義涵並無新義的命題與詮釋架構。而最後，在全文結語的部分，我將回應本次會議的主題「自由與責任」，特別提出本文有關「自由」這個概念的一些看法。至於，全文論理分析是否恰當，則有待方家學者的指正。

二、勞思光先生的「義命分立」說

在《論語》、《孟子》文本中，有幾段涉及「義命關係」的文

獻，幾乎是所有學者都會引述到，先摘要如后：

> 伯牛有疾，子問之，自牖執其手，曰：「亡之，命矣夫！斯人也而有斯疾也！斯人也而有斯疾也！」❺
>
> 子曰：「道之將行也與？命也。道之將廢也與？命也。公伯寮其如命何！」❻
>
> 子路宿於石門。晨門曰：「奚自？」子路曰：「自孔氏。」曰：「是知其不可而為之者與？」❼
>
> 子路曰：「不仕無義。長幼之節，不可廢也；君臣之義，如之何其廢之？欲潔其身，而亂大倫。君子之仕也，行其義也；道之不行，已知之矣。」❽
>
> 子曰：「不知命，無以為君子也。」❾
>
> 子曰：「吾十有五而志于學，三十而立，四十而不惑，五十而知天命，六十而耳順，七十而從心所欲不踰矩。」❿
>
> 子曰：「君子有三畏：畏天命，畏大人，畏聖人之言。小人不知天命而不畏也，狎大人，侮聖人之言。」⓫

---

❺　朱熹：《四書章句集註》（臺北：鵝湖出版社，1984 年），頁 87。
❻　同註❺，頁 158。
❼　同註❺，頁 158。
❽　同註❺，頁 185。
❾　同註❺，頁 195。
❿　同註❺，頁 54。
⓫　同註❺，頁 172。

　　針對前引章句，勞思光先生認為，孔子對整個儒學傳統在精神方向上的決定，特別是在文化問題方面，最重要的就在於提出「義命分立」之說。其中，「義」標示著人在價值活動上具有自覺的主宰性，而「命」則在指出具體人生歷程中，顯然有種種不為人之自覺所能控制之限制。換言之，「義」表自覺之主宰，「命」則是客觀之限制。前者所涉指的是一個「應然」的領域，只有價值是非的問題；但後者「命」，則指向一個「必然」的領域，與「事實」有關，不是成，就是敗。而孔子的「義命分立」之旨，若以〈憲問〉「道之將行」章為例，不外乎在傳達：道之「行」或「不行」，是成敗問題；道之「應行」，則是價值是非問題。人所能負責者，只在於是非問題，而非成敗問題。因此，當孔子面對隱者荷蓧丈人的嘲諷時，他命令子路回答「君子之仕也，行其義也；道之不行，已知之矣」，亦即是從「義命之分」，表達儒家以人文化成天下的一貫立場。⑫

　　　　孔子辨「義命之分」，一方面奠立日後儒學精神之方向，一
　　　　方面則是清除原始信仰之迷亂。就儒學日後方向說，由於
　　　　「義命」分判已明，人之主宰性遂有一分際明確之肯定；就
　　　　原始信仰說，則既已分別「是非」與「成敗」，所謂天命神
　　　　意等觀念，即不再與價值意識相混。⑬

---

⑫　同註❷，頁136-138。
⑬　同註❷，頁139。

根據勞思光先生的觀點，孔子這種「義命分立」的主張，其意義，不僅是在於決定日後儒學精神之方向，衍生孟子一系之思想學說；更重要的是，它代表著一種突破，突破了中國上古時代原始信仰的籠罩。亦即在價值根源的安立上，孔子「義命分立」的提出，意味著人的自覺主宰性，已正式取代了「人格神」與「意志天」的信仰。

> 就理論意義說，人對「命」觀念之態度，主要不外四類。其一是以為「命」不可違，故人應努力實現此「命」。譬如，以「命」歸於超越主宰者時，則有「人格神」，「意志天」等等觀念，以此等觀念為基礎，遂衍生以超越主宰者為價值根源之說。在中國之原始信仰中，言「天命」時，即有此等立場。……其二是承認「命」不可違，但不承認超越之主宰，而只以「命」歸於事實意義之「必然」，於是主張人了解事實之必然規律，而以為人應順此規律以行動。此即各種類型之自然主義及機械論觀念。……其三是承認有「命」之領域，由之而推出「自覺」（或自我）在此領域中根本無可作為，故以人應了解此種「命」之領域，而自求超離；換言之，以離「命」為「義」。……其四則是孔子之立場，此立場是先區分「義」與「命」，對「自覺主宰」與「客觀限制」同時承認，各自劃定其領域；然後則就主宰性以立價值標準與文化理念，只將一切客觀限制視為質料條件。既不須崇拜一虛立之超越主宰，亦不須以事實代價值，或以自然代自覺；而此一自覺主宰亦不須求超離。於是，即在「命」中

顯「義」，成為此一精神方向之主要特色。……孔子則不奉
神權，不落物化，不求捨離，只以自覺主宰在自然事實上建
立秩序，此所以為「人文主義」。⓮

　　為什麼勞先生所詮解的孔子「義命分立」說，一定要排除具有
超越性向度的「天人關係」，其實從前引文字之中可看出端倪。因
為，在勞先生的觀念中，「命」不外乎兩個意義，一指「命令」，
另一則為「客觀限制」。前者源自原始宗教信仰中的「超越主
宰」，後者則單純的指涉到被必然性所貫穿的「事實界」。孔子既
然代表儒家「人文主義」傳統的創建者，凸顯的乃是人在價值文化
活動上的自覺主宰性；那麼，孔子的「五十而知天命」，就不能順
「命令」義理解為對天命神權的崇信，而只能解釋為「知客觀限制
之領域是也」⓯。換言之，「知天命」與「知命」只是一件事，並
沒有因為多一個「天」字，原始宗教信仰中的人格神就可以暗渡陳
倉。這一點，在勞先生詮釋系統中，至為緊要。因為，這不僅牽涉
到勞先生孔墨的分判，而且也涉及到孔子對「自由」與「必然」兩
問題的解決。勞先生說：

　　倘若只是從「命」一面看人生，則人生一切事象，亦不過是
宇宙現象中之一部；既皆在必然系列下被決定，便無所謂是
非善惡；由此再推一步，則一切所謂人類之努力，亦在根本

⓮　　同註❷，頁 139-140。
⓯　　同註❷，頁 138。

上無價值可說。因「努力」本身之出現，以及其結果，皆在最後意義上是已決定者，被決定者，如此，人生亦全無可著力處。但若在「命」以外更立一「義」觀念，則價值、自覺、自由等觀念所運行之領域，即由此顯出，而人生之意義亦由此顯現。然則孔子如何能在「命」以外立此「義」觀念？簡言之，即由人之「能作價值判斷」一點建立此一大肯定。**⓰**

在勞先生的理解中，孔子與一般宗教殊異之處，即在於「命」以外能更立一「義」觀念，亦即在必然性律則所決定的經驗事實界之外，通過人價值自覺能力的肯定，另開闢了一個自由、自作主宰的價值世界。如果我們不能準確地掌握這一精神，亦即從「價值／事實」、「自由／必然」，這種對揚兩分的結構來理解「義命關係」，那麼我們將嚴重地混漫了孔子與古代原始宗教信仰，甚或墨家的區別，而且也將完全不能說明孔子作為中國哲學史上第一人，在價值及文化問題上的確定觀點與主張。換言之，在勞先生的詮釋脈絡下，「義命關係」只能理解為平面的、對立的兩領域之間的區分，即「價值界」與「事實界」的分立。其間，並不存在任何宗教意義，或形上意義的超越、隸屬的關聯，可以容許我們進一步詮解為某種「天人關係」。

但是，或許有人會質疑：在《論語》文本中，「天」不是孔子心靈、人格一再致意的對象嗎？尤有進者，《孟子·盡心上》第一

⓰ 同註**❷**，頁 142。

章，「盡其心者，知其性也；知其性，則知天矣。存其心，養其性，所以事天也。殀壽不貳，修身以俟之，所以立命也。」❿不是清楚地傳達出儒學自我實踐與天道性命的關聯嗎？對於這些可能的疑問，勞思光先生自有其一貫的立場來回應。他在詮釋孔子精神境界時，引〈憲問〉「子曰：不怨天，不尤人。下學而上達。知我者，其天乎」❽，表示：

> 案：不怨不尤，即知命守義之心境；下學而上達，則是德性智慧之成長不息。最後知我其天一語，則表示孔子亦自覺時人不能了解孔子之思想。（此中「天」字是習俗意義，孔子有時自不能免俗，亦偶用習俗之語。學者不可執此等話頭，便曲解其全盤思想也。）❾

換言之，勞先生認為「天」在《論語》中，只可當作「習俗用語」、「話題」來看，並無宗教信仰或形上學等實質義涵。至於《孟子》文本中有關心、性、天、命的關係，勞先生的分析略為曲折，但我們仍可以歸納為以下幾個重點：

第一：孟子所謂「立命」、「正命」之說，皆只涉及人對壽命問題之態度，並未涉及某種形上學問題。勞先生說：

---

❿　同註❺，頁349。
❽　同註❺，頁157。
❾　同註❷，頁147。

「立命」之「命」字，取「壽命義」，則「立命」一語乃指人
對壽命問題應有之態度講；故「殀壽不貳」即是說無論命長
命短，「修身以俟之」則即是提出一態度，意謂人當毋慮壽
命長短問題，只應致力於修身，以俟壽命之自然終結也。❷⓪
人必有死，但自然壽命之終結，與德性無關。人但能盡其
道，則其死只表一事實。如此，則生命由始至終，無悖義
理，故稱為「正命」，……❷①

第二、孟子哲學以心性論為宗，與《中庸》形上學的義理旨
趣，迥然有異。在心性論的義理架構中，「心性」作為最高主體
性，即可說明一切，毋須再假定某一超越或外在之實體作為形上根
據。勞先生說：

形上學重視「有或無」，故必以「實體」觀念為根本；心性
論重視「能或不能」故以「主體」或「主宰性」為根本。明
乎此，則先秦儒學之本旨方不致迷亂也。❷②
孟子之「心性」原就最高主體性講，有時用「我」字，亦指
此心性。譬如：「萬物皆備於我矣。」（〈盡心·上〉）此自
是說心性中包有萬物之理……❷③
而心能自覺其「性」時，亦即自覺其最高主宰性，故亦即自

---

❷⓪　同註❷，頁 200。
❷①　同註❷，頁 200。
❷②　同註❷，頁 196。
❷③　同註❷，頁 196。

覺其為萬理之源；故「盡心」與「知性」，「知性」與「知天」，皆是一充足決定關係。❷

「心」是主體，「性」是「主體性」而「天」則為「自然理序」。「自然理序」意義甚泛，自亦可引出某種形上學觀念，但至少就孟子本人說，則孟子並未以「天」為「心」或「性」之形上根源也。❷

第三、「天」觀念在孟子思想中並無重要地位，因此孟子心性論是否要歸於一「形上學」，不無疑問。勞先生在其《新編中國哲學史㈠》第三章「孔孟與儒學」結論部分，耐人尋味地提出了一連串設問：

孟子學說是否「應該」強調「天」之地位？換言之，孟子「心性論」是否「應該」歸於一「形上學」？此處所謂「應該」，自是就哲學之理論價值說，因此，以上之問題實即是問：孟子之「心性論」如歸於一「形上學」，是否有較高價值？❷

此一問題顯已逸出哲學史範圍，因哲學史工作在於整理展示前人之說，須保持客觀性。……但此問題卻涉及另一嚴重哲學問題，此問題是：價值哲學，道德哲學以及文化哲學等

---

❷ 同註❷，頁 197。
❷ 同註❷，頁 197。
❷ 同註❷，頁 202。

等，是否皆須依賴某一形上學？換言之，如一切形上學皆不能成立，是否上舉各類哲學理論亦皆不能成立？此問題可說是康德以後哲學界一大問題。本書自不能對此問題提出解答，但仍願提出此問題，以點破許多有關解釋儒學之衝突意見之遙遠根源。㉗

勞先生這一連串的提問，如果我所理解不差的話，其實也就是在宣示：作為一個追求客觀性的哲學史工作者，他看不出孟子心性論為什麼一定要預設著具實體意義「形上天」。如果有人堅持孟子心性論應該歸於一形上學，如此方稱完備，那麼這不僅已經離開哲學史的真相，只是反映詮釋者個人主觀的研究興趣；尤有甚者，他必須面對康德以來哲學界的挑戰：為什麼道德哲學必須依賴某一形上學？為什麼「價值」要還原到擔負事實界「有或無」說明之責的「實體」形上學？

　　因此，回顧勞思光先生有關先秦孔孟儒學的詮釋，從孔子「義命分立」說，到孟子心性論毋須形上學基礎，理路嚴整，環環相扣。整個分析均是沿著近代西方哲學「事實／價值」二分這個精神，一步步地將孔孟「成德之教」架構為一體系完足的「主體性哲學」。只是令人不安的，勞先生的詮釋，在理論效應上，迫使我們必須放棄形上學的要求，因為在勞先生的詮釋理路中，「義命分立」就涵蘊著「天人關係」的破裂。這無異於宣佈儒家「天人合一」這一命題不能成立。可是，《論語》、《孟子》文本中所記載

㉗　同註❷，頁 202-203。

的義命關係，真的只可以順著勞先生的詮釋來理解嗎？或許，我們
應該轉向其他前輩學者的儒學詮釋，尋找理解的可能性。

三、唐君毅先生的「義命合一」說

　　將「義」歸諸「應然」的領域，「命」歸諸「必然」的領域，
可能是當代學者詮釋《論語》、《孟子》「義命關係」最普遍的看
法。但是，一般學者是不是都像勞思光先生一樣，在「主體性」的
詮釋前提下，甚至連「天」的形上學義涵也取消掉，恐怕就為數不
多了。牟宗三先生「道德形上學」一概念的提出，就是最典型的例
子。然而，在當代學者或精或粗、或深或淺的各種儒學詮釋中，盛
言孔孟「義命不二」之旨，並據此闡明「天人合一」奧蘊的，老一
輩學者中應該只有唐君毅先生了。

　　唐先生身為當代新儒學的中流砥柱，在儒學詮釋中，具有非常
獨特的風格與理路。他不是不嫻熟西方哲學概念分析的技巧，可是
在對儒家文獻的解讀中，卻往往訴諸生命的實感體驗，以描述性的
語言取代理論性分析。因此讀者心領神會之餘，每每苦於找不到適
當的理論概念來概括唐先生的立場。為了避免附會曲解，我們將盡
可能順著唐先生自己的話，對照前文所討論的勞思光先生的觀點，
來勾勒唐先生在「義命關係」上的獨特見解。

　　首先，值得我們注意的是，唐先生對儒學「命」一概念的分
析，一開始就是安置在「天人合一」的詮釋脈絡中來進行。因此，
對唐先生而言，不僅「命」與「天命」二辭不必強解為兩種涵義，
而且，所有的理解也必須回歸到天人二者感應施受的存在體驗，這

才可以擺脫偏見。唐先生說：

> 中國哲學以天人合一或天人不二之旨為宗。……中國哲學之
> 言命，則所以言天人之際與天人相與之事，以見天人之關係
> 者。故欲明中國哲學中天人合一或天人不二之旨，自往哲之
> 言命上用心，更有其直接簡易之處。然以命之為物，既由天
> 人之際、天人相與之事而見，故外不只在天，內不只在人，
> 而在二者感應施受之交，言之者遂恆易落入二邊之偏見。❷❸

　　其次，唐先生在〈原命上：先秦天命思想之發展〉一文中，曾
經表示他在索解孔子「命」一觀念的過程中，最感到困惑的就是：
如謂孔子只重反求諸己行心所安之教，又將何以解釋孔子之言畏天
命及重知天命之言？唐先生的這項提問，其實包涵了兩個問題。第
一個疑問，如果借西方哲學語言來表達，所質疑的是：道德實踐究
竟是建基於人性自由之上？還是來自超越的限定？第二個疑問則
是：如果天命即天道，如何解釋「道之將廢也興，命也」？尤有進
者，人為何要對「道之將廢」的「命」表之以「敬畏」？唐先生表
示：

> 此諸問題，吾嘗思之而重思之，嘗徘徊於孔子所謂天命，乃
> 直仍舊義中「天命為天所垂示或直命於人之則之道」，與孔

---

❷❸　唐君毅：《中國哲學原論・導論篇》（臺北：臺灣學生書局，1986 年），頁
　　520。

子所謂天命唯是「人內心之所安而自命」二者之間。而終
乃悟二者皆非是。……吾人由孔子之鄭重言其知天命在五十
之年，並鄭重言「不知命，無以為君子」及「畏天命」之
言；則知孔子之知命，乃由其學問德性上之經一大轉折而
得。此大轉折，蓋由於孔子之周遊天下，屢感道之不行，方
悟道之行與不行，皆為其所當承擔順受，而由堪敬畏之天命
以來者。此則大異於前之天命思想，亦不止於直下行心之所
安之教者也。上述之疑難所自生，初皆原自不知孔子之天命
思想，實乃根於義命合一之旨，吾人先當求於此有所透入
也。㉙

換言之，唐先生「義命合一」之說，其實是久經心靈掙扎，最後是
在回歸孔子周遊天下；有感於「道之行與不行，皆為其所承擔順
受」這一實感體驗中，洞見了孔子「義命合一」的義理。而引導唐
先生闡發「義命合一」之旨的文獻依據，則是《孟子·萬章上》的
一段記載：

萬章問曰：「或謂孔子於衛主癰疽，於齊主侍人瘠環，有諸
乎？」孟子曰：「否，不然也。……彌子謂子路曰：『孔子
主我，衛卿可得也。』子路以告。孔子曰：『有命。』孔子
進以禮，退以義，得之不得曰『有命』。而主癰疽與侍人瘠

㉙　同前註，頁 514-515。

環，是無義無命也。……」**㉚**

而唐先生的疏解則是：

> 由孟子此段話，便知孔子之言命，乃與義合言，此正與論語
> 不知命無以為君子之言通。孔子之所以未嘗有主癰疽與侍人
> 瘠環之事，因此乃枉道不義之行，孔子決不為也。彌子謂子
> 路曰：「孔子主我，衛卿可得」，孔子之答又為有命。故孟
> 子之釋曰，無義無命。此即言義之所在，即命之所在
> 也。……然吾人之問題，則在「天命」與「義」之內容既同
> 一，何以孔子又必於反求諸己之外，兼言畏天命？又孔子何
> 以言道之廢亦是天命？……然吾人之所以答此問者仍無他，
> 即自孔子之思想言，人之義固在行道。然當無義以行道時，
> 則承受此道之廢，而知之畏之，仍是義也。若不能承受此道
> 之廢，而欲枉尺直尋，以求行道，或怨天尤人，乃為非義
> 也。**㉛**
> 在孔孟，則吾人所遭遇之某種限制，此本身並不能說為命；
> 而唯在此限制上，所啟示之吾人之義所當為，而若令吾人為
> 者，如或當見、或當隱、或當兼善、或當獨善、或當求生、
> 或當殺身成仁，此方是命之所存。唯以吾人在任何環境中，
> 此環境皆若能啟示吾之所當為，而若有令吾人為者，吾人亦

㉚　同註**❺**，頁 311。
㉛　同註**㉘**，頁 535-536。

　　皆有當所以處之之道，斯見天命之無往而不在，此命之無不
正。❸

從前引的兩段文字，我們發現獲致「義命合一」這項結論的關鍵，
在於一開始我們就不能將「人」與人生命引動展開的場域——「世
界」對立起來，並將「自我」定位在「主體自由」的領域，而將
「世界」定位為「客觀限制」的「事實界」；相反的，我們應該跨
越這些二分性的理論障礙，回到存在體驗的層面，從人與情境的互
動感應的一體性的經驗出發，從而看出「義之所在，即命之所
在」。因為，如果一個人的行動總是離不開具體的生命情境，那
麼，決定何者是義所當為？何者不是義所當為？一方面固然源自於
自命、自我要求；但另一方面，自命又何嘗不是來自於這個具體情
境的召喚、限定。唐先生曾經以志士仁人之求行道為例，描述這種
「義命合一」的經驗，及說明人為何會對天命生「敬畏」之感。唐
先生說：

　　蓋志士仁人之求行道，至艱難困厄之境，死生呼吸之際，而
　　終不枉尺直尋，亦終不怨天尤人，則其全幅精神，即皆在自
　　成其志，自求其仁。此時之一切外在之艱難困厄之境，死生
　　呼吸之事，亦皆所以激勵奮發其精神，以使之歷萬難而無悔
　　者；而其全幅精神，唯見義之所在，未嘗怨天尤人之德行，
　　亦即無異上天之所玉成。在此志士仁人之心情中，將不覺此

志此仁，為其所私有，而其所自以有之來源，將不特在於
己，亦在於天。……人於此更自覺其精神之依「義」而奮發
之不可已，或天命之流行昭露不可已，其源若無盡而無窮，
則敬畏之感生。❸❸

唐先生的描述，是否具有說服力，因為不是以論證形式呈現，尚有
待讀者抉擇。但是，對照勞思光先生「義命分立」說，我們看到唐
先生在詮釋策略上，其實是刻意避開一些西方哲學的理論概念，而
有一定的用心與基本論點。細繹唐先生在《中國哲學原論·原道
一》有關孔子「義命不二」的闡述，大體可以辨識，在唐先生的心
目中，無論是「天」、還是「人」，唐先生都有他迥異於當代學者
的看法。

由孔子之天命為人在其生命成學歷程中所遭遇，而對人有一
命令呼召義，人亦必當有其知之、畏之、俟之，以為回應
者，故吾人于此孔子所謂天命，不能先就其為存在上本然實
然者而說，亦不宜只說其為吾人所知之「當然之義，或當然
之性理之所以然」之形上的本原；而當直接連于吾人之對此
天命之遭遇，感其對吾人有一動態的命令呼召義，而更對此
命令有回應，而直接知其回應之為義所當然之回應說。❸❹

---

❸❸　同註❷❽，頁 537。

❸❹　唐君毅：《中國哲學原論·原道篇（一）》（臺北：臺灣學生書局，1986
年），頁 118。

依此孔子之新說，則天命不在天對人之有一秘密的言語，由
預言家先知所次第傳來，而永恆不變，如西方宗教之說；亦
不同詩書之謂天之時降新命，時對人有新的言語。此天命，
乃即人于其生命存在之境遇或遇合中，自識其義之所當然之
回應時，即直接顯示于人，而為人所識得者。孔子之言義與
命，皆恆與人于其所處之位、所在之時之遇合，相連而言。
人處在不同之位，于不同之時，有其不同之遇合，而人之義
所當然之回應不同，而其當下所見得之天命亦不同。蓋凡人
之處不同之位于不同時、有不同之遇合，非己之所自能決
定，亦非他人所能決定，即皆可說其出于天。……凡人在世
間之于某地位、某時，有某一遇合，其中皆有非人之始料所
及者，即無不可說其在一義上出於天。至于此天是否實為一
主宰之天，或人格神，或只為一自然界之種種力量之和，而
由之安排決定此一人之種種遇合，則皆是由感此原始之天之
存在，而有之進一步之想像推論或信仰。人對天之存在之體
驗，初不賴對此進一步之想像推論信仰而成立。人只須體驗
及一非己與人之始料所及之存在，即同時體驗及一天之存在
矣。**㉟**

「天」究竟是什麼？是「人格神」？是「形上實體」？是「自然界
之種種力量之和」？凡此種種困惑現代人的疑問，唐先生均一一排
除遣蕩。因為這些想法，均非忠於人之對天的存在體驗；相反的，

㉟ 同註**㉞**，頁119。

是建立在這一體驗之上「進一步之想像、推論、信仰」。換言之，唐先生對孔子「天命」觀的詮釋，一開始就跨越了我們習常依賴的各種後起的形上學觀念或宗教信仰，而直接引領我們回到對天之存在的「原始體驗」（primordial experience），指出人在無常多變的人生遇合中，「只須體驗及一非己與人之始料所及之存在，即同時體驗及一天之存在矣」。熟悉當代西方哲學海德格（M.Heidegger）作品的人，一定會發現，在「原始經驗」的探索上，這兩位中西哲學家不僅有共同的堅持，而且也有極其相似的描述。❸❻然而，目前更重要的是，唐先生如何徵定這項經驗？從前引唐先生的文字中，我們知道，唐先生主要是從人的境遇感，以「呼召／回應」的模式，來呈現我們對「天」的存在體驗。換言之，唐先生回到「命」這個字的古義「命令、呼召」，將「天」理解為一不斷通過人生遇合，對人有所召喚、等待人回應的「意義事件」或「意義生發之歷程」。其中，人在每一個境遇中「當然之義」的回應，必待天之「命令召呼」而成為真實；同樣的，天之「命令召呼」，也有待人以當然之義「回應」，而彰顯出「無所不在」、「無時不新」的豐盈義涵；這當中，「自命」與「天命」原無任何衝突。唐先生說：

> 人生在世之事，無一而非遇合，人亦無時不與天相接；而人
> 之在世，即人之在天。然于此人之在世，或人之在天之事，

---

❸❻ 海德格在其代表作《存有與時間》一書中，曾明白表示：為了要釐清存在問題，我們必須摧毀傳統的存有學，一直到返回存有性格首度得以確定的原始經驗。可參考 *Being and Time tr. by Joan Stambaugh*, SUNY Press, 1996, New York, p.20。

又不可只視為一存在上的實然之事。……凡自然之事而合當
然者，皆是義，亦皆可由之以見天命。故我之晨興，即天之
朝陽命我興；我之夜寐，即天之繁星命我寐。莊子大宗師言
「大塊載我以形，勞我以生，佚我以老，息我以死」。本以
上之義言之，則死自命我息，老自命我佚，生自命我勞，我
之形骸命我載于此大塊之上。……義何所不存？義何時不
新？則天何所不在？命何時不降？天時降新命于我，固亦同
時是我之所自命于我，如為孝子、為慈親，皆我之自命于我
者也。然卻不可只說是自命。因無我，固無此一自命，無我
之所遇合，亦無此自命。則于此凡可說為之自命者，而忘我
以觀之，皆可說為我之遇合之所以命我，亦即天之所以命
我。由此而可說我之有命，乃我與我之此自命相遭遇，亦我
與天之所以命我相遭遇。我之實踐此義所當然之自命，為我
對此自我之回應，同時即亦為我對天命之回應也。**㊲**

當唐先生擺脫各種形上學、宗教之解釋系統，回歸存在體驗這個意
義源起的生活世界之後，許多因為二分性理論思考介入所滋生的問
題，也就頓失憑藉。因為，自命與天命之間的矛盾、衝突，根本來
自於近代西方哲學上「實然」與「應然」的二分。但是，遠在人將
自然界交給「必然」的因果律則來支配，將自我定位為不受形軀約
束的「自由意志」之前，人就已經而且一直是與天、地、萬物共感
互動的生命體，其行動的最終依據，與其說是遺世獨立的「超驗自

㊲ 同註**㉞**，頁 120-121。

我」（transcendental ego），毋寧說是人與世界的共感互振；其間，所謂「自命」，其實也是「天命」。因此，就人生遇合無常而言，天何所不在？義何所不存？就人生須對不同情境以行其所當然而言，則義何時不新？命何時不降？唐先生這種直扣生命體驗的詮釋進路，不但修正了當代學者過度依賴西方概念語言來定位儒家義理的可能誤差，而且在天人關係的說明上，也提供了迥異於當代學者不同的詮釋。

> 然在中國傳統思想與孔子思想中，則原無此視個人為一原子或個人主義之說，而自始即以吾人之一己，乃一存在於「人倫關係中，及與天地萬物之關係中」之「一己」。吾人之一己，原是一能與其他人物相感通，而此其他人物，亦原為可由此感通，以內在於我之生命之存在中者。依此思想，則一人之為一個體，即原為通於外，而涵外於其內之一超個體的個體，亦即一「內無不可破之個體之硬核，或絕對秘密，亦無內在之自我封閉」之個體。故中國之思想，亦不緣此以視天為一「超越於一切人物之上，其知、其意、其情、皆非人之所能測，而有其絕對秘密或神秘」之個體人格神，然後人乃得由信仰之所及，以自我超越於其個體之自我封閉之外也。㊳

以「感通」來徵定「仁」，乃是宋明理學以來理解儒家哲學的基本教義，也是通貫唐先生儒學詮釋永遠不變的基調。在這種以

㊳ 同註㉞，頁134。

「感通」為基調,「召呼／回應」為旋律的詮釋下,唐先生很謹慎地將儒學中的「天人關係」,與西方個體主義以及「人格神」信仰,區隔開來。但是,仔細推敲唐先生的詮釋,如果我們理解不差的話,唐先生的檢別,其實還可以推擴到西方古典哲學具有本質主義傾向的多元實在論,以及近代以「主體性」為首出的思考方式。因此,任何以「人格神」、「超越實體」(tranrcendent reality)來界範「天」的理解,固所不宜;就是以「主體性」來說明,「人」的看法,其實也是遮蔽了仁心「感通性」的詮釋,未能掌握到人「在世存有」(借海德格的觀念,being-in-the-world)的性格。❸⑨

　　果如前述,我們發現唐先生在儒家詮釋中,之所以能獨排眾議,提出「義命合一」的看法,主要是因為一開始就能跳脫「應然／實然」、「自由／必然」的理論二分,回歸到前主客二分的「原始經驗」,從而洞悉到「自命」與「天命」不二性,因而保留了先秦儒學「天人合一」的基本義旨。然而,必須強調的,唐先生雖然通過「義命合一」,架接了「天人之際」的溝通互動的管道;但是在存在的原始經驗中所呈現的「天」與「人」,前者「天」不是信仰中的「人格神」,或形上學中作為第一因的「超越實體」,而後者「人」,也不是自給自足的「主體性」;亦即,無論是「天」、還是「人」,都必須還原到吾人感通經驗中,理解為「意義生發歷程」中一體的兩端。換言之,根據唐先生的描述,「仁」心的「感通」固然無範限,但卻總是要在一一不同的情境中,顯發為真實的「當然之義」;相對言之,「天」作為「意義的無盡藏」,誠然淵

---

❸⑨　同註❸⑥。

深不測,但只有在「仁」心的感通回應中,「四時興焉,百物生焉」的自然推移,這才取得「造化」的崇高性,成為人類師法的對象。唐先生這種立基於存在體驗的詮釋進路,也許少了些理論的嚴格性、精確性,但是驗諸於方寸之間,自有其合理妥切之處。只是,或許我們迫切想要了解的是:面對勞、唐兩位學者迥異的詮釋,我們應該如何抉擇?為什麼同樣的經典,會解讀出不同的內容?儒學的義理性格,究竟應該如何定位?

五、儒學義理性格的釐清: 道德與存有的統一

關於先秦儒學中的「義命關係」,究竟是勞先生的「分立說」符合孔、孟思想的本懷?還是唐先生「義命合一」說傳達出孔、孟的真相?這種持詮釋學客觀主義標準的提問,坦白地說,既非我的學養訓練所能擔負,而且也非本文寫作的企圖。促使本文如此大張旗鼓地將勞、唐兩位先生義命詮釋對比起來的原因,與其說是我要還原孔、孟儒學的真相本懷;毋寧說是:在當代註定要援引西方哲學概念語言來詮釋儒家經典的情況下,面對勞、唐之間的差異,我想從詮釋方法學的角度切入,從反省二者詮釋衝突的原因,進而發展出一些更適切的學術語彙,來傳達儒家哲學的現代意義。換言之,這一節所要展開的分析與評議,絕不是志在臧否,相反的,它是立基在前賢思考成果上的一項新的試探而已。

事實上,勞、唐兩位先生對「義命關係」的差異詮釋,牽連到的問題層面,不但超乎想像的複雜,而且頗為細密,稍一放鬆,就

會模糊了焦點,以致於只有「調適」,而無法「上遂」。往年寫作
〈盡心與立命〉一文時,就有這種遺憾。近時戴璉璋先生在其長文
〈儒家天命觀及其涉及的問題〉❹,就提出了比較能針對問題的分
析與評議,戴先生說:

> 面對唐、勞先生不同的見解,至少有兩個問題值得我們思
> 考。㈠孔子以來儒家傳統關於命的論述,採用「義命合一」
> 或「義命分立」去詮釋,究竟那一種比較合適?㈡「義命合
> 一」與「義命分立」,究竟那一種說法更符合儒家精神方
> 向,更能凸顯儒家思想的特質?前者涉及史實的檢證,不難
> 獲致明確的答案;後者涉及儒學的定性與其發展方向,雖然
> 會有爭議,但卻值得認真探討。❹

換言之,戴先生充分意識到勞、唐兩位先生詮釋上的分歧,不只是
文獻解讀的差異而已,它還涉及到一個更嚴肅的問題,即:如何判
定儒學義理的性格,以及解釋儒學發展史。其中,儒學義理性格的
判定尤為重要,因為勞先生對宋明儒學提出「三期」說的歷史解
釋,❹以別異於牟宗三先生的「三系」說,關鍵即在於勞先生由
「義命分立」,判定孟儒學必須視為是一「毋須道德形上學」的
「心性論」。但問題是:勞先生為什麼要如此嚴峻地將具形上學義

---

❹　鍾彩鈞主編:《傳承與創新》(臺北:中央研究院中國文哲研究所籌備處,
　　1999 年),頁 455-490。

❹　同註❹,頁 483。

❹　勞思光:《新編中國哲學史・(三上)》(臺北:三民書局,1983 年)。

涵的「天命」觀，排除在孔孟思想之外？對此，戴先生也精準的提出了他的分析。

最後關於哲學思辨的問題，前文所述勞思光先生的「義命分立」說，就是經由哲學思辨對於儒家天命觀有所疑慮才提出這一說法的。他的疑慮，重點有二：㈠以「命」歸於超越的主宰者，就會「衍生以超越主宰者為價值根源之說」。他認為：「在中國之原始信仰中，言『天命』時，即有此等立場。」所謂以超越主宰者為價值根源，即難免成為他律道德。勞先生認為這不是重視「人之主宰性之肯定」的孔子思想之內容。㈡由儒家天命觀發展出來的道德形上學，勞先生認為它的主旨不外乎「將價值意識投射於存有界，而視為『存有之規律』」。……其中第一點疑慮，問題在於儒家天命觀是否會導致他律道德。而其關鍵則在於：儒者所謂天即勞先生所謂超越主宰者是否為「價值根源」？或如何成為「價值根源」？如前文所說，孔子以來儒家傳統，都是在道德實踐中證悟這作為價值根源的道德心性與「天」為一。……在這一意義上也不妨說「天」是「價值根源」，不過它是經由道德心性的體現而成為價值根源的……。勞先生第二點疑慮，涉及儒家天命觀中是否還有意志自由，以及儒者所謂「天道」其「存有地位」如何，這兩個問題。其中關鍵，則為儒者天道觀中「存有原則」與「價值原則」是否合一？或如何合一？……傳統儒家「道德的形上學」，是在實踐中證悟天道性命相貫通後，對於天地萬物作一道德理性上

的價值解釋。這種解釋，是基於仁心之不容自己、體物而不可遺。……所謂「存有原則」就是「價值原則」，「價值原則」就是「存有原則」，兩者根本沒有合一不合一的問題，或者說這個問題與他不相干。作為一個道德的存在，他陳述自己實踐證悟到的價值世界，自有特定的意義。這不屬於用於分解辨析方式來建立的那種存有論領域。㊸

從戴先生的分析中，我們看到，導致勞先生拒斥儒家「天人合一」這一命題所涵蘊的「道德形上學」的理由，追根究柢來看，主要是來自於哲學思辨的考量。換言之，是因為勞先生忽略了儒學「下學上達」實踐的證知這種性格；但若分解性地看，則不外乎兩項疑慮，即：一是「天命觀」會導致「他律道德」；另一是「天道」作為具有「必然性」的「存有原則」，如何能與「意志自由」作為「應然的」「價值原則」相容合一？緣此，戴先生在試圖回應勞先生的這兩點疑慮時，也正本清源地從儒家哲學的「實踐中證悟」這種義理進路，逐一消解、回答。

戴先生的分析，簡潔明白。基本上，我都沒有異議。只是略可補充的，我認為導致勞先生拒絕「義命合一」與「道德形上學」的疑慮，除了戴先生提出的兩點之外，還有另一個更基礎問題，就是：如果我們堅持「主體性」乃儒家哲學的特質、最高原理，那麼還有沒有必要在自律倫理之外，再肯定一形上學的最高原理。亦即勞先生所說的，「如一切形上學皆不能成立，是否上舉各類哲學理

㊸　同註㊵，頁 486-487。

論（價值哲學、道德哲學、文化哲學）亦皆不能成立？此問題可說是康德以後哲學一大問題」。換言之，在勞先生的認知中，所謂「形上學」，就是以「實體」為核心基礎，所展開的一套有關事物有、無的必然性說明；而倫理學則是建立在「主體性」、「意志自由」基礎上的價值理論；而揆諸西方哲學史的發展，自從康德以降，早已嚴分這兩套學問，甚至「科學哲學」已有取代「形上學」之勢。因此，如果當代學者在詮釋先秦儒學的時候，一方面大張「主體性」的旗幟，說明儒家成德之教亦即「自律倫理」；另一方面又極力宣講「道德形上學」，將「天」解釋為「超越實體」；那麼，在勞先生看來，這種具有兩個最高原理的詮釋形態，不是陷儒學於一理論衝突之境，徒令西方人瞠目結舌；再不，違離原旨，另賦新義，其結果只是徒亂人意，並不能克盡現代詮釋之功。職是，當勞先生發現《論語》《孟子》中的「天」，並不特顯「人格神」的義涵，充其量只是一「自然理序」時，他認為從「自由」說「義」，以「必然」說「命」，反而可以正面的彰顯儒家「人文主義」的立場，保住了儒學內部的一致性。果如是，則我們在回應勞先生「義命分立」說時，就不能僅訴諸「實踐中證悟」之名來維護「義命合一」說，即一方面要保留儒學「主體性」、「自律倫理」特質，另一方面也不放棄從「超越實體」來界定「天」在道德形上學中的義涵。因為這已涉及到哲學系統內的統一性，及理論概念間的相容性的問題。我們必須提出更強而有力的理由，來證成「義命合一」的合理性；同時，也不應排除以新的哲學語彙來徵定「義命合一」經驗中「天」的義涵。

其實，回歸本文前兩節的討論，如果從詮釋方法論的角度來

看，我們不難看出，勞先生的「義命分立」說，的確有許多潛在的困難。

　　首先，就一個理想的詮釋必須回歸原典，釋放文本的意義而言，勞先生將「命」理解為「客觀限制」、「必然性因果法則所決定的事實界」，將完全不能解釋孔孟「畏天命」、「立命」、「正命」這些觀念中所表現出的參與性、主動性，因為人對「命」，除了「認知」之外，幾無任何著力之處。尤有進者，即使人對之能有「認知」，吾人也一點不能明白，為什麼這種「認知」乃是吾人成為「君子」立德的要件，即所謂的「不知命，無以為君子」。換言之，「事實界」作為客觀因果律則所決定的現象序列，獨立於吾人的心之外，吾人對之有認識也好，無認識也好，均無改於其為獨立自足的領域。對此，吾人為何會有「畏」、「俟」之情，又如何能有所「立」與「正」呢？因此，勞先生將「命」詮解為具有必然性的客觀限制、事實，最大的難題，就是無法忠於原典、解釋文本。

　　尤有進者，勞先生的詮釋還有削減窄化文獻以成就己說之嫌。最明顯的例子，就是勞先生判定孔子之言「天」，均只是「不能免俗、偶用習俗之語」、是無關閎旨的「話頭」。于此，我們並反對勞先生將一個人的學說的理論結構、內容，與一個人的習俗日常用語，加以區隔的作法。問題是，《論語》所記載的，主要就是孔子的生活言行及師生的問答，要在如此龐大的生活言行資料中，揀別何者是話頭，何者不是話頭，其判準何在？不能無疑。孔子屢言及「天」，並謂「予所否者，天厭之！天厭之！」❹「天生德於

---

❹　同註❺，頁91。

予」❹「天之未喪斯文也，匡人其如予何？」❹親切、深刻而雋
永，我們很難將孔子這些「對越在天」的言語，僅視為「習俗之
語」、「話頭」而已。

然而，從詮釋策略的觀點來看，勞先生的詮釋對文本誠有簡化
之疑，但更多的情況，是不自覺地將許多自己的哲學預設讀「進」
文本之中。雖然，勞先生在中國哲學史的寫作方面，是對方法論反
省最深的一位當代學者。而「基源問題法」更是周延恰當、極具啟
發性研究方法。但是，當勞先生實際從事於經典詮釋的時候，支持
他對許多章句解讀的理解架構，往往越過了他方法論的自覺，縝密
地將文獻豐富的意義可能性，收納到某個單一、邏輯嚴謹的結構向
度中。即以勞先生詮釋孟子「盡心／知性／知天」這段章句為例，
他將「天」理解為「自然理序」，將「知其性，則知天矣」，解讀
為「意即肯定『性』萬物之源而已」，其實反映的正是他一貫的
「主體性哲學」的預設。勞先生對近代西方哲學，特別是康德的先
驗主義，用心甚深。而任何嫻熟西方哲學的人，在閱讀勞先生《中
國哲學史》的鉅著時，也都會察覺到「主體性哲學」，是勞先生分
析、批評重要思想系統的基本架構。勞先生這種本諸個人哲學信念
從事研究工作的作法，嚴格說來，無可厚非。更何況，中國哲學的
若干基調，的確也與近代西方主體性哲學，有其近似之處。但是，
西方主體性哲學所涵蘊的一整套交織互滲的立場預設，諸如心／物
二元、事實／價值二分，主／客觀對立、知／情／意三分，機械決

---

❹　同註❺，頁 98。
❹　同註❺，頁 110。

定論的自然觀以及理性／感性的二分等等，是否也是中國哲學所同具，我們就不能不起疑了。因此，當勞先生先將「天」理解為「自然理序」，「命」理解為「經驗界之一切條件系列」時，「知天」固然不代表建構一套實體形上學；但是，這種將心靈與自然二分為「價值界」與「事實界」的世界觀，恐怕只是勞先生本諸自己哲學信念「讀進去」《孟子》文本中的意義，而非「讀出來」的結果。換言之，勞先生雖然很邏輯地從「主體性」原則推衍出「義命分立」、「天人分界」的架構，但我們卻懷疑這種詮釋策略的適當性。

相對來看，唐先生「義命分立」說的詮釋策略，就比較能避免各種理論預設滲入到文獻的詮釋中，而盡可能地在忠於文本的情況下，通過存在體驗的印證、描述，生動地傳達出「義命合一」的蘊義。唐先生在描述吾人對「天」的最原初的體驗時，說到：

> 凡人在世間之于某地位、某時，有某一遇合，其中有非人之始料所及者，即無不可說其在一義上出於天。至於此天是否實為一主宰之天，或人格神，或只為一自然界之種種力量之和，而由之安排決定此一人之種種遇合，則皆是由感此原始之天之存在，而有之進一步之想像推論或信仰。人對天之存在之體驗，初不賴對此進一步之想像推論信仰而成立。人只須體驗及一非己與人之始料所及之存在，即同時體驗及一大之存在矣。**❹**

---

❹ 　同註**❹**，頁119。

案：唐先生這段文字，清楚地表達出他在詮釋孔子「天命」觀時，主要在回歸人的存在體驗，而非急促地尋找各種想像推論所建構的哲學概念，或由宗教信仰而來的觀念，去系統性的定位「天」的涵蘊。這使得唐先生的詮釋，在閱讀上，可能一時之間苦無明確的概念架構，來收納穩定我們閱讀的意義理解，但無可懷疑的，它也避免了系統性的可能誤解與框限。尤其可貴的是，唐先生的詮釋，也都能還原到文獻中，印證他的詮釋不是一種「讀進去」，而是「讀出來」的釋放意義的工作。以前引文字為例，或許我們不能立即想到《論語》中的章句佐證，但無疑地，它完全符合孟子對「天」、「命」的解釋，如：

> ……（孟子）曰：「行或使之，止或尼之。行止，非人所能也。吾之不遇魯侯，天也。臧氏之子焉能使予不遇哉？」[48]
> ……孟子對曰：「……苟為善，後世子孫必有王者矣。君子創業垂統，為可繼也。若夫成功，則天也。君如彼何哉？彊為善而已矣。」[49]
> ……孟子對曰：「……舜、禹、益相去久遠，其子之賢不肖，皆天也，非人之所能為也。莫之為而為者，天也；莫之致而至者，命也。」[50]
> 孟子曰：「莫非命也，順受其正。是故知命者，不立乎嚴牆

---

[48] 同註❺，頁 226。
[49] 同註❺，頁 224。
[50] 同註❺，頁 308。

之下。……」❺

換言之，唐先生有關「義命合一」的詮釋，無論在策略上、文本依據上，都具有優於勞先生的「義命分立」說的特點，應該是最能傳達先秦孔孟儒學的一種闡述。

果如是，那麼我們迫切想要知道的是，唐先生這種由「義命合一」到「天人合一」的詮解系統，可不可以回應勞思光先生的質疑？即：一、不免導致「他律道德」；二、混淆了「價值原則」與「存有原則」；三、使儒家心性論共時肯定兩個最高原理：主體性及超越實體。

對於這些質疑，我們回到本文第三節，其實都可以找到明確的答案。約略言之，即：

一、就康德倫理學而言：「自律」與「他律」，迥然有別，具有排斥、窮盡的關係。換言之，一個系統不是自律倫理，就是他律倫理。但是，在人生實踐的層面，「自命」與「天命」卻是一體呈現存在實感，並沒有任何互斥的緊張性。

二、「價值」與「事實」的二分，其實是西方在長期各種歷史條件下所產生的近代哲學的產物，它對吾人釐清處理龐大豐富的生活世界，有一定的合法性與效應，但卻不是吾人最初、最本真的生活世界的唯一結構。換言之，遠在吾人將「心靈」與「自然」對立起來，分屬「應然」與「實然」兩界之前，人已經而且一直是「自然而合乎當然」的在世界中存活著。因此勞先生質疑「天道」如何

---

❺　同註❺，頁 349、350。

可能同時是「價值原則」與「存有原則」時，這個提問只有在一定哲學理論的預設下，才有意義；在人最原初的存在體驗中，天人的互動交感，並沒有這樣的區分。

三、至為重要的，依據唐先生對「義命合一」這一原始經驗的描述，「天」與「人」的遭逢相會，從來不是「超越實體」與「主體」相歔對坐，而是在「召呼／回應」的感通模式下，「天」「人」作為這一意義事件的兩端，一體呈現。換言之，在人生無常多變的遇合情境中，「天」以不同的當然之義召呼著「人」，而「人」在「仁心」的敞開感通中，也以不同的當然之義回應著「天」。如果我們一定要用其他語彙分解性的說明，那麼依我個人的僻好，使用海德格哲學的語彙，「天」其實也就是「存有」、「意義的超越性根據」或「意義無盡藏」，而「人」就是這能夠「聆聽、領納、回應、開顯意義之體」的「能力」（ability-to-be）；其間「天」與「人」一方面有差異，但另一方面相互需要而共同隸屬。因此，使用近代西方哲學「主體性」這個概念來徵定人之所以為人的「仁心」，以「超越實體」來說明「天」之所以為「天」，的確是過度「格義化」的詮釋，未必能恰當的表達孔孟天人思想的蘊含。我們回顧《論語》、《孟子》書中言「天」言「人」的章句，「天」不是如此抽象、遙遠的作為「第一因」、「超越實體」，擔負著孔孟解釋萬物存在變化之責，而「心」、「性」也不是遺世獨立、自給自足的作為「主體性」，成為孔孟說明道德法則的最高的原理。勞思光先生順西方哲學的理路，截斷「天道性命相貫通」的管道，固然不能成立；但是，促使我們重新反省先秦孔孟儒學是否要以「主體性」來規定它的特質，並將「天」格義化為

「超越實體」，卻是最具啟發之功的。

　　誠如上述，我們通過詮釋方法論的反省，發現唐先生「義命合一」的詮釋不但保存住孔孟儒學「天人思想」最生動、豐富的蘊涵，而且也使我們從最根源之處重新檢視「存有」與「道德」的關係。這對當代學者長期以來習用西方哲學語言來徵定儒家哲學，諸如「主體性」、「超越實體」、「道德的形上學」，無異提供了新的反省空間。所以，可以確定的，唐君毅先生在當代新儒學的思潮中，將是我們後學者必須不斷回顧、珍惜的一塊瑰寶。

六、結論：
「自由」在孔孟儒學中的兩重義涵

　　經由前文冗長的引述、分析，我們一方面看到當代前輩學者如何努力地為儒學賦予新的詮釋；同時，另一方面，我們也通過他們詮釋上的差異，進一步反省確認儒學的義理性格。的確，時代一直在變遷，我們對儒學傳統的理解及賦與新說，其實是永遠不可能停止的；但是，真正具有創造力、啟發性的詮釋，並不在於我們提供了任何新的語彙，而是我們能從自己最深刻的存在體驗，與經典的作者相會相知。唐君毅與勞思光先生，在「義命關係」的詮釋上，各有所見，並不一致，誠為憾事；可是就當代中國儒學的研究而言，他們之間的差異，不僅是一種豐富，而且對後學者而言也是一種刺激他們學習、成長的動力來源。

　　最後，回應本次會議的主題；「自由與責任」，我想特別將本文有關「自由」這個概念的一些涵蘊，摘要如后。

多年以來，在闡述儒家道德哲學的前輩、同儕中，基本上都是從康德倫理學，來進一步闡明儒家「自律倫理」的特色，指出孟子所謂「仁義禮智根於心」或「心之官則思，思則得之」，即在表明良知不但具有自我立法的能力，而且還具有不受自然因果制約的自主性。因此，儒家哲學是澈底擁護人在道德實踐上的「自由」的。❺對於這種詮釋，我並不反對，因為在賦與儒學現代意義的努力中，資藉一些相似的系統，的確有它的方便之處，只要言之有據，不混漫義理系統間的差異，原則上都應該是值得尊重的。

但是，近年來因為興趣轉向海德格存有學，我就開始設想，儒家哲學中對「自由」的思考，是否也可以從存有學的角度切入，賦予一些新的意涵。事實上，依據本文有關唐先生「義命關係」的研究，的確也可以發展出一些不同的詮釋。首先，就「義命合一」而言，人的自由就不能只從人具有自我立法這一向度來規定；相反的，它必須從人乃是一能不斷從習性故我走出來，迎向生命任何遇合，有所聆聽，有所回應這一立場來考量。換言之，人的自由不再是禁錮於先驗國度內的「道德我」的孤芳自賞，而是勇於投入當下每一遇合情境，對越在天，表現為一一不同，但相續前進的當然義行。海德格在〈論人本位主義的信簡〉中，曾經提到一種「根源性的倫理學」（original ethics），他說：

> 只有當人從自身站出來，進入存有真理之中，並將自己歸屬
> 於存有之際，存有自身才會派發出那麼必然成為人的律令及

---

❺　李明輝：《儒家與康德》（臺北：聯經出版公司，1980 年）。

　　規範的指令。在希臘文，指派就是 nemein，它不僅是律
　　令，而且其派發更根源地包含在存有的發送中。只有這種指
　　派才能把人派遣到存有中，也只有這一種派遣才能夠承荷與
　　維繫。此外一切律令僅只是人類理性的製作而已。比製作律
　　令更重要的是，人找到了居留於存有真理的處所。這種居留
　　產生了我們可以依靠的經驗。存有的真理為一切行為提供了
　　依靠。「依靠」（Halt）在德語中的意思，就是「守護」
（Hut, protective heed）。❺❸

在海德格這段文字中，我們看到道德律令更原始的一種呈現，它不
是來自於理性的製作，而是出現於天人真實的相遇中。就某一義而
言，海德格這裡的描述，其實就是儒家「義命合一」另一種的表
達。因此，從存有學的角度來檢視「自由」的意涵，它當然與人的
本質之自我實現有關，但人的本質是什麼？如果它不再是某種先驗
性的內容，那麼它就必須從人與天的這種本質性的關聯來理解。用
儒家存在體驗的語言來描述，人的自由的確不是「自我立法」所能
窮盡，當我們回歸真實生活時，它指的其實就是我們在一切人生遇
合中，對「浩浩其天」的「肫肫其仁」的感通。約而言之，「即命
立義」，應該就是儒家「自由」的核心內涵。

附記：本文曾刊載於淡江大學《中文學報》第 7 期，2001 年 6
　　　月，頁 1-28。

---

❺❸　Martin Heidegger, *Letter on Humanism*, collected in *Basic Writings: Martin Heideggger*, ed. by David Farrell, Routledge, London, 1996, p.262.

柒、對當代幾個重要的儒家
道德學詮釋系統的分析和檢討

　　儒學，長久以來一直擔負著傳統中國人心靈之存在秩序與價值秩序安立者的角色。然而，從先秦時期兩位儒家原始心靈——孔子、孟子，為儒家思想奠立下基礎和宏規之後，歷代的儒者對儒家思想，都有不盡相同的理解和引申。時至今日，一般對儒學最普遍的理解便是儒學是一門「道德學」。然而，「道德」是什麼呢？「儒家道德」又是什麼呢？

　　現今我們所理解的「道德」，主要還是通過西方「道德哲學」或倫理學中，諸如：「應然與實然的區分」，「自律與他律的區別」之類的概念而來。但是，在《論語》中，「道」字出現 61次，「德」字出現 39 次；在《孟子》中，「道」字出現 143 次，「德」字出現 38 次❶，唯獨不見「道德」一詞。

　　換言之，當代的儒學研究，或多或少都借用了西方哲學中的某些概念。但是，我們也必須注意到中國哲學和西方哲學的一些基本

---

❶　楊伯峻：《論語譯注》（臺北：華正書局，1986 年 8 月），頁 301-302，
　　308，309；《孟子譯注》（臺北：華正書局，1986 年 8 月），頁 451，460。

差異點。❷如果不加揀擇,則一味引用西方哲學概念來詮釋中國哲學,是否真的能夠幫助我們發掘出更多、更深刻的中國哲學意涵?還是因此而扭曲、窄化了中國傳統哲人們的心血結晶,最後甚至淪落到只是一種「格義」式的比附詮釋,就不能不令人憂心了。

面對今日臺灣社會,民主科學已經生根發展,物質文明和功利思想日益升騰,文化理想與道德理序日漸傾頹的社會現況,我們也必需思考儒學對治目前的現實景況,它能夠有什麼改變現實的力量?能有什麼作為?我們對儒學又應該有怎麼樣的一種詮釋,才能讓儒學在面對當代臺灣社會,甚至面對整個世界,面對我們所居住的地球時,有發言權,能做出貢獻?

本文的目的,即在重新檢討儒學中的「道/德」概念,通過對前輩學人們已經完成的研究成果的反省,推演箇中問題,分判其中的得失優劣,並批判的繼承之,以做為對儒家「道德」學說創造性的再詮釋之基礎。

由於本文關切的主題落在儒家道德學(觀)的現代性意義之上,因此選取的系統也以當代儒學研究的重要成果為範圍,包括——當代新儒家中的三位代表人物,牟宗三先生、唐君毅先生、徐復觀先生,及以《中國哲學史》的撰寫揚名的勞思光先生,和近時提出「人性向善說」引發爭議的傅佩榮先生。一如眾所周知,當代中國哲學的研究在接受西方哲學的衝擊後,不論是在方法還是概念的運用上,都比傳統學者的注疏更為精密嚴格和靈活自由,但是相對地,由於大量西方哲學概念的引入,也使得儒學更容易陷入西方

---

❷　牟宗三:《中國哲學的特質》(臺北:臺灣學生書局,1990 年),頁 5-13。

哲學系統與派別的窠臼中。面對各種不同的詮釋系統，我們的研究究竟當如何著手進行呢？

　　基於對文獻資料已有的瞭解，我們認為，對儒家道德學（觀）的研究可從以下三個方向來加以掌握：

1.「道德實踐之根源」，即「道」的問題

　　雖然道德的實踐者是人，而道德實踐的場域是人所在的廣大的生活世界；但是，儒學對道德的理解卻非僅止於人和世界。也就是說，儒學並不只是一「平面的道德學」。在儒學中，「天」這個觀念始終佔據著重要的地位。「天」不僅是人之道德實踐的根源，更是人得以投射到存在，彰顯一切存有物意義及價值的根源，在觀念地位上，它其實與西方哲學的「存有」（sein being）一樣。❸在《論語》中，「天」字出現 19 次，在《孟子》中，更是出現了 81 次。❹對「天」和「天道」的理解，以及對「天」與「人」的關係的詮釋──「天命」的觀念，可說是儒學中一個重要的問題。

2.「道德實踐之動力」，即「德」的問題

　　也就是「心」與「性」的問題。「心性論」一向是儒家思想的中心。雖然，在《論語》中，「心」字僅 6 見，而「性」字更是僅 2 見，加上子貢又說：「夫子之文章，可得而聞也。夫子之言性與天道，不可得而聞也。」（〈公冶長·十三〉）「心、性」的問題，似乎還不是孔子言說的重心，孔子也沒有對其加以清楚的表詮，或

---

❸　我們在這裡採用的是海德格的用法，以 Being 為「存有」；existence 為人之存有，亦即「存在」。

❹　同註❶。

大量的討論。❺但是，在《孟子》一書中，「心、性」的問題獲得
了進一步的發展。不僅出現的次數大幅的增加（「心」字 117 見，
「性」字 37 見），在〈告子〉上篇中，更是有集中而大量的探討。
孟子所提出的「性善說」不僅成為儒學的奠基理論，更是歷代詮釋
者詮釋的焦點。❻因此，如何理解「心」和「性」這兩個概念本
身，及其在儒家思想中所佔的地位，亦是儒家道德學中的一個關鍵
性的問題。

3.「道德實踐之完成」，即「道德」的問題

孔子對「仁」的提出和闡釋，奠定了儒家思想之做為一「道
德」學問的基本性格。「儒學是一門道德學」，可說是一公認的命
題。但是，對於儒家「道德」或說「仁」的詮釋，我們卻幾乎找不
到一個統一的答案。對「道德」的認定和解釋的不同，不但直接的
影響了整個詮釋系統的切入角度和理論結果，而且它往往也就是造
成各個儒學詮釋之性格不同的根本原因。儒家所謂的「道德」為
何？其實是和前述兩個問題緊密關連在一起的。對「道德」或
「仁」的理解不同，對「心、性」和「天」、「天道」、「天命」
的理解自然不同。相對的，對「道德實踐的根源」和「動力」的理
解不同，對「道德實踐的完成」的理解自亦不相同。我們更好說，

---

❺ 孔子為儒學奠立了基本的方向和精神，至於，「性善說」的開展至孟子方完
　成。此即陸象山所謂：「夫子以仁發明斯道，其言渾無罅縫。孟子十字打
　開，更無隱遁。」

❻ 袁保新：〈盡心與立命——從海德格基本存有論重塑孟子心性論的一項試
　探〉，《孟子思想的哲學探討》（臺北：中央研究院中國文哲研究所籌備
　處，1995 年 5 月），頁 159-162。

這三個問題根本是一而三，三而一的。

職是，本文將以前述三個問題做為 leading questions，即：

1.道德實踐的根源的問題

儒家是如何理解「天」、「天道」及「天命」的？天與人的關係為何？

2.道德實踐的動力的問題

儒家所謂的「心」、「性」當如何理解？在整個儒學系統中佔有何種地位？

3.道德實踐的完成的問題

儒家所謂的「道德」是什麼？「仁」究竟應如何詮解？

逐一去分析、探問我們所選定的五個當代儒學詮釋系統，嘗試從中覓得一更為妥適的架構，以做為我們重新詮釋「儒家道德」的一個基礎。

一、勞思光先生的儒學詮釋

(一)詮釋的重點

勞思光先生的《新編中國哲學史》一書，是一部在方法上有高度自覺的哲學史書。勞先生在書中所提出的「基源問題研究法」，也確實能配合他的研究，而呈現出相當的成果。他對儒學的討論，主要有以下幾個特點：

1.「天」和「命」的問題，強調「義命分立」之說

對於「天」和「命」的問題，勞先生強調「義命分立」之說。

他認為，孔子的基本立場是「先區分『義』與『命』，對『自覺主宰』與『客觀限制』同時承認，各自劃定其領域；然後則就主宰性以立價值標準與文化理念，只將一切客觀限制視為質料條件。」❼也就是說，「命」代表的是「現實」、「必然」的問題，是客觀的質料世界對「人」形成的不可超越的限制；而「義」則代表了「應然」、「自由」的問題，人在這裡呈顯出絕對的自主性。孔子嚴分「義」、「命」，割絕了人與天的關聯，使人不需向外去崇拜一虛立的超越主宰，將價值的根源完全的往內收而置放在人的自主性之上，「孟子更將『天』與『命』二觀念，皆歸入『客觀限定』一義，儒學之基本精神遂完全透出。」❽

2. 「心性論」的問題，認為孔孟皆重視「德性我」

至於「心性論」的問題。勞先生將自我區分為四：「形軀我、認知我、情意我、德性我」，而認為孔孟皆重視「德性我」。他更進一步指出，孟子所謂「言」，指認知我而說；所謂「心」，指德性我而說；所謂「氣」，指情意我或生命我而說。「知言」，指德性我對認知我之臨照；「養氣」，則意謂德性我對生命情意之轉化。❾

---

❼　勞思光：《新編中國哲學史（一）》（臺北：三民書局，1991 年 1 月），頁139-140。

❽　同註❼，頁 99。

❾　同註❼，頁 173-174。

3.以「視人如己，淨除私累之境界」，「超越意義之大公境界」來詮釋「仁」

勞先生以「視人如己，淨除私累之境界」，「超越意義之大公境界」來詮釋「仁」。他認為，這是一種「純粹的自覺活動」，不需向外尋求，亦不受客觀現實的約制，只要人能除私念，而立「公心」，最後終能超越一切存在中的限制，而達到一完全自由、自主的境界。❿用勞先生自己的話說，「仁」就是指「德性我」對「形軀我、認知我、情意我」的完全轉化和照臨。

㈡批判與反省

1.以「義命分立」的觀念，將儒學詮釋成一種「完全的人文主義」，不免有以偏蓋全之嫌

勞先生認為，孔子繼承了周人的精神方向——對人之地位的肯定，並以之為儒學之源。這基本上掌握了儒學做為一門人文道德學的特點。但順此，勞先生以「義命分立」的觀念，而將儒學詮釋成一種「完全的人文主義」⓫，不免有以偏概全之嫌。中國古代的原始宗教信仰，到了孔子是否就「完全」消失了？「完全」的「人文化」了？令人存疑。而且勞先生的說法，不僅不易解釋《論語》中，諸如：「天生德於予」、「天之將喪斯文也」、「天將以夫子為木鐸」之類的文句，更將儒學中的一個重要的問題——「天與人

---

❿ 同註❼，頁79。

⓫ 「完全的人文主義」，指的是將儒學的範圍完全的限定在人文社會之中，而斬斷儒學與人文社會之外的存有界的關聯。

的關係為何」，給取消掉了。❷「天」在先秦儒學中的地位究竟如何？在當代儒學研究中，誠然人言言殊，但是完全抹煞架空，似乎也不是忠於文本的作法。

2.儒學中，處於具體的實踐情境當下的人，毋寧是一個「整體」，一個整全的生命呈現

勞先生將自我區分為：「形軀我、認知我、情意我、德性我」的做法，顯然是受到西方哲學傳統中，「身、心二元」、「知、情、意三分」的影響。誠然，孔、孟皆重「德性我」，但「形軀我、認知我、情意我」同樣受到重規。《論語》重「學」，《孟子》中「踐形」、「氣一則動志」的說法，在在都表示了「形軀、認知、情意」的重要。事實上，孔、孟並沒有將人割截成這樣幾個層次。在儒學中，處於具體的實踐情境當下的人，毋寧是一個「整體」，一個整全的生命呈現。

3.儒學中的「仁」，顯然不僅只是一「純粹的自覺活動」、一「去私念、立公心」的活動

儒家道德實踐的完成，應當是包含了「人與天之關聯的縱貫面向」、「人與自我之關聯的內在面向」、「人與生活世界之關聯的橫拓面向」以及「人與歷史之關聯的展延面向」的一種生命活動的完全呈顯。勞先生將「仁」完全收攝到「主體性」這一「點」上的詮釋，並不完整，亦不能讓人滿意。

---

❷ 參閱傅佩榮：《儒家哲學新論》（臺北：業強出版社，1993 年 7 月），頁283-284。

二、徐復觀先生的儒學詮釋

(一)詮釋的重點

　　徐復觀先生是當代新儒家的代表人物之一。對中國傳統學術思想涉獵極廣，於經、史、子、集諸般學問，都有深入的研究。他的《中國人性論史·先秦篇》一書，不同於「一般性的哲學思想史」，是以「人性論」——此一「特定問題」為中心的中國哲學思想史的一部分，從「史」的觀點，探討「人性」問題在先秦時期的演進脈絡。他在此書中對儒學的詮解，可整理為以下幾點：

1.對《論語》中的「命」字的區分

　　徐先生對《論語》中的「命」字有一個區分。他認為，「論語上凡單言一個『命』字的，皆指運命之命而言。」❸這與勞思光先生所提的「命運天」之義相同。但若是提到與天相連的「天命」、「天道」，則指的是一具有普遍性、永恆性的「道德法則性」的「天」。「道德的超驗地性格」就是它的實際內容。孔子就是以「天」、「天命」、「天道」來表徵真實道德之超驗、普遍和永恆。徐先生認為，「在孔子心目中的天，只是對於『四時行焉，百物生焉』的現象而感覺到有一個宇宙生命、宇宙法則的存在。」❹此一「道德法則性的天」，乃是孔子從自己具體的生命、具體的道

---

❸　徐復觀：《中國人性論史先秦篇》（臺北：臺灣商務印書館，1994 年 4月），頁 83。

❹　同註❸，頁 88。

德實踐中所「認知」的。既非僅是概念的構造，亦絕不是形而上學的推求，或是一人格神的存在。

2.對孟子主張的「性善」的「性」的內容有一限定

在討論有關孟子主張的「性善」的問題時，徐先生對「性」的內容有一限定。他認為，「孟子不是從人身的一切本能而言性善，而只是從異於禽獸的幾希處言性善，幾希是生而即有的，所以可稱之為性；幾希即是仁義之端，本來是善的，所以可稱之為性善」。❶也就是說，孟子所謂的「性善」是單指著人「先驗的道德本性」，至於同樣是人生而即有的耳目之欲，孟子改稱之為「命」而不稱之為「性」。因為，人異於禽獸的「道德本性」，一方面可以表示人之所以為人的特性；另一方面，它的實現可以由人自身作主。孟子「似乎覺得性既內在於人的生命之內，則對於性的實現，便應當每人能夠自己作主。」❶而「耳目之欲」的實現與否，有待於外，不能由自己作主。性、命的不同便由此而分判出來。

3.「仁」和「盡心」表達了道德一種無限性和超越性

至於「仁」，徐先生則認為，「仁」指的是一個人內在的人格世界的完成，是一種自覺的精神狀態，會對自己人格的建立及知識的追求，發出無限的要求，同時對他人毫無條件地感到有應盡的無限責任。❶「仁」是對自己生理欲望的無限制的超越，沒有限界，也沒有完成。❶終極的說，「仁」是「融合性與天道的真實內

---

❶ 同註❶，頁 165。
❶ 同註❶，頁 165。
❶ 同註❶，頁 91。
❶ 同註❶，頁 98。

容。」❶在討論孟子所說的「盡心」時，徐先生同樣表達了道德的這樣一種無限性和超越性，而所謂「盡心」，指的就是一身一心的德性的擴充，是「心德向超時空的無限中的擴充、伸展。」❷

(二)批判與反省

1.在對「天」的詮釋上

在對「天」的詮釋上，徐先生有較勞思光先生更進一步的理解。在勞先生「命運天」的說法中被截斷的天人關係，在徐先生「道德法則天」的說法中再度被銜接上。在人真實的道德實踐行為中，「人」對「天」的意義有了領會、瞭解，並藉此得以和天勾聯，「上達」於天。但是，在儒學中，天、人的關係基本上應該是一個雙向而圓滿的循環，也就是說，天、人是互動的，人在不停的實踐道德的同時，也就是在不斷的「回應」天之明命。

徐先生顯然太過重視春秋時期「宗教的人文化」❸，以及孔子在開闢「內在地人格世界」上的成就❹，結果使得「天」之「命令」義，終究無法出現在其詮釋脈絡中，而與勞思光先生一樣，不免將儒學「完全的人文主義化」，阻絕了「天命」信息在真實生活中亦可不斷通達於人的通路。

2.有關「人性論」的問題

首先，徐先生以為異於禽獸之「幾希」最能表示「人之所以為

---

❶　同註❸，頁 90。

❷　同註❸，頁 181。

❸　同註❸，頁 51-56。

❹　同註❸，頁 69。

人的特性」的說法，顯然是參考了亞里斯多德「類＋種差」的定義法，但是，「心」、「性」作為人之異於禽獸者之幾希所在，決不只是在凸顯「種差」（difference of species）而已。因為，如此一來，人基本上還是被當作世界中的一物來看待，而「心」、「性」也淪降為一種靜態的有關存有物構成的「形式」原理（principle of form），完全不能反映出心、性作為人「具體的實踐生活之本源與動力」的意義。❷其次，徐先生以「實現的自主性」來解釋孟子以道德為人性的說法，我們認為，徐先生在這裡簡化了「實行」──「行為的發動」──「行為的完成」之區別。道德行為的實行，可由人自身作主，但是，道德行為的完成，必須落實到具體的實踐情境中，純粹善意的發動並不代表善的行為的完成。所以，由「實現的自主性」而來的說法並不能成立。

此外，徐先生將人生命中的價值完全放置在人之「道德心性」上的詮釋方式，亦有違儒學做為一種重視日常生活世界的、「情境」的實踐學的立場。他在解釋「惡」的來源的問題時，說道：「歸納孟子的意思，可從兩點說明：一是來自耳目之欲；一是來自不良的環境；兩者都可以使心失掉自身的作用。」❷如此，將人與世界的「質料性」部分，從人之道德實踐中排除，使得人之「現實生命」與「現實生活世界」的價值，都無法在他的儒學詮釋中得到

---

❷　同註❻，頁27。

❷　同註❸，頁174-175。

安立。㉕這一點在他對「仁」的說解中,更加明顯。

3.儒學詮釋顯然還拘限在道德主義的脈絡

雖然,徐復觀先生以「仁」為「融合性與天道的真實內容」;但他卻又認為「道德的普遍性、永恆性,正是孔子所說的天、天命、天道的真實內容。」㉖即將「天道」消解到「道德」中之後,「仁」則成了人之主體性和道德性無限的開展、超越的精神境界。這樣的詮釋,固然將儒學重視「主體」的特性表露無遺。但卻也同時將在《論語》、《孟子》二書中出現的「具體」、「現實」的「人」、「事」、「時」、「地」、「物」,都收攝到一片主體的空靈的境界中。徐先生的儒學詮釋顯然還拘限在道德主體主義的脈絡中,並未從存有學的角度超克「內在人格世界」與「外在實然世界」二分的困局。

三、唐君毅先生的儒學詮釋

㈠詮釋的重點

唐君毅先生是當代新儒學家最重要的大家之一。他的哲學思辨性格雖不如牟宗三先生般的強烈、顯明,但他對中國文化的精神與

㉕　我們在這裡要說的是,徐復觀先生詮釋下的「道德本性」與「物質世界」的關係,與笛卡兒「心、物二元論」中,「我思」與其「外在世界」的關係,有著明顯的類同性,他們二人都是以「心」為價值(存在)的基點,由「心」來賦予和保證外在物質世界的存在。

㉖　同註⑬,頁 86。

精義、生命存在的意義與價值有極為深刻的思考、闡釋，牟先生並稱之為「文化意識宇宙的巨人」。㉗唐君毅先生對中國傳統哲學的思考，主要集中在四冊的《中國哲學原論》——導論篇、原性篇、原道篇、原教篇。這四冊的《中國哲學原論》不僅繼承了他在早年的《道德自我之建立》一書中，所肯定與開展的學思的中心觀念㉘，更加深、擴大了原有的思想規模，奠立他晚年「心通九境」的基礎。他在這四本書中對儒學詮釋的特點，可以歸納如下：

1. 「天」、「命」的問題

關於「天」、「命」的問題，在唐君毅先生的詮釋裡有了比較好的解決。唐先生主張「義命合一、無義無命」的說法。他認為，不論是單從「天命為天所垂示或直命於人之則之道」或「天命唯是人內心之所安而自命」來詮釋孔子的天命「皆非是」。唐先生並舉《孟子·萬章上》〈或謂孔子於衛主癰疽〉章，解之曰：

> 由孟子此段話，便知孔子之言命，乃與義合言，此正與論語
> 不知命無以為君子之言通。孔子之所以未嘗有主癰疽與待人
> 瘠環之事，因此乃枉道不義之行，孔子決不為也。彌子謂子
> 路曰，孔子主我，衛卿可得，孔子之答又為有命。故孟子之
> 釋曰，無義無命。此即言義之所在，即命之所在也。此所謂
> 義之所在即命之所在，明非天命為預定之義，……唯是孔子

㉗　參閱牟宗三：《時代與感受》（臺北：鵝湖出版社，1983 年 3 月）。

㉘　李杜：《唐君毅先生的哲學》（臺北：臺灣學生書局，1982 年 9 月），頁 16。

先認定義之所在,為人之所當以自命,而天命斯在。此見孔子所謂天命,亦即合於詩書所謂天所命人之當為之「則」,而與人之所當以自命之「義」,在內容上為同一者。❷❾

我們在前面對徐先生的檢討中說過,徐先生以「道德的普遍性與永恆性」為「天道」、「天命」之真實內容的詮解,切斷了從「天命」信息在真實生活中亦可不斷通達於人的道路,不免有將儒學「完全的人文主義化」之嫌。唐先生「義命合一」的說法,顯然較徐先生更為完整。唐先生保存了《詩》、《書》中,天「命」之「命令」義,將「命」之根源仍歸之於「天」,「天命」之「道」,即呈顯在吾人面對當下的處境中,所自我要求的、所應當行的「義道」中。這裡,「義」同時代表著「天對人的召喚」以及「人對天的回應」,而「天道」、「天命」的內容就是「義」的內容。

尤有進者,唐先生並沒有忽略了天「命」的「命限」義。孔子在《論語·憲問·三十八》中所講的:「道之將行也與?命也;道之將廢也與?命也。」便呈現出「天命」仍有與「義」相違的可能,但唐先生認為:「行道是義,天使我得行其道是命。此固是義命合一。……然在孔子,則於義在行道,而命在道之廢時,仍只言人當知命,只直言畏天命,其故何耶?……自孔子之思想言,人之義固在行道。然當無義以行道時,則承受此道之廢,而知之畏之,

---

❷❾　唐君毅:《中國哲學原論·導論篇》(臺北:臺灣學生書局,1986 年 9月),頁 535-536。

仍是義也。」❸

　　從「義在行道，而命在道之廢」我們可以知道，行義並非只是人自身之事，外在的現實環境，一樣也有可能對我們形成限制，這就是「命」的「命限」義。但這樣的限制並不因此就隔斷天與人的連結，在這樣的「命」中，我們仍然可以而且也應當知天命、畏天命，反求諸己，而知吾人所當行之道，行吾人所當行之義。換言之，「用之則行」，固是義之當然；「舍之則藏」，亦是義之所當然也，皆不失「義命合一」之旨。最後，唐先生總結說：「依孔子之教，人而真欲為君子，欲為志士仁人，則其行義達道之事，與其所遇者，乃全幅是義，全幅是命。」❸這便是「天命之所以不已」的真實意義。

2.孟子「心性論」的問題

　　唐君毅先生認為，孟子所謂的「心」是一「性情心」、「德性心」。「其心乃一涵惻隱、羞惡、辭讓、是非之情，而為仁義禮智之德性所根之心。」此「心」為「德性所根而涵性情」，是人之道德行為或道德本性的根源，「具道德價值，而能自覺之……，而非只是一求認識事實，而不自覺其具道德價值之純理智心、純知識也。」❸此外，唐先生強調，孟子言心，並沒有一般所謂習心與本心、私心與公心、善心與惡心的分別，「在孟子，說心即說本心，即是善的公的。所謂私，不善與惡，只是心之不存而喪失。」❸

---

❸　同註❷，頁 536。
❸　同註❷，頁 538。
❸　同註❷，頁 95。
❸　同註❷，頁 101。

　　因是之故，唐先生認為，孟子的修養工夫，「純是一直道而行之工夫。」❸❹只要直接當下的在吾人惻隱、羞惡、辭讓、是非之心之流露處，擴充而直達之，不需反省，亦沒有宋明儒在對治人之人欲、意氣、意見、氣質之蔽時的曲折。而孟子修養工夫之所以如此簡易，乃是因為「孟子之言心，乃直就心之對人物之感應之事上說。此心初乃一直接面對人物而呈現出之心，初非反省而回頭內觀之心。」❸❺此「全善之心」在與外在的人、事、物相遭遇的「當下」，與之相感相應，便自然的呈現，呈現在與外相感相應之事中，吾人直就此心之呈現擴而充之，此孟子之修養工夫之所以易簡直截之故也。

　　此外，唐先生對孟子所謂的「性『善』」也有一個分判。他說：「孟子之即心言性，乃又即此心之生以言性。所謂即心之生以言性，乃直接就此惻隱、羞惡、辭讓、是非等心之生處而言性。」❸❻唐先生強調的乃是心之「生起處」，也就是指，我們心意升起將發而未發之時，此時心之意念已經產生，但仍未呈顯出來，這是我們心呈顯的「幾」。而「心之生所以為心之性，非純自心之現實說，亦非純自心之可能說，而是就可能之化為現實之歷程或『幾』說。在此歷程或『幾』上看，不可言人性不善，亦不可言人性已善，而可言人性善，亦更可言人性之可以更為善。」❸❼孟子之「性

---

❸❹　同註❷❾，頁 99。

❸❺　同註❷❾，頁 102。

❸❻　唐君毅：《中國哲學原論·原性篇》（臺北：臺灣學生書局，1989 年 11月），頁 46。

❸❼　同註❸❻，頁 49。

善」，便是指心之「幾」或心之生起處之為善而言。

3.至於「道德實踐的完成」的問題

唐君毅先生在談到孔子「五十而知天命」時做了以下表示：

> 孔子自言五十而知天命，則其工夫明又較四十而不惑，更進
> 一層；而知天命之知，亦較智者不惑之知更進一層，而應兼
> 為一超一般之智，以上達天命之知。此上達天命，非只是以
> 己之生命通達於人，亦非只是自己之生命之自有其內在的感
> 通及與人感通；應是以此己之生命由上達天命，而與天感通
> 之義，則其義屬於生命之感通之另一由下而上之縱的進向。
> 一己之生命之內在的感通，見一內在之深度；己與人之生命
> 之通達，則見一橫面的感通之廣度；而己之生命之上達於
> 天，則見一縱面的感通之高度。❸

唐先生藉孔子之生命與工夫指出，儒家實踐工夫的完成包涵了
三個面向——人與天之縱向高度的感通、人與自己生命之內在深度
之感通、己與他人生命之橫面向之感通。在真誠的實踐的當下，天
的意義、他人的生命與自我之生命一同呈顯出來。這其中包涵了我
們對「天命」的回應、對自己所當行之義的「自命」以及對非己的
存有者的感通與潤澤。這樣一種包涵了「天」、「人」、「我」之
存有意義的同時且完全的彰顯，是儒家實踐工夫的完成當下所呈顯

---

❸ 唐君毅：《中國哲學原論·原道篇（一）》（臺北：臺灣學生書局，1992 年
3 月），頁 110。

的特質。

(二)批判與反省

1.無法說明「天」之「真實意義」為何？

　　唐君毅先生「義命合一、無義無命」的詮釋，在對儒家天人關係的理解上確實有其特出之處。以「天命」為「對吾人之一動態的命令呼召」，而吾人當直接面對與此天命之遭遇，感受其呼召，而更對此命令有所回應，並知此回應即吾人所當行之義，這樣一種「呼召－回應」的關係來詮釋「天命」，不但彌補了勞、徐兩位先生詮釋的不足之處（「完全的人文主義化」），而且也彰顯了儒學中「以『天』為『人』之道德與存在之根源」、「天道、人道不二」、「天命（天與人之關係、勾聯）不已」等特質。

　　但是，唐先生的詮釋畢竟無法說明「天」之「真實意義」為何？誠然，在儒學中，「天道」、「天命」的意義是必然的要呈顯在吾人真切的實踐行為中。但是，我們認為，做為人之道德與存在之根源的「天」，其意義並不能「完全」從人的立場（不論是實踐的或知解的）來加以說明。「天」本身的「真實內容」為何？如果孔子所謂的「天」並非西方神學中的「人格神」或「上帝」[39]，那麼，「天」又如何能「呼召」人？這都還是有待回答的問題。

2.不是很適當地詮解孟子的「心」與「性善」

　　唐先生認為，孟子論「心」並無「本、習」、「善、惡」、「公、私」之別，人只有一「心」指的就是吾人的「道德本心」，

---

[39]　同註[38]，頁133。

而「道德本心」是純善無惡，不與善、惡相對的。若如此則吾人之
行為皆是由「心」而發，當是純善無惡，然則人之為不善之因為
何？唐先生認為，不可將之歸於「耳目食色之欲」。他說：「耳目
食色之欲，並非即不善者。不善，緣於耳目之官蔽於物，或人之只
縱食色之欲。而耳目之官蔽於物，與人之只縱食色之欲，則緣於心
之不思而梏亡。」❹也就是說，「心之不思而梏亡」是人之為不善
之因。但是，我們還是可以問，心為什麼會不思而梏亡呢？當心不
思而梏亡時，它還是純善無惡的本心嗎？若已不是道德本心，則又
與唐先生所說的孟子言心只有一心之說不合。

我們認為，問題的關鍵在於唐先生將「道德」或說「善」，當
成一種「先驗的性質」，並將其歸之於孟子所謂的「心」之上，使
孟子所說的「心」變成一種具有「先驗善（道德）性」的實踐動
力。固然在儒學中，擔任道德行為的發動者的「心」，理應具有所
謂的「道德性」或「善性」。但是，將「道德」當成一種「先驗性
質」而賦予「心」的詮釋方法，在面對孟子所說的「心不思」的情
況時，都將無法有一個圓滿的解答。這同時也是勞先生、徐先生甚
至牟先生的詮釋，所必需面對的困難。

至於，唐先生就可能之化為現實的歷程或「幾」來解釋孟子所
謂「性善」的說法；顯然，他是在嘗試回答「人之為不善」的問
題。孟子主張「性善」，但是，人性在現實中的表現卻是善、惡交
雜，有為善，亦有為不善。這該當如何解釋呢？若以聖人本心之善
為標準，那麼一般人之性只能說其有「為善之可能性」，甚至根本

---

❹　同註❷，頁 102。

就是不善；若從人在表現了惻隱、羞惡等善心後，也可以因為食色之欲的間隔，而又失其惻隱羞惡之心的為惡，那要如何說人之「性善」呢？唐先生認為應當從「幾」上說。

從「幾」上說「性善」，固然可以解決上述問題，但是，顯然與唐先生在《導論篇》中以「道德心、情性心」說孟子之「心」的講法相衝突。此外，孟子在（〈告子上・六〉）中所說道：「乃若其情，則可以為善矣，乃所謂善也。若夫為不善，非才之罪也。……仁、義、禮、智非由外鑠我也，我固有之也。」此中「情」、「才」、「我固有之」顯然也不是指一種由可能到現實化的過程。所以，唐先生這樣一種講法固然解決了一些問題，但卻又產生另外的一些問題，並不是一個很適當的詮解。

3.掌握到儒家所討論的「心」所具有的一種「在世存有」的性格

唐先生對儒家「道德實踐的完成」的詮釋，確實是一項頗為重要的研究成果。我們從他在前引文中所說的：「孟子之言心，乃直就心之對人物之感應之事上說。」以及「孟子之言，重在直指心之如是如是呈現，而其呈現，乃即呈現於與外相感應之事中。」可見，唐先生已經掌握到儒家討論的「心」所具有的一種「在世存有」（being-in-the-world）的性格。❹也就是說，「心」的呈顯、發用，都必然是在一「具體的」「情境」或「脈絡」中，將「心」從其「具體的實踐場所」抽離出來的任何討論，都是不適當的。

此外，在唐先生的詮釋中，兼顧了儒學中重要的三個環節——

---

❹ 「在世存有」是海德格所提出來的概念，簡單的說就是指吾人是為存有所拋擲而必然的要存活在這個世界中。

「天」、「人」、「我」，並將這三個環節在我們「在世」的實踐行為中結合起來，而能將儒學中對「天」、對「人」、對「己」三個面向合而為一的感通，三種存有意義合而為一的踐履之深刻的義理內涵表達出來。對於唐先生這一部分的研究成果，我們將承繼下來，並從「存有論」的觀點來加以轉化。

四、牟宗三先生的儒學詮釋

㈠詮釋的重點

　　牟宗三先生是當代新儒家中，智思性格最明顯的一位。他通過對西方哲學，尤其是康德的消化、吸收，加上對中國哲學深刻、精巧的思考，形鑄了中國近代思想史上罕見的龐大而又完整、嚴密的哲學體系。對儒家思想的考掘，可說是貫串其一生學問生命的主軸，大量而又豐富的著作，包括早年的《中國哲學的特質》，五、六〇年代的《心體與性體》三冊、《從陸象山到劉蕺山》、《智的直覺與中國哲學》、《現象與物自身》，以及他晚年的《圓善論》一書。

1.對儒學詮釋的重點

　　牟先生對儒學詮釋的重點，我們可歸納如下：

　　⑴「道德的形上學」的提出

　　「道德的形上學」（moral metaphysics）是牟宗三先生對儒學性格最重要也最根本的分判，這是牟先生通過對康德「道德底形上學」（metaphysics of moral）的批判與超克，所產生的具體成果。所謂「道

德的形上學」，依照牟先生的說法是：「依道德的進路對於萬物之
存在有所說明。『道德底形上學』重點在道德一概念之分析；……
即說明道德之先驗性。『道德的形上學』重點在形上學，說明萬物
底存在。」❷這是儒學與康德道德哲學最關鍵的差異點。基本上，
牟先生的講法承繼了康德哲學中一個重要的預設，即──「現象與
物自身」或說「睿智界與感覺界」的超越區分。

牟先生說：

> 依康德，自由意志所先驗構成的（自律的）普遍的道德律是
> 屬於睿智界，用今語說，是屬於價值界、當然界，而知性範
> 疇所決定的自然因果律則是屬於感覺界、經驗界、實然或自
> 然界。這兩個世界間距離很大，如何能溝通而合一呢？❸

換言之，溝通「睿智界」和「感覺界」的關鍵在於「心」。牟
先生認為，儒學中所講的「本心性體」便是溝通「價值界」和「經
驗界」的「創造之源」。

(2)「心」的特質

歸納牟先生對儒學中有關「心」的討論，我們可以發現「心」
基本上有以下幾點特質：

①心是「自由的意志」：牟先生說：「『自由』是論謂『意

---

❷ 牟宗三：《現象與物自身》（臺北：臺灣學生書局，1990 年），頁 39。
❸ 牟宗三：《心體與性體（一）》（臺北：正中書局，1991 年 11 月），頁
115。

志』的一個屬性，與自主、自律為同義詞，而『意志』則是**實體**字，它是心體的一個本質的作用，即自定方向的作用，……亦可以說它就是本心。理性、法則、定然命令等即由這心之自主、自律、有定向而表示。」❹這裡，牟先生從康德「意志自由」、「自律」的觀點來詮釋儒學中的「心」。所謂「自律」，簡單的說，就是指「意志」本身自定道德法則（亦即定然的命（律）令）且自依其所訂定的法則而行。牟先生認為，「自律」是「心」的一個「本質作用」。

　　②心是「道德本心」：這樣說的「心」，實際上也就是吾人所「固有」的「道德本心」、「超越的義理之心」。它不但是吾人感受的主觀基礎，亦是吾人道德的客觀基礎，因為「道德」即「依無條件的定然命令而行」之謂也。

　　③心是「智的直覺」：關於這一點，牟先生舉了張橫渠《正蒙·大心篇》的一段話：「天之明莫大于日，故有目接之，不知其幾萬里之高也。天之聲莫大於雷霆，故有耳屬之，莫知其幾萬里之遠也。天之不禦莫大於太虛，故心知廓之，莫究其極也。」他認為，這幾句話很能夠表示「耳屬目接是感觸的直覺，『心知廓之』是智的直覺，而且耳屬目接之感觸的直覺之為認知的呈現原則，『心知廓之』之智的直覺不但為認知的呈現原則，且同時亦即創造的實現原則。❺

---

❹　同註❸，頁 166。

❺　牟宗三：《智的直覺與中國哲學》（臺北：臺灣商務印書館，1993 年 7月），頁 184。

　　也就是說，耳目感觸只是吾人得以認知外物的一種「知識論」義的直覺，而「心」所獨具的「智的直覺」，則不但具有「知識論」義的呈現能力，且具有一種「創造性的實現能力」。在康德哲學中，「智的直覺」是屬於「無限存有者」的直覺，智的直覺自身就能給出它的對象的存在，其直覺活動自身就能實現存在，直覺之即實現之，儒學中的「道德本心」因著其所有「智的直覺」的特質，而同樣的擁有了這樣一種「創造性的實現能力」。

　　但是，牟先生所說的「本心」之「智的直覺」的「創造性的實現能力」與康德所說的畢竟不同。「本心」的「創造性」，我們只能說是一種「存在性」或「存在價值」的賦予，更好說是一種「以人為中心的道德意義之創造」。牟宗三在詮釋王陽明所說的「心外無物」時說道：「『心外無物』，我們不能說心就是物，其意只是說物之存在即心體之顯發而明通中存在；離開心之顯發而明通，物即為非有。」❹⁶「我們不能說心就是物」這句話明白的指出了「心」與「物」是不同的存有（在）者；所謂「非有」指的並不是物之「存在」的喪失，而是其「（以人為中心的）存在價值或道德價值」不能彰顯出來的意思。

　　④心是一「無限心」：這裡所謂的「無限」有兩個意思。第一個意思是指吾人之「道德本心」之發用在本質上是「絕對自由的」、「沒有任何限制的」。牟先生說：「當吾人由無條件的定然命令以說本心仁體或性體時，此本心仁體或性體本質上就是無限

<hr />

❹⁶　同註❹²，頁97。

的，這裡沒有任何曲折，乃是在其自身即絕對自體挺立的。」**❹**這裡的「無限」指的就是「本心」的「絕對自由」，獨立而無待。

第二個意思是就「本心仁體」呈顯時，所完成之實踐其意義和價值之「絕對性」和「普遍性」而說的無限。牟先生說：「本心仁體本是無限的，有其絕對普遍性。它不但特顯於道德行為之成就，它亦遍潤一切存在而為其體。前者是它的道德實踐的意義，後者是它的存有論的意義。」**❹**也就是說，道德實踐的完成所成就的不僅只是吾人自身的「道德性」，因著吾人本心的覺潤和感通，其他非己之存在者（物）的存在價值、意義，亦同時得以彰顯出來。這樣一種「覺潤和感通」的普通性和「其所成就的存在價值」之絕對性，就是「無限心」之「無限」的第二個意思。

⑶「道德的形上學」的完成

通過吾人本心仁體的道德創生，牟先生說明了儒家「道德的形上學」的完成，他說：

> 在道德的形上學中，成就個人道德創造的本心仁體總是連帶著其宇宙生化而為一的，因為這本是由仁心感通之無外而說的。就此感通之無外說，一切存在皆在此感潤中而生化，而有其存在。**❹**
> 儒家惟因通過道德性的性體心體之本體宇宙論的意義，把這

---

❹ 同註**❹**，頁 192。
❹ 同註**❹**，頁 199。
❹ 同註**❹**。

性體心體轉而為寂感真幾之「生化之理」，而寂感真幾這生化之理又通過道德性的性體心體之支持而貞定住其道德性的真正創造之意義，它始打通了道德界與自然界之隔絕。這是儒家「道德的形上學」之澈底完成。❺

儒家所認為的「天道」對萬物「生生不已」的創化之德，在吾人本心性體的道德實踐中完全呈顯出來。本心性體在其「道德性的創造活動」中，賦予了一切的存在者（物）以存在的意義、價值，這樣一種「創造活動」支持並體現了「天道」的生生不已。在本心性體的道德實踐中，道德價值界和自然存在界的距離，被完全解消，而道德界和自然界的合而為一所標示的，正是儒家「道德的形上學」的終極完成。

2.關於儒學中「天」的詮釋

　　牟先生基本上認為，「天」是一「形而上的實體」，以「生生」為其真實的內容。他在對我們前面所引的張橫渠《正蒙·大心篇》那一段話的解讀中說道：「『天之不禦』即天道創生之無窮盡。此言『天』是指天之生德而說，即指天道說，此是無形的，是指目天為一道體──形而上的實體。」❺

　　但是，牟先生認為，天之所以天，天之所以以「生生」為其真實的內容，都必需依靠吾人的「道德心性」來貞定。他說：「天是一超越的實體，此則純以義理言者，……在事天上，「事」字之意

---

❺　同註❹，頁180。
❺　同註❹，頁185。

義須完全轉化為自道德實踐上體證天之所以為天，而即如其所體證，而自絕對價值上尊奉之。」[52]也就是說，「天」是一「形上的實體」的說法，只具有純粹義理上的形式意義，「天道」的內容仍然必需依靠吾人的「體證」，依靠吾人對吾人在真切的道德行為中所體認到的「絕對價值」的尊奉，所以他認為，「天之所以為天，上帝之所以為上帝，依儒家，康德亦然，須完全靠自律道德（實踐理性所規定的絕對圓滿）來貞定。」[53]

3.「命」的問題

牟先生主張：「命」是個體生命與氣化方面相順或不相順的一個「內在的限制」之虛概念。[54]一般所謂的「命運」指的就是這個概念。它是一個實踐上的概念，但不屬「理」，不是一個道德實踐的原則，當然也不屬於吾人的本心性體；它是一個與「氣化」有關的概念，但它卻又不是氣化本身所呈現的變化事實；所以，它不是一個實概念。「命」就是吾人存在的遭遇、現實的處境，為何有這樣的遭遇是無理由可說的。只有在吾人之個體生命與外在的境遇相順或相違，而使吾人感到一種無形的限制時，「命」才呈顯出來。此外，「命」與罪惡或無明不同，罪惡或無明可化除（斷盡），但是，「命」是不可化除的，命只在吾人道德實踐所證至的「天理流行」的「如」境中被轉化。

---

[52]　牟宗三：《圓善論》（臺北：臺灣學生書局，1985 年 7 月），頁 136。

[53]　同註[52]，頁 137。

[54]　同註[52]，頁 142。

4.「道德實踐」的完成的問題

牟先生提出了「圓善」的說法。我們知道,「圓滿的善」原本是康德哲學中的一個概念,指的是「德福一致」。康德認為「道德」與「幸福」之結合是「綜合的」而不是「分析的」,但是康德認為:「在實踐原則中,我們至少可以思議『道德底意識與作為道德之結果的那相稱的幸福之期望這兩者間的一種自然而必然的連繫』為可能」。**⑤⑤**因是之故,他訴諸上帝之存在來做為圓善之所以可能的基礎。也就是說,依照康德的說法,圓善之可能是要靠上帝之保障德福之間的必然聯繫。

但是,牟先生依其「道德的形上學」的立場,將「德福一致」的保障,從上帝轉移到儒學中的「無限智心」之上。他說:

> 在圓聖理境中,……既可依其自律而定吾人之天理,又可依其創生遍潤之作用而使萬物(自然)有存在,因而德福一致之實義(真實可能)亦可得見:圓聖依無限智心之自律天理而行即是德,此為目的王國;無限智心于神感神應中潤物、生物,使物之存在隨心轉,此即是福,此為自然王國(此自然是物自身層之自然,非現象層之自然,康德亦說上帝創造自然是創造物自身之自然,不創造現象義的自然)。兩王國「同體相即」即為圓善。**⑤⑥**

---

⑤⑤ 同註**⑤②**,頁 206。

⑤⑥ 同註**⑤②**,頁 333。

這是儒家式的「圓善」，儒家式的「德福一致」必然是要在圓滿的實踐理境（圓聖）中表現出來的。無限心的自律所成就的「道德」，本當是屬於「睿智界」、「價值界」之物事。但是，與此同時，無限心也是處於存在世界中的，無限心的自律就是它要求自身要去與存在物相感相應，並賦予它們以存在的意義、價值，「使物之存在隨心轉」。必如此，乃能使「道德界」與「自然界」、「目的王國」與「自然王國」「同體相即」，而保證儒學中「德福一致」的真實可能。

㈡批判與反省

1.「道德的形上學」的詮釋架構，並沒有脫出海德格所說的 「西方傳統形上學的命運」──對「存有」的遺忘

首先，我們要指出牟先生「道德的形上學」的詮釋架構，並沒有脫出德國哲學家海德格所說的「西方傳統形上學的命運」──對「存有」的遺忘。**❺❼**對海德格而言，西方傳統形上學並未真正地思考存有，而只思考存有者本身。換句話說，只思考存有者的「存有者性」。形上學對於存有者的思考分兩路進行：首先，形上學從最普遍的特徵來思考存有者全體，指出全體存有者皆具存有者性。存有者性乃是一切存有者之所以為存有者的基礎所在；其次，形上學思考如何以一個至高存有者來奠立全體存有者於一可理解的基礎之上。神就是至高存有者，袖是一切存有者的第一因。

---

❺❼ Martin Heidegger: *Being and Time*, tr. John Macquarrie and Edward obinson, Harper and Row, New York, p.21-24.

康德就是以「神」為最高的存有者，以「神」的「智的直覺」做為一切存有者之存有者性的最終基礎。雖然，牟先生通過他對中國哲學的理解，以儒學中的「本心性體」取代了康德系統中的「神」而形構了「道德的形上學」。但是，「本心性體」所擔負的責任仍然是賦予一切存有者以存有者性（就儒學的立場而言，即是道德性的存在意義和價值），奠立全體存有者於一可理解的基礎之上（「對萬物的存在有所說明」）。在本心性體的實踐中，一切我與非我的存有者並未「存有化」，「道德界」變成一種附加「現實界」之上的「實踐理性的無限的精神世界」。也就是說，「道德的形上學」仍然未脫「存有－神－學」（onto-theo-logy）的形式，不同的只是在儒學中「本心性體」取代了「上帝」，存有學的意蘊層次仍未撐開。其實，在存有論的觀點裡，沒有所謂的「價值界」與「自然界」之別，存有本身即是意義價值的最終底蘊，同時也就是自然造化的根源。

2.儒家所謂的仁、義、禮、智是否僅只是心的自主、自律呢？

以康德的「自由意志」、「自律」來說「心」，在詮釋諸如：「仁遠乎哉？我欲仁，斯仁至矣」（《論語·述而·三十》），「為仁由己，而由人乎哉？」（《論語·顏淵·一》），「由仁義行，非行仁義也」（《孟子·離婁下·十九》）等文句時，確實很能彰顯出這些句子中所表達出來的，儒家所重視的主體在實踐上所具有的「自由性」、「自主性」與「能動性」。

但是，問題的重點在於，儒家所謂的仁、義、禮、智是否僅只是心的自主、自律呢？我們若是考察孟子所謂的：「乍見孺子將入於井，必有怵惕惻隱之心」（〈公孫丑上·六〉），「嫂溺不援，是

豺狼也。男女授受不親，禮也；嫂溺，援之以手者，權也」（〈離婁上·十六〉）可以發現，這其中的救援行動固然是源出自吾人本心的自主、自發的行為，這是吾人真切的實踐行為的內在根源，是吾人的自命；但是，吾人的自命卻不是吾人道德實踐的唯一根源，「孺子將入於井」及「嫂溺」對吾人的「召喚」同樣是促使吾人之本心靈動，發而為救援行為的發生根源，這是「天命」，是「存在境況」和其中的「當然之義」對吾人呼召。楊儒賓先生認為：「原始儒家所主張的道德實踐，是一種『情境的道德實踐』，……其特點乃在於『情境心』的『情境』是先於『心』而存在；而且『心』也在『情境』中交感成形。」❸所以，我們認為，儒家所謂的仁、義、禮、智，固然必須以「四端之心」的自主、自律為其功源，但是，僅僅強調主體在實踐上所具有的自主性、自由性，而忽略吾人真實的存在情境，並不足以完全的說明使人真正成其為人的仁義道德。

3.對儒家的「心」詮釋似乎將道德法則視作正如笛卡兒的本有觀念

關聯著第二點，我們要進一步指出，牟先生通過康德「自律」的概念而將儒家的「心」詮釋為一超越的「自由無限心」，將使「心」成為一完全「自給自足」的實踐主體。它不假外求，不需依靠經驗，而只要根據它所固有的道德法則，就足以判斷道德上的是

---

❸ 參閱楊儒賓：〈人性、歷史契機與社會實踐──從有限的人性看牟宗三的社會哲學〉，《臺灣社會研究季刊》第 1 卷第 4 期，1987 年冬季號，頁 158-159。

非善惡。陳榮華先生認為：「這種詮釋似乎將道德法則視作正如笛卡兒的本有觀念（innate ideas）。笛卡兒認為，那些必然確實的知識不來自感官經驗，因為感官經驗有錯誤的可能。它們來自上帝。祂預先把那些必然確實的知識放到人的心靈中。因此，人只要由其自然之光，將之反省出來，就可以得到它們。在這個笛卡兒的模式下去詮釋《孟子》的道德心，便似乎是天早已將所有道德原則具體而完整地放在人的心靈中。人只需要反身而自思其心，就能瞭解所有的道德原則了。」❺❾陳先生在這裡所要強調的是，在笛卡兒的思想體系中，「我思」（思維我）具有完全的自給自足性。僅僅依靠思維我自身；就足以論定、保證外在世界甚至是上帝的存在❻⓪。牟先生所謂的「自由無限心」具有同樣的自給自足性，對自由無限心而言，便似乎是天早已經將所有道德法則具體而完整地放在人的心靈中了。只要人的本心發用，就能訂立所有的道德法則，而「獨力」完成道德實踐，給出所有存有物之道德性存在（亦即其存在價值）。但是，我們在上一節中曾指出，所謂的「天命」是此有在他當下的處境中，去聆聽、領會「當然之義」（他的本真存有，亦即是存有自身）對他的召喚，這樣的一種天命的下降是從不間斷的，天絕不能是將某些道德法則送到人的心中後，便將人棄之不顧的。陳榮華先生也指出，「人的道德心是由於接受了道德——仁、義、禮、智——的冒出，才得以成立。因此，人的道德心不是自主的。它必須等待道

---

❺❾　陳榮華：《葛達瑪詮釋學與中國哲學的詮釋》（臺北：明文書局，1998 年 3 月），頁 257。

❻⓪　關於笛卡兒的「我思」，請參閱傅偉勳：《西洋哲學史》（臺北：三民書局，1990 年 11 月），頁 266-276。

德的冒出且觸動它。」**❻1**雖然，陳先生的理解本身略有問題**❻2**。但是，顯然陳先生亦掌握到了，將儒家所謂的「心」理解作主體性，並以之作為價值創造的唯一動源，做為人存在的動源，並不是完全地自給自足的，這一個重點。

4.使得「天」不能有其獨立的地位和獨立的意義

從先前的討論中，我們可以看得出來，「無限心」以及「一切的存在活動皆攝於主體（人）」是牟先生「道德的形上學」的基本預設。但是，因著牟先生這兩個基本預設，卻使得「天」在牟先生的詮釋系統中亦不能有其獨立的地位和獨立的意義。雖然，牟先生指出「天」是一「形上的實體」，並以「生生」為「天道」的內容。但是，本於其「道德的形上學」的立場，他終究還是認為「天之所以為天」必需由吾人的「本心性體」之「自律」來加以貞定。如果人的「心」就是自給自足的道德主體，則人當下就可以訂定道德法則，且又依靠自己的能力，在這法則的引導下，作出道德行為，完成對道德的實踐。這樣一來，人無須他求，而僅依靠他自己，就足以成為聖人。在這個成德的過程中，天不扮演任何關鍵性的角色**❻3**。這樣一種對「天」的意義的詮釋是有問題的。這是以

---

❻1 同註**❺9**，頁256。

❻2 陳先生的反省，立基於海德格對「主體性」的批判，確有洞見；但是將「道德」解釋為「冒出」，人心只是被動的「接受」，完全取消人在道德實踐中的「自主性」，似乎也不是忠於文獻的解讀。唐君毅先生在維護「天命」概念的詮釋中，指出道德實踐中「自命」與「他命」一體呈現，其實是一個較持平的看法。

❻3 同註**❺9**，頁123。

「心」為自足的道德心在「道德的形而上學」內部所會產生的義理衝突。

5.不能反映心做為「人具體的實踐生活之本源與動力」的意義，而且遺漏了心在「立命－知天－知性」的同時中所呈顯出來的存有學性格

牟先生以「無限智心」為吾人之本心，則日常生活中的實踐主體只能是由「無限心」所轉化曲折或者用牟先生的話──「坎陷」而成的主體。它雖然必需要落實到具體的生活世界中，但就主體自身而言，它仍舊是普遍的、絕對的精神自體的自我開展。楊儒賓先生也認為：「當他（牟先生）以起信論──黑格爾式的思維模式解決社會實踐（傳統的語言稱之為『外王』）的窘境時，社會實踐雖然也可以有局部的自主性，但這種自主性乃是無限心內在的驅力，『自我坎陷』為主──客的對列而成。社會實踐的主體依然是無限心曲折轉化而成的主體，它雖然需要落實到具體、特殊的生活世界裡來，但就主體本身而言，它依舊是普遍的，依舊是精神自體的自我發展。」❻然則，在牟先生的理解系統中，「生活世界」的概念為何？「存在於世界中的實踐主體」為何？顯然都不能取得其獨立的地位和意義，而在牟先生的詮釋系統中必然淪為褫奪性的第二序的概念。

我們從牟先生所謂的「自由無限心」和「良知的自我坎陷」可以瞭解到，牟先生對「心」的理解基本上仍舊是本著西方傳統心靈哲學「知、情、意」三分的架構。「道德心」只是「知、情、意」

---

❻　同註❺，頁 148。

三分中的一部分，是人類理性的一種「機能」（faculty）。然而，如我在其他文章中提及：「在基本存有論的觀點來看，如果『性』指著人之所以為人的『存有』，那麼，孟子的以『心』說『性』，就不是指人所具有的一種超過、多過一般動物的機能（faculty）——『心』，而是指唯有人能夠『明於庶物，察於人倫』地活在世界之中。換言之，『心』在這裡是指著一種存活的能力（ability-to-be），旨在凸顯天地萬物只有人具有領會、詮釋自我的可能性。」❻也就是說，孟子所謂的：「人之所以異於禽獸者幾希，庶民去之，君子存之。舜明於庶物，察於人倫，由仁義行，非行仁義也。」（〈離婁下・十九〉），並不是在量上強調人比禽獸多出了某種能力，而是要指出人之所以為人的心，苟若充盡的呈現，則吾人亦即是如舜一般的，「明於庶物，察於人倫，由仁義行，非行仁義」；但吾人若不能「存養」、「擴充」此心，則「違禽獸不遠」。所以，孟子顯然是從人所「能是」（ability-to-be）的觀點來說明人之所以為人。顯然，我們若是以「心」為知、情、意三分中的一部分，為理性的一種機能，並不足以說明人之所以為人。

我們認為，牟先生面對問題的提問方式是康德式的。關於這一點，楊儒賓先生有更清楚的說明，他說：「他（牟先生）提出問題的方式是康德式的，也就是『主體要具備何種條件才有可能』式的：牟先生所提出的問題，雖然橫跨了形上學、知識論及倫理學的領域，就議題的指涉而言，確實彼此不一定相干；但就這些議題的依據而言，牟先生認為它們都是依據主體的某些『條件』才能成

---

❻　同註❻，頁 194。

立。但牟宗三先生所說的『主體的終極條件』，就如同康德所說的一樣，所強調的都是人『理性的』、『普遍的』、甚至是『先驗的』能力。……這些『條件』是超時空限制的，無關於個人及歷史、社會情境差異。」⑯「自由無限心」就是在這種提問方式下所產生的「主體的終極條件」。無限心能「開」道德界、存在界，所謂「開」指的是根據某些「條件」而保證道德界、存在界能夠成立，我們若不承認此「無限心」則牟先生的系統即將頓然失去依據。牟先生對「心」的這樣一種詮釋顯然是站在「全知」、「果位」的立場⑰，而將「主體」「道體化」，當然，相應地，在「道德的形而上學」中的「道體」亦是一「主體化」的「道體」⑱。由此說「心」，心自然是無限的。但是，儒學做為一門實踐哲學，其中「心」概念的無限性，是必然地要呈顯在它的整個實踐過程中的，我們不能將「心」予以「形上化」、「實體化」，甚至「上帝化」後，再從它和存在界、道德界的結構關係來賦予它無限性。徐復觀先生便表示了與我們相類似的看法，他說：「心的作用是由工夫而見。是由工夫所發出的內在經驗，它本身是一種存在，不是由推理而得的（如形而上學的命題）。」⑲

我們認為，儒學的性格是「在世」的，孔、孟對人的指點是以

---

⑯　同註⑥，頁 148。

⑰　同註⑱，頁 147。

⑱　林安梧：《儒學與中國傳統社會之哲學省察》（臺北：幼獅文化事業公司，1996 年 4 月），頁 211。

⑲　徐復觀：《中國思想史論集》（臺北：臺灣學生書局，1988 年 2 月），頁 248。

人的日常生活為基礎的,而人的實踐行為(動源是心)是必然地要走進這廣大的生活世界中,去領會天之明命,通過對天命和世界的瞭解,去開顯自己和其他非己的存有者的存有,藉此,他瞭解、且開顯了天地萬物的存在意義❼。牟先生這樣一種將「心」視之為一終極的存有物(實體),並以之為道德、存在兩界所以建立之根據的理解方式,是將「心」轉化為人的價值－現實兩層存在結構之樞紐。如此,不但不能反映出心做為他所謂的「人具體的實踐生活之本源與動力」的意義❼,而且遺漏了心在「立命－知天－知性」的同時中所呈顯出來的存有學性格❼。

6.在討論「圓善」的問題時,對儒家之「德福一致」的詮釋似乎不太妥當

　　牟先生在討論「圓善」的問題時,對儒家之「德福一致」的詮釋似乎不太妥當。他認為:「無限智心于神感神應中潤物、生物,使物之存在隨心轉,此即是福。」牟先生這樣一種對「福」的詮釋方式,是一種「以德為福」、「有德就是有福」或者說「天福」❼的詮釋方式,與康德所討論的「幸福」並不相同。

　　況且,儒家並沒有忽略「幸福」的問題。孟子便說道:「無恆產而有恆心者,惟士為能。若民,則無恆產,因無恆心。……是故

❼　同註❻⑧,頁 216-218。

❼　牟宗三:《道德的理想主義》(臺北:臺灣學生書局,1985 年 9 月),頁125。

❼　同註❻,頁 185。

❼　陳榮灼:〈圓善與圓教〉,《當代新儒學論文集內聖篇》(臺北:文津出版社,1991 年 5 月)。

明君制民之產，必使仰足以事父母，俯足以畜妻子，樂歲終身飽，凶年免於死亡；然後驅而之善，故民之從之也輕。」（〈梁惠王上·七〉）此外，孟子亦主張「不違農時」、「薄稅賦」，顯然，儒家並非一味的重視道德實踐，而不顧有關人之現實生活需求的「幸福」問題。

此外，如果我們承認，牟先生對「無限心」、對「圓善」的詮釋，都是站在「果位」、「全知」的立場來討論問題。❼所謂的「無限心」和「圓善」，都必須從儒家聖人生命所證至的「究竟境地」說，唯有在此「究竟境地」中，心之「無限性」和「圓滿的善」才能完完全全的呈顯出來。但這與儒學的立足點卻相違背。固然聖人的生命和人格亦是儒學中重要的一環。但是，儒學的教誨所直接面對的，卻是生活在日常世界中的一般人。也就是說，「具體、當下的生活世界」才是討論儒學的一個適當的起點，而非形上義的「睿智界」或「道德界」。

五、傅佩榮先生的儒學詮釋

(一)詮釋的重點

近幾年來臺灣的儒學，除了當代新儒家外，年輕一輩的傅佩榮先生，著述不但豐富，而且引發不少爭議。他對儒學中「天」概念的一系列探討，以及他所提出的「人性向善論」的看法，都頗值得

---

❼　同註❺❽。

注意。我們在這裡將先討論他的這兩項研究成果，然後檢討其得
失。

1.關於「天」的問題

⑴孔子的「天」的四個面向

傅佩榮先生指出，孔子所談論的「天」可分為下列四個面向：

①以天為自然界：傅先生認為，孔子思想中的「天」並不是一
位人格神，也不是一種非人格的力量，而是「以天為自然界」。所
謂「以天為自然界」，是指「以天為萬物之造生與載行的根本原理
或原始動力。」❼❺但是，天的運行並不限於自然世界，它與人文世
界也有某種關聯，孔子的「天」絕不僅僅指稱自然界。

②天為關懷人世的主宰：基本上，傅先生認為，孔子的「天」
「與傳統以天為啟示者及審判者的信仰相去不遠」，是一能對人有
所啟示，並能審判人之作為的「主宰」。但他也強調：「孔子對於
天本身是何情狀並未多言，他的關懷毋寧在於天如何引領人類世界
步上理想狀態。」❼❻

③天為孔子使命的本源：傅先生認為，孔子一生的使命，他的
終極關懷就在於「承禮啟仁」❼❼，而孔子所自覺的此一使命的根源
來自「天」。

④天與命運，「天」除了「使命」義外也有「命運」義。外在
的命運對吾人形成不可超越的限制，甚至決定了道之「將行」、

---

❼❺ 傅佩榮：〈孔子天論研究〉，《哲學與文化》第 11 卷 11 期，1984 年 11
月，頁 39。

❼❻ 同註❼❺。

❼❼ 同註❼❺，頁 27-32。

「將廢」,但從孔子「依然擇善固執,努力奉行他的使命。……他對命運並無怨尤,反而安於修德講學」中,我們見到使命和命運間形成一種難以避免的「對峙張力」。**⑱**

(2)孟子的「天」的三個意義

至於《孟子》一書中「天」的意義,傅佩榮先生將之歸納為以下三點:

①造生之天與載行之天:孟子承繼了孔子對天的「個人認知」,在孟子的「天」中亦有「造生」、「載行」二義,亦即以天為萬物的終極根源。

②主宰之天與啟示之天:傅先生在這裡特別指出,所謂「主宰之天」「孟子並未強調天之主動的主宰性格,反而傾向於把天當做遍在自然世界與人類世界的客觀法則:『道』或『勢』。」而所謂「啟示之天」,是指「天是顯示『人之道』的本源,但並不主動干預人間的一切。」**⑲**

③審判之天:「審判之天」最重要的意義有兩方面——「天的判斷顯示為人的命運」和「天的判斷顯示為人的使命」。**⑳**

(3)總結

最後,傅先生總結而說:「一般而言,儒家是從自然世界的觀點來了解『造生之天』與『載行之天』,亦即把天當做創化不已的自然界。另一方面,儒家從人文世界的觀點來體認『啟示之天』與

---

⑱ 同註**⑮**,頁 40。

⑲ 傅佩榮:〈孟子天論研究〉,《哲學與文化》第 11 卷 11 期,1984 年 11 月,頁 27。

⑳ 同註**⑲**,頁 28。

『審判之天』，亦即以天為基礎來建立人類道德的普遍與絕對要求。這種雙向分論的目標，兼具理想主義與實用主義的色彩。」**❽**

2.人性向善論

「人性向善論」是傅佩榮先生所提出的對儒家人性論的一個詮釋。傅先生認為，孟子所謂的「性善」指的應當是「人性是傾向善的」。而所謂「善」，他定義為「人與人之間適當關係之實現」；**❽**而「向」則有三種意義：

(1)它代表人的生命是動態的，亦即不斷在行動中成長，其中只有傾向或趨勢。

(2)此傾向具體表現在人的自由選擇的能力上，亦即人有自由，可以順此傾向，也可逆之。

(3)此傾向自由而發，具有指引作用，因此人雖有自由，卻非漫無方向，而其方向即是針對著「善」。**❽**

換句話說，傅先生認為，「善」並不是一種「先驗的性質」，而人性也不是「本質的」善的。「心之四端」的「端」字所代表的是「萌芽而非滿全」**❽**，是人的「可能性」而非「現實性」。人性有此「可能性」，有實踐上的「自由」，而且「傾向」於「人與人之間適當關係之實現」，這就是「人性向善論」。

---

❽　同註**❼**，頁 7。

❽　同註**⓬**，頁 188。

❽　同註**⓬**，頁 189。

❽　同註**⓬**，頁 80。

(二)批判與反省

1.對「人性本善論」的批評

傅佩榮先生在批評「人性本善論」時曾經提到：「某些學者的作法，一方面把人性推源於天地，認為天地既有好生之德，人性自然也是善的；另一方面把人間的惡歸咎於人欲或所謂的『氣質之性』。……這種說法的致命缺點是混淆了事實與價值，以為『人性』這種事實與「善」這種價值是可以等同的。」⑧那麼，當他表示：「儒家是從自然世界的觀點來了解『造生之天』與『載行之天』，亦即把天當做創化不已的自然界。另一方面，儒家從人文世界的觀點來體認『啟示之天』與『審判之天』，亦即以天為基礎來建立人類道德的普遍與絕對要求。」這樣一個說法中，我們是不是也要說原始先秦儒家也犯了把「事實」（自然界天道之生化）與「價值」（人文世界的道德要求）混淆的致命缺點呢？

事實上，中國哲學的一大特色是把人視為「存有連續」中的一個環節，和天地萬物發生有機的關聯。「在這短暫的宇宙生化歷程中，人類所創造的人文世界，如果沒有大自然恆常貞定的支援，絕無生存之理。」⑧在儒學中，「天」、「人」、「物」、「我」同樣也是一種連續性存有的關係。儒家的實踐行為所及，絕不僅只於「人文世界」，而所謂的「天人合一」更是指人與整個自然宇宙的合一。

---

⑧　同註⑫，頁 186。

⑧　杜維明：〈試談中國哲學的三個基調〉，《鵝湖》7 卷 7 期，1982 年 1 月。

2.對孟子的「在」的意義的看法

傅先生認為，孟子「繼承了古代以天為主宰者或統治者的信仰」，故而其所論之「天」呈顯出「主宰」、「啟示」二義。但是這樣的說法是有問題的。我們姑且以傅先生所引用的下面的這一段話為例：

> 天下有道，小德役大德，小賢役大賢；天下無道，小役大，弱役強。斯二者，天也。順天者存，逆天者亡。（《孟子·離婁上·七》）

朱子注解這段話說：「有道之世，人皆修德，而位必稱其德之大小；天下無道，人不修德，則但以力相役而已。天者，理勢之當然也。」[87]孟子在這裡是針對時勢之亂，而提出「仁道之行」與「霸道之行」的不同。行仁道，則「位必稱其德」行霸道，則只是「以力相役」而已，這兩種情況都是「理勢之當然」，也就是現實的世界裡會有的情形。不過，孟子接下來所說的「順天者存，逆天者亡」中的「天」，和「斯二者，皆天也」中的「天」，其意義顯然不同。

因為，若將「順天者存，逆天者亡」中的「天」解為「理勢之當然」——現實裡所會有的情況，則順之、逆之皆可，不應當會因之而或存、或亡。孟子在這裡應當還是在強調，「仁道」為人所當行之道，而「霸道」不可行，也就是以「仁道」為「天理」，故

---

[87] 朱熹：《四書章句集註》（臺北：鵝湖出版社，1984年9月），頁279。

曰：「順天者存，逆天者亡。」所以，在這裡「天」當是偏重其「天理」、「天道」義，而不顯「主宰」義。傅先生在說：「孟子並未強調天之主動的主宰性格，反而傾向於把天當做遍在自然世界與人類世界的客觀法則：『道』或『勢』。」時，顯然也意識到了這個問題。

3. 不能完整詮釋天的內涵

此外，用「主宰」、「啟示」來詮釋「天」，並不能曲盡「天」之內涵。我們再以傅先生所引用的另一段話為例來說明：

> 萬章曰：「堯以天下與舜，有諸？」
>
> 孟子曰：「否。天子不能以天下與人。」
>
> 「然則舜有天下也，孰與之？」
>
> 曰：「天與之。」
>
> 「天與之者，諄諄然命之乎？」
>
> 曰：「否。天不言，以行與事示之而已矣。」
>
> 曰：「以行與事示之者如之何？」
>
> 曰：「天子能薦人於天，不能使天與之天下，……昔者堯薦舜於天而天受之，暴之於民而民受之，故曰：天不言，以行與事示之而已矣。」
>
> 曰：「敢問薦之於天而天受之，暴之於民而民受之，如何？」
>
> 曰：「使之主祭而百神享之，是天受之；使之主事而事治，百姓安之，是民受之也。天與之，人與之，故曰：天子不能以天下與人。舜相堯二十有八載，非人之所能為也，天也。

> 堯崩，三年之喪畢，舜避堯之子於南河之南。天下諸侯朝覲
> 者，不之堯之子而之舜；訟獄者，不之堯之子而之舜；謳歌
> 者，不謳歌堯之子而謳歌舜，故曰：天也。夫然後之中國，
> 踐天子位焉。……〈泰誓〉曰：『天視自我民視，天聽自我
> 民聽』，此之謂也。」（《孟子·萬章上·五》）

　　這一段話，如果我們願意調整焦距，那麼這一段文獻也許可以
視為孟子基於其天道論、心性論所作的一項歷史解釋，或者，一項
立基於「基本存有論」而發的歷史解釋。

　　事實上，我們從孟子引述〈泰誓〉「天視自我民視，天聽自我
民聽」，就可以確定孟子心目中的「天與之」，並非什麼「君權神
授」的觀念，而是以「人與之」為決定的關鍵。但問題是：既然
「天與之」亦即「人與之」，孟子又為什麼要疊床架屋地請出
「天」一概念來解釋這些歷史事件呢？難道孟子真的是因為去上古
未遠，故而仍保有古代宗教信仰的殘餘？還是「天」一概念在孟子
心性論的自覺中早已「存有論化」了，亦即轉化為照明一切存在界
有無生滅的意義基礎？

　　我們從孟子屢言「非人之所能為也，天也」，可以看出孟子在
理解一個事件時，往往一反常識生活中以個人的意志為中心的因果
解釋，而傾向於將主題帶入一個原則上可以無限伸展的相干脈絡
中，並向上一翻，逕自通過「莫之為而為」的「天」，將待詮釋的
歷史事件，或當前處境（如臧倉沮魯平公不見孟子），明照為吾人所必
須面對的「莫之致而至者」的「命」。換句話說，孟子的思考方式
是：一方面將《詩》、《書》傳統中「形上天」的信仰「存有論

化」，視為說明一切存有物的意義基礎；另一方面，又進一步將此一不可智測的「意義無盡藏」，具體化為與人休戚與共的「歷史」，亦即理解為不斷地對人形成召喚，並等待吾人心性的覺醒、回應的「命運」。❸

4.「人性向善論」的幾點問題

關於傅先生的「人性向善論」，乍看之下，似乎是針對「本善論」最容易受到非議的「人性若本善，則人為何會為不善？」的問題思有以對治之。但這其中有幾點我們必需加以辨明。首先，傅先生強調人有「自由」，所以可以順著人性的傾向而行，亦可以不順著人性的傾向而行，這就是人之所會為不善的主要原因。但是，傅先生所強調的「自由」與牟先生「本善論」所謂的「自由」其實是處在不同層次的。傅先生所謂的自由，是經驗意義的自由，一種可以選擇這、也可以選擇那的選擇性自由，亦即康德義下的「意念的自由」，這種自由牟先生事實上亦肯認之。而牟先生所謂的自由，則是超越意義的「意志的自由」，是從「意志的自律」——自定法則，且自遵守之——這個概念而來的自由。我們從孔子說的：「仁遠乎哉？我欲仁，斯仁至矣。」（〈述而·三十〉）可以看得出來，顯然「意志的自由」才是孔子在這裡所強調的自由。其次，關聯著上一點，我們可以發現傅先生對「人為何會為不善」這個問題的理解，仍然停留在「實然」、「應然」二分的架構之中。傅先生顯然不滿意「本善論」者只重視「應然」的層面，而有遺漏「現實」之嫌的缺失，故而將「善」定義為一種帶有「後天經驗性格」的「人

---

❸　同註❻，頁181-191。

與人之間適當關係之實現」，並且以此為基礎來發展他的「人性向善論」。但是，我們在前面就已經強調過了「實然」、「應然」的二分是詮釋者在詮釋過程中帶給儒學的問題，這並不是儒學本身所產生的問題。傅先生的詮釋並沒有掌握住重點，這從第三點可以更清楚的看出來。第三，雖然傅先生認為「向」，指的是人的動態生命在不斷的行動成長中所具有的傾向。但事實上，這樣一種「向」，在個人的實踐行為可以為善、亦可以為不善的「當下」，我們除了可以說它是一種「心理性的傾向」外，不能是別的。但是，孟子「性善論」的重點顯然不在於告訴我們，人在實踐的當下是有選擇的自由的，且這樣一種自由傾向於選擇「善」。孟子的「性善論」的重要性，在於「性善」乃是我們真切的實踐行為的之所以可能發生的本源，而這樣一種真切的實踐行為所關聯的，正是儒學中最根本、也是最重要的成仁（人）之教。傅先生的「向善論」並沒有掌握住這一個重點。

此外，「人性向善論」有一個致命的缺陷，那就是傅先生的論證並不能極成「人性向善」這樣一個命題。首先，傅先生認為，「假使孔子不認為人性是向善的話，那麼《論語》中的幾段關鍵語句將變得難以索解。」他列舉了以下三段話：

> 子曰：「為政以德，譬如北辰，居其所而眾星拱之。」
> （〈為政·一〉）
> 子曰：「無為而治者其舜也與。夫何所為哉，恭己而正南面
> 而已。」（〈衛靈公·五〉）
> 子曰：「子欲善而民善矣。君子之德風，小人之德草，草上

之風，必偃。」（〈顏淵·十九〉）

　　並論斷說：「假使共同人性不存在，並且假使此一共同人性不是『傾向於善』，那麼上述三句重要的論斷就成為無的放矢與毫無意義了。」❽但是，就上述三段文獻而言，我們若採取「人性本善論」的立場，似乎更能夠「解釋」且「保證」孔子在其中所提出來的有德者在政治上所表現的功效。

　　其次，傅先生以孟子的思想來論證「人性向善論」時，肯定的說：「人性之所以是向善的，其理由在於它與天的關係。」❾人與天的關係，傅先生在其對「天」概念的討論時已經有提到，即「天是吾人使命的本源」。「人的使命在於成全人格，因為他有向善的本性，而後者可以推源於天。」❾也就是說，人性之所以是向善的，是因為它以「天」為其本源。但是，這樣的一個說法只是《中庸》「天命之謂性」的翻版，它只說明了人性的根源，並沒有解釋人性之所以「向善」的原因。其實，傅先生自己在我們前面的引文中也曾說：「此傾向（向善）具體表現在人的自由選擇的能力上，亦即人有自由，可以順此傾向，也可以逆之。」如此說來，我們實在沒有理由認定人性是一定向善的。

---

❽　同註❶，頁 76-77。
❾　同註❶，頁 81。
❾　同註❶，頁 132。

六、結　論

　　綜合以上討論的成果，我們可以歸納出以下幾點看法來做為本文的總結：

㈠天道論與心性之「善」的紛歧

　　當代儒學的研究，在援引西方哲學精密概念工具下，確實呈現為日益轉精，但也眾說紛芸莫衷一是的局面。我們回歸原典並細細比對各種詮釋系統，不難發現所有的紛歧主要集中在兩個議題上。一是天道論在以心性論為主軸的詮釋架構下，是否還有保留的必要？如果是的話，它與心性論之間的關係為何？另一是：心性之「善」，究竟是「本質上」的善？還是一種「先驗性質」的善？亦或「心理在自由選擇中之傾向上」的善？第一項爭議可以在勞思光先生與牟宗三先生對孟子的詮釋中清楚的看到；第二項爭議則可以由傅佩榮先生堅持「人性向善論」，力排前賢共議定論中表現出來。而前文的分析反省，與其說是評議各家說法的優劣得失，毋寧說是面對當代儒學各說各話的局面，將上述爭議的焦點逼顯出來。

㈡當代學者在解讀時所運用的概念工具夾帶出
　當代儒學爭議

　　尤有進者，針對當代儒學爭議的課題，我們如果有任何稍稍不同於前賢見解的地方，主要是我們對議題本身提出一些後設觀點的批評。換言之，我們認為造成詮釋分歧的這兩個問題，並不是先秦儒學文獻不清楚，而是當代學者在解讀時所運用的概念工具夾帶出

來的。以第一項議題為例，如果我們沒有預取近代西方哲學「實然／應然」、「事實／價值」二分的立場，勞思光先生就不必為了鞏固儒家心性論的地位而一定要架空天道論；而牟先生也不必為了保留儒家「形上天」的概念，「一心開二門」，辛苦的參考康德先驗哲學的架構建立「道德形上學」了。但問題是「事實／價值」二分這樣的觀點，是不是先秦儒家本有的預設？尤有進者，任何哲學思考是不是一定要以這樣的預設為出發點？在存有學上我們是否已經證成了「事實／價值」二分的「基要性」（Primordiality）？如果答案不是的話，為什麼在說明道德價值的時候，我們要劃地自限以心性論為唯一合法的基礎？或者單向地只能從「主體性」來說明「天道」的道德性，而不可以由「天道」說來明心性的道德性？這是否意謂著當代儒學詮釋上的僵局，不僅是不必要的；而且，只要我們調整詮釋架構，從存有學出發，這個問題根本是可以解決、超克的一項問題。

(三)是否可以澈底揚棄西方傳統哲學本質主義的思考方式

同樣的，有關心性之「善」，究竟應該如何理解的爭議，背景上固然是來自於「如果人性本善，緣何人會表現不善？」；但真正解決的關鍵，卻在於我們是否可以澈底揚棄西方傳統哲學本質主義的思考方式。事實上，當代新儒學的幾位前輩學者，都不是本質主義論者，因為大家都很清楚，如果人在本質上是善的話，那麼這項本質的規定，就會保證人只能是善，而不可能是不善的。可是，如果我們不將心性理解作「本質」，而改以「主體」、「主體性」來

看待的話，那麼在「先驗主體性」的層次裡，「性善」固然可以不受「經驗上」的「不善」所撼動，但這時的「善性」將也成為不食人間煙火的孤體，無光無熱。尤有進者，我們這時也將只能從主體以外尋找人何以不善的原因。換言之，尋找與道德無關的事物來承擔解釋人的不道德，如外在環境、耳目之欲等等。然而，這樣的詮釋是掩耳盜鈴，不具說服力的。事實上，傅佩榮提出「人性向善論」多少是意識到這個困難，但問題是傅先生用以詮釋的理論工具，並沒有超越前賢，避重就輕的解決方式，其實多半是語焉未詳，或不夠澈底。因此，面對當代學者在解釋人何以為不善的膠著，釜底抽薪的作法應是放棄任何本質主義的思考方式，參考海德格基礎存有學中在世存有的觀點，重新釐定心性等概念之關係。

附記：本文係國科會專題計劃，〈何謂道德？從海德格基礎存有學的觀點重塑《論語》、《孟子》中的道德觀〉之一部分。曾刊載於《醒吾學報》第 25 期，2002 年 12 月，頁 1-37。

捌、再論老子之道的義理定位

——兼答劉笑敢教授〈關於老子之道的新解釋與新詮釋〉

一、從當代老學詮釋系統的分化到《老子哲學之詮釋與重建》

在中國哲學經典中，老子《道德經》不僅是歷代無數中國人安身立命的憑藉之一，也是譯介為外國語言數量最多的一部經典。寥寥五千言，義奧而文簡，只要對宇宙人生代謝遷流的現象有所省思的心靈，總不免為其深刻的智慧語言所觸動。興會感悟之餘，如果有人有所推演詮釋，自是理所當然；甚至，「仁者見仁，智者見智」，圍繞著老子《道德經》，已經產生了各式各樣的詮釋系統，也是不足為奇的。只是，令人好奇的，老子五千言究竟要告訴我們什麼？

一九七六年，我進入博士班，當時馬王堆《帛書老子》出土，老子研究一時之間又蔚為顯學，激發了我探索的興趣。原本計劃寫作有關老子與海德格（Martin Heidegger）的比較這一方面的論文，但

是當時國內無論是師資還是研究資料,都無法協助我有效的展開海德格的研究,因此將論文只好鎖定在老子形上學方面,海德格則權且隱身在背後成為一個參考系統。孰料博士班的就讀一拖就是六年,有關老子的歷代重要注解以及近人研究的作品,都已閱讀過一至數遍,一些原初頗為自信自得之見,不是早已被前賢書之甚詳,就是缺少足夠的文獻證據,或陳述的理論架構;而更慚愧的是,老子一些基本概念與章句,我一直猶豫徬徨於前賢幾近對立的觀點中。直到一九八二年,我因為稍稍涉獵詮釋學的理論,才靈機一動,鬆開原本要一探老子形上學本來面目的研究企圖,轉為老學詮釋學的方向,迂曲地通過老學詮釋系統的對比,來重建老子形上思考對現代心靈而言的一個比較明確合理的義理圖象。

然而,對比並不是平面地排列各個老學詮釋系統,觀其異同,即可克竟全功。從韓非〈解老〉、〈喻老〉到當代前輩的義理闡釋,作品數量之多,品類之雜,決非一篇博士論文所能窮盡。尤其是從詮釋學的角度反省,每個詮釋系統其實都是詮釋者與經典長期對話所發展出的一個互融的理境。雖然表面上詮釋者每一句話,似乎都是扣緊老子的文獻來說,但是這中間早已摻雜了詮釋者自己的問題意識,以及無所逃地背負著他(或者詮釋者所隸屬的時代)所使用的概念語言的框架。因此,如果我們的興趣不是老學思想史的研究,而是要以現代中國哲學的語言清楚合理地表詮出老子應有的義理形態,那麼,將對比的範圍鎖定在當代老學的各種詮釋系統,顯然是明智之舉。但這樣作,對比的範圍雖然縮小了,可是漫無方向、鉅細靡遺地比較異同,畢竟不是辦法,我必須將整個對比分析還原到老子《道德經》文獻本身,方能判定各個詮釋系統的得失,

逐漸形成我個人對老子形上思想的重建。一九八三年一月，我先以
〈論老子形上義理之詮釋形態〉❶，發表於鵝湖月刊論文研討會
上。當時，雖然引發了不少討論，但是自己卻不甚滿意，關鍵即在
於方法學的反省還不夠成熟，在唐君毅先生的「客觀實有」形態，
與牟宗三先生「主觀境界」形態的兩個大詮釋系統中，仍不免游移
擺盪，難於取捨。

　　所幸當時因友人江日新先生之便，取得陳康先生一篇英文論老
子的文章〈What does Lao-Tzu Mean by the Term "Tao"？〉❷，還
有傅偉勳先生以創造性詮釋學論老子形上學與海德格的文章
〈Creative Hermeneutics － Taoist Metaphysics and Heidegger〉❸，
使得我在方法學上終於有了突破，於是在一九八三年夏天開始了博
士論文的寫作。我首先參考傅先生創造性詮釋學的方法設計，略作
更張，規劃了四組問題，展開對老子形上思想的重建，亦即：

　　　一、老子《道德經》一書，對於「道」一概念曾作了何種敘
　　　　　述？這些陳述對於「道」一概念內涵的賦予，是否已然
　　　　　很清楚地表達了他的形上主張？
　　　二、如果老子對「道」的各種陳述，並未清楚地表示出他的

---

❶　袁保新：〈論老子形上義理之詮釋形態〉，《鵝湖月刊》第 8 卷 10 期，1983
　　年 4 月。
❷　Chan-Hwan Chen, "What does Lao-tzu mean by the term 'Tab'", 《清華學
　　報》，1964 年 2 月，頁 150-161。
❸　Charles Wei-Hsun Fu, "Creative Hermeneutics － Taoist Metaphusics and
　　Heidegger", p.115-143.

形上立場，那麼老子可能會採取的形上立場又有那些？
特別是，在當代思考與概念語言的運用下，老子的形上
思想可以表詮為那些義理形態？

三、質諸當代老學各種不同的詮釋系統，試問：造成如此紛
歧的原因是什麼？我們是否能經由對比的程序，相互印
證批判，建立一組更周延的詮釋原則與方法，調合並涵
蓋各種詮釋系統的優點？

四、最後，依據前一階段所設計的詮釋原則，我們再追問：
老子的形上思想究竟「應該」歸屬於那一種義理形態？
老子的形上之「道」，究竟「應該」作何理解？

然後，我再參考陳康先生語言分析的策略，依照第一組問題的設
計，一方面指出老子《道德經》對「道」的概念所統括的內涵，意
義非常紛歧；另一面，我又分析地指出，老子對「道」的各種敷
陳，至少在理論上潛存著兩個矛盾，即：

一、既然「道隱無名」，超越名言概念的思考、感覺經驗的
認知，那麼，老子憑藉什麼來把握「道」，來論述它與
萬物存在的關係？

二、依據陳康先生的分析，老子的「道」具有雙重性格，一
是作為「存有原理」（seinprinzip），另一是「應然原
理」（sollensprinzip）。前者具有必然性，無一物可以脫
離約束；後者則是規範性的法則，可以遵守，也可以違
背。但問題是：二者性質明顯屬於不同層次，卻在老子

的思想中共同隸屬在「道」一概念之下，這是否意謂老子在思想上混淆了「實然」與「應然」之間的區分？

換言之，我試圖以前述兩個質疑作為引導性問題（leading question），展開我對當代著名學者——包括胡適、馮友蘭、徐復觀、勞思光、方東美、唐君毅、牟宗三諸先生老學詮釋系統的對比與分析，從而省略了鉅細靡遺卻漫無目標的觀其同異。

由於篇幅有限，目前我無法扼要重述整個分析對比的過程。但大體而言，我將當代前輩學者的老學詮釋化約為兩種義理形態，一是「客觀實有」形態，以唐君毅先生為代表；另一是「主觀境界」形態，以牟宗三先生為代表。並且經由「老子《道德經》思想背景的考察」以及「《道德經》文獻的理論還原」兩個程序，確認老子思想的基源問題，基本上是將形上之道做為價值根源，並探問真常大道為何會在人間失落？我們人類又應該如何回歸大道的懷抱？而我的整個研究在論文第五章〈老子形上思想的重建〉中，曾總結性地提出當時的看法，

> ……老子的形上思想乃是針對周文崩解，世界觀的危機，通過「致虛守靜」的實踐修養，所建立的一種有關宇宙人生的洞見。這種形上洞見，與其說是通過因果序列的思考，所提出的一套存在界的理論說明，毋寧說是老子基於價值的關懷，在對存在界所呈顯之價值理序有了根源性地把握之後，所展開的一套有關宇宙人生的價值意義的說明。換言之，我們認為老子形上思想的核心概念——「道」，既不宜視作無

限實體，第一因，也不宜視作自然律則，而應該理解作規範著存在界中一切人物的地位與關係的形上基礎，或價值根源。因此，《道德經》文獻中所謂的「道」之生畜萬物，顯然不可以順西方哲學存在優位的思路，理解為經驗界中兩個事物之間的「產生」，而應該從虛靜心的觀照，就事物之所以能生續不斷，正是因為它能持守存在界之價值理序，這一價值實現或創生的觀點，來識取「道」「器」不即不離之意。所以，《道德經》中一切有關「道」的描述徵定，無論是「自然」、「無為」、「常」、「和」、「反」、「弱」等等，主觀地說，可以收在心境之「虛一而靜」來印證，若客觀地分解，則不外是從不同角度來說明「道」之作為存在界的價值理序，唯是令物自生、自化、自理而已。……❹

換言之，在「客觀實有」與「主觀境界」的兩個詮釋系統中，我基於中西哲學問題意識的比較，以及詮釋內部的一致性等理由，一方面揚棄了以「實體」、「第一因」、「自然律則」等西方古典形上學的概念來理解「道」；另一方面，我也不滿意牟先生將「道」完全收為「主觀境界」來說明，而試圖彰顯「道」做為說明一切存在相生相續的形上基礎，亦有其客觀性（或超主客的意涵）。只是，後者在表述上欲語還休，可能是當時自信仍不足，必須等待時間的醞釀，才能提出比較明確的陳述。

---

❹　袁保新，《老子哲學之詮釋與重建》（臺北：文津出版社，1991 年 9 月），頁 109-110。

　　一九八四年八月，我應第一屆世界中國哲學會議之邀，發表〈老子思想中「道」之形上性格底商榷〉。事實上，這篇文章是我博士論文的一次縮寫，只是在措辭上我的用語比較更明確了些。我一方面列舉三項理由❺；批判「客觀實有」的詮釋形態不能為《道

❺　我所提出的三個理由是：(1)就方法進路而言，客觀實有形態的詮釋由於側重「理論程序」的考慮，不但忽略了老子思想歷史文化的背景，而且遺忘了中國哲學以實踐修養而非認識論之批判來保證形上思考合法性的特徵，以致於在未經批判的情況下，草率地預設了西方以「宇宙發生論為主導」（cosmogonically-oriented）的形上理論的架構，逕自將「道」的根本義理解為「第一因」或「形上實體」。我們徵諸先秦哲學的發展可以知道，先秦諸子的興起主要是針對禮崩樂壞周文失墜的局面，企圖通過對「道」的思索，為當時整個人文世界重建一套世界觀、人生觀，重新安立人與天、地、鬼、神的關係，使得人物、人我種種的存在關係能夠復歸於整體的和諧。所以，「道」之繼古代深具宗教色彩的「天」成為中國哲學的核心概念，自始就是以安立價值世界為其根本義涵，與西方哲學「拯救現象」，企圖通過理性思辨為存在界提供合理說明的取向，截然有別。如果我們不能充分覺察到老子思想發生的這種內、外緣背景，執意地將老子形上思想類比為西方思辨的形上理論，則不僅暴露出老子概念的貧乏、論證的薄弱，是既不足以與柏拉圖相提並論，而且也不如亞里斯多德豐富。尤有進者，在老子《道德經》無法為其形上思想提供認識論之批判與保證的情況下，這種類比只是徒顯老子思想的獨斷，無由豁顯其現代意義。因此，僅從詮釋方法進路而言，客觀實有形態的詮釋，雖然可以提供清晰的理論架構，但由於未能重視老子思想發生的機緣對其義理性格的特殊決定，難免有「戕杞柳為桮棬」之嫌，是不具說服力的。(2)其次，如果我們接受客觀實有形態的詮釋，對於道德經以政治人生為基本關懷的其他三分之二的篇章，勢必棄於可有可無之地。一如唐君毅教授在〈原道〉一文中已經意識到的，老子一切有關人生修養之「道」的提示，「儘可離其形上學獨立」「後人之持不同之形而上學者，亦可有相類似之言，或於此逕採老子之說」。換言之，當我們參考西方形上學的理論架構，將老子的「道」理解為「實體」、「第一因」或「自然律」時，雖然

德經》提供一項整體性、一致性的詮解；同時，對於牟宗三先生
「主觀境界」的詮釋系統，我也順著王弼注「不塞其原，則物自
生，何功之有？不禁其性，則物自濟，何為之恃？物自長足，不吾
宰成，有德無主，非玄而回？」指出通過道家修養所證的「境
界」，就其繫於主體實踐而言，固然是主觀的；但是就其與物一體
呈現而言，則道所明照的存在界，顯然具有兩重特性：一是每一存

為老子形上思想提供了非常明確的說明，但是在這一套形上架構的賦予中，
卻無法為老子《道德經》中政治人生方面的主張，提供內在關聯性的意義說
明，而導致老子的形上學與其人生實踐的思想，可以各自分立，分裂為不相
繫屬的兩部分。然而，根據創造性詮釋的理念，一種成功的詮釋，必須提供
經典整體性的說明。因此，既然客觀實有形態的詮釋不能為老子其他三分之
二篇章的思想，給予適當的說明，我們就有充分的理由懷疑這種詮釋的恰當
性。(3)然而，「客觀實有」形態的困難，不僅在於未能充分正視《道德經》
思想的整體性，同時更嚴重的是，其詮釋立場將導致老子思想內部的矛盾與
衝突。根據陳康教授對老子「道」一概念的表層解析，「道」的意義可以納
入兩種截然不同的範疇中，一是「存有原理」，另一是「應然原理」。前者
包括「道」作為萬物「原理」「原因」諸義，具有普遍性必然性，無一物不
在其籠罩之下，故名之曰「常道」；後者則是規範性的法則，可以遵守，也
可以違背，人對之具有主體之自由，因此在道德經中也有「道」之「失」、
「廢」，甚至「不道」、「非道」的說法。在這情況下，如果我們不經斟
酌，草率地就將「道」的基本性格納入「客觀實有」形態中來了解，勢必要
詭譎地表示一切「不道」「非道」均是合於「常道」的表現。問題在於：如
果「不道」「非道」果真就是合於「道」，則老子又為何要苦口婆心、訓誨
諄諄地對當時的政治人生加以規勸，並鼓勵世人「法道」、「守道」呢？這
種訴諸形上思辨的先天性之解釋，不僅置《道德經》幾乎三分之二的篇章於
可有可無之地，猶且使這三分之二的篇章在以形上之「道」為首出的理論中
成為不可能。換言之，一旦我們接受「客觀實有」的詮釋形態，勢必導致老
子思想內部的破裂與不一致。

在物生育成長的動力,均內在於自己;二是這一內在動力只有在不禁不塞、萬物各安其位的情況下,才可能實現。前者,透露出「道」與萬物的關係不是外在因果的關係,後者則涵蘊著存在物之間基本上是一個有機的整體,而「道」也正是提供這整體世界秩序的根源。換言之,「不生之生」雖然是主觀修養的親證,但客觀地分析,這一理境必須預設著前述兩個存有學的命題方能成立。這也就是說,「道」固然不宜解作「實體」、「第一因」、「必然律則」,但這並不意謂著它就沒有客觀性。老子之「道」的客觀意義,靜態地說是實現一切人我、物我和諧共生的價值理序;動態地說,「秩序亦即一種動力」❻,它同時也就是使萬物得以相續相生的實現性原理(動力)。

然而,很遺憾的,這篇論文的提出,並未得到充分的回響。在會議中雖然有激烈的討論,但是與會學者似乎不能跳脫師門傳統的包袱,就文章本身來檢討我贊成或反對的理由。而我當時也嫌稚嫩、歷練不足,未能在應答之際,委婉補充說明我不同於牟先生的見解,迫得只能困在「批方、批唐、擁牟」的格套答辯,想來也頗感無奈。之後數年間,陸續又寫就了幾篇有關老子的論文。其中,〈存有與道——亞里斯多德與老子形上學之比較〉❼,主要是從比較哲學的觀點,指出以「存有」為首出的西方形上學,從亞里斯多德開始,就是以存在界可理解秩序的原理、原因為探尋的鵠的,而

---

❻ Chung-ying Cheng, "Model of Causality in Chinese Philosophy: A Comparative Study", *Philosophy East and West*, Vol. XXVI, No. 1, Jan 1976, p.16.

❼ 這篇論文原發表於國際東西哲學比較研討會,現收於《老子哲學之詮釋與重建》,頁 152-167。

「存有」概念也一直在擔負著存有物的產生與變化的說明之責。但是，以「道」為首出的中國哲學就不一樣。以老子為例，「道」主要開顯為天、地、人、我之間互動秩序的根源，它所提供的只是一切人我、人物相生相續的保證。亦即，西方哲學來自於「拯救現象」的理論興趣，質疑的是個別存有物本質、始生的問題，而中國哲學則源於「憂患意識」的實踐關懷，探索的是生命在天、地、人、我的行動之場中，如何生生長久的問題。二者一開始表現的理趣就不同，因此要資藉西方哲學概念來說明中國哲學，當然也就不能不格外謹慎小心了。

嚴格說來，這篇論文與另外兩篇論文〈老子語言哲學的試探〉❽、〈老子思想在現代文化中的意義〉❾，在基本觀點上不但沒有違背我在博士論文中的主張，而且撐起了更多的對比脈絡來彰顯老子哲學的特色。譬如〈老子語言哲學試探〉一文，旨在說明老子對名言的批判，並非像西方當代語言哲學一樣，是基於邏輯、認識論的理由，從而質疑語言報導事實的記述性功能（descriptive function）；相反的，老子「道隱無名」的論旨，主要是站在價值關懷的立場，反省語言規制性的功能（regulative function）——「名教」——所可能形成的價值盲點與偏見，其背後仍然是建立在「大制不割」的形上洞見之上。至於〈老子思想在現代文化中的意義〉這篇論文，我則是通過老子與當代西方存在主義產生背景的對比，更直

---

❽ 這篇論文原發表於第六屆鵝湖論文研討會，現收錄於《老子哲學之詮釋與重建》，頁 168-184。

❾ 這篇論文原發表於唐君毅思想國際會議，現收錄於《老子哲學之詮釋與重建》，頁 185-202。

截了當的表示：老子圍繞「道」一概念所展開的形上思考，與其視
之為一套玄之又玄的、思辯性的形上體系，毋寧視之為一套回應文
明危機、深具存有學理趣的「文化治療學」（ontological therapeutics of
Culture）。換言之，在我博士論文完成後的幾年中，我將對比的視
域（horizon）擴大，不再拘守於當代老學的詮釋系統中，而是伸展
到中西哲學比較的脈絡上，勾勒出老子形上思考的特殊性。在這個
階段中，我個人對海德格哲學的粗略掌握，愈來愈發生影響力，特
別是海德格論「存有學的差異」（ontological difference），使我益信
「道」與「萬物」的關係，實無必要依照西方古典形上學以「實
體」概念為核心所展開的模式來硬套。「天下萬物生於有，有生於
無」❿，如果我們謹守老子這種以「無」為本的形上智慧，「實有
形態」的詮釋進路，基本上是不相應於老子哲學的本懷的。

　　因此，一九九一年夏天，也就是我通過博士學位七年之後，我
將博士論文〈老子形上思想之詮釋與重建〉與其他論文❶，以《老
子哲學之詮釋與重建》為名，正式集結出版。出版的理由，倒不是
認為個人在老子哲學的研究已經發展完成，而是經過了七年的蘊
藉，我對自己過去的研究結果，比較有信心了。我覺得過去探索的
成果，是應該以公開的方式交付給學術界來檢視了。

---

❿　《道德經》第四十章。

❶　在《老子哲學之詮釋與重建》這本書中，還收有六篇論文，除了本文中提到
　　的四篇之外，另有〈老子政治哲學的洞見與侷限〉以及〈文明的守護者―老
　　子哲學試詮〉兩篇文章。

二、批評與回應

　　回顧從博士論文提出、七年後正式出版，到一九九七年今天再提出這篇文章，在這十三年當中，曾參與私下論學、公開會議答詢、或以學術論文引述評論的學術界友人，為數甚多，難於一一致意。這當中，無保留的正面肯定，固然不少，但善意的批評與質疑，卻往往更讓我銘記在心。特別是周大興博士在中央研究院《中國文哲研究通訊》所發表的書評——〈儒家大路道家棧〉❷，以及去年新加坡大學劉笑敢教授在中研院文哲所所發表的論文——〈關於老子之道的新解釋與新詮釋〉❸，都以極大的篇幅，而且很嚴謹的方式討論到我對老子的看法。這使我更覺得有必要作一回答，藉此以更明確的文字概念，總結我到目前為止的基本立場。

　　周大興博士曾經在東吳大學哲學系聽過我一年課，所以他對我的書評下筆也特別客氣。他的批評與質疑中，最有意義的一點，就是檢討我用融貫一致性的判準，來評議「客觀實有」與「主觀境界」的詮釋系統是否恰當。其實，這個批評早在八四年第一屆世界中國哲學會議中，劉述先教授就曾表示：如果目前的《道德經》根本不是一人一時之作，而極可能摻雜有許多古人的思想，那麼，以某些章句的義理為標準來範限其他章句的解讀，就有可能扼殺《道

---

❷　周大興，〈儒家大路道家棧〉，《中國文哲研究通訊》第二卷第三期，頁70-83。

❸　這篇文章係劉笑敢教授應中央研究院中國文哲所籌備處之邀，於去年冬天發表的專題講稿，目前似無正式出版。當時我也曾受邀，可惜事忙未能與會，但劉教授的長文卻有幸先睹，獲益良多，故特別撰文回應。

德經》原本思想的豐富性。特別是，我將老子《道德經》中許多宇宙論的語句，如廿五章、四十二章、五十一章等，都還原到存有論的層面來解讀，恐怕未必是符合《道德經》文義的作法。

對於這項質疑，由於牽涉到的層面甚多，我將分三點來回應。

首先，我願意承認的是，今本的《道德經》極可能並不是一人一時之作。《帛書老子》的出土，已顯示今本是經後人輯理過的，未必是最原始的定本。尤有進者，據說大陸目前已找到比《帛書老子》更古老的版本，只有三千多字，尚在整理中，秘而未宣❶。因此，一定要堅持今本《道德經》就是出於老子一人之手，的確是件吃力不討好的工作。然而，即令如此，我卻必須指出今本《道德經》非一人一時之作是一件事；但那些章句是出自於老子，那些章句不是出自於老子，卻是另一件事。除非有更多出土的古文獻，否則仍是一樁公案。不僅如此，考據上就是證明某些章句是後人添補上去的，但在思想層面上看，也未必就證明了《道德經》思想成分的異質性。同時，我覺得所有有關老子《道德經》成篇的推斷，從嚴格考證的觀點來看，充其量只是「臆測」；但是今本《道德經》，大概從魏晉以後，就被視為一部「完整」的經典，卻是中國哲學史上鐵案如山的「事實」。換言之，在出土文獻沒有進一步證據清楚地檢別出老子與非老子的思想成分以前，我們將《道德經》視為一部有義理統一性的經典，至少代表我們在尊重一千多年以來老學詮釋的傳統，在學術上應該是被允許的作法。

其次，再須說明的是：以「詮釋的一致性、融貫性」來評議各

❶　這個消息主要得自於北京大學哲學博士胡興榮先生的口述。

個詮釋系統的得失,是否恰當?這個問題其實與我們前面談的有
關。因為,如果老子《道德經》果真是包涵了異質衝突的思想成
分,那麼,以「詮釋的一致性、融貫性」來評定各詮釋系統的優劣
得失,自然是件過分的要求。可是,這樣一來,我們勢必讓步到「知
識論上無政府主義」(epistemological anachism)的窘困狀態,因為任
何一個人都可以宣稱他的詮釋就是老子《道德經》的本懷,而別人
的批評他都可以逕自答覆為「老子思想本來就是混亂矛盾如此」。
換言之,這將使任何學術上的討論與批評成為不可能。因此,在詮
釋活動上,假定經典本身具有思想內部的一致性、統整性,實是一
不得不有的預設。當然,我們也不否認,古代哲學家思想簡奧素
樸,概念用語也沒有現代人的種種精密的區別,所以通過現代哲學
思惟的分析,文獻常常呈現為扞格對立的情形。可是,誠如傅偉勳
教授在創造性詮釋學這一方面的反省,詮釋活動必須開發經典潛蘊
的各種可能的意涵,「從中發現最有詮釋理據或強度的深層義蘊或
根本義理出來」❺。換言之,面對經典表層語言的歧義與對立,我
們必須從經典內在義理的深層結構,來釐清文獻表層分析所看到的
理論衝突。因此,當我們基於經典內部義理的一致性、統整性,指
出「客觀實有」的詮釋系統,一旦將「道」理解為西方古典形上學
中的「實體」、或「第一因」、「自然律」,就不免導致老子《道
德經》成為破裂、矛盾的思想時,這從方法學的觀點來看,應該是
可以接受的結論。只是,可能讓人不安的,老子《道德經》中那些

---

❺　傅偉勳:《從創造的詮釋學到大乘佛學》(臺北:東大圖書公司,1990 年 7
　　月),頁 11。

明顯有宇宙論意涵的章句，是不是一定要如牟宗先生一樣，判定為只是一種「姿態」？這點，我願意在下文中做比較詳細說明。

其實，這個問題也正是劉笑敢教授長文中的重點之一。劉笑敢教授早年致力於莊子的研究，對道家哲學非常嫻熟，承他謬賞，對我過去的研究頗多溢美之辭。但是，他也很慎重的提出了一些與我不同的立場，他表示：

> ……事實上我們對袁氏的結論還有一些保留意見。因為袁氏的方法和實體說、境界說一樣仍然是以西方哲學為理論架構，仍然是以歸約法為主。傳統的實體說把老子之道的複雜內涵歸結為客觀存在，境界說把老子之道的豐富內容歸結為主觀境界，袁氏欲糾正兩者之偏，提出道是價值之理，是價值世界的形上基礎，超越了主觀與客觀的對立，溝通了形上世界與價值世界的聯繫，但也把道的概念歸約和限定在價值意義之中，略去了道和本體論或宇宙論相似或相通的內容。這樣作消除了使用實體等概念所帶來的割裂形上與形下的問題，但把老子之道的客觀實有的意義也推到了可有可無的地位。……這種詮釋從自身的理論體系來看相當嚴密和精彩，但和老子關於道的大量論述以及老子哲學的素樸而渾融的特點則有所不合。**⓰**

換言之，劉教授雖然能接受我將道理解為價值世界的形上基礎，但

⓰　同註**⓭**，頁 10。

是這種凸顯價值之理的見解，似乎具有排擠老子哲學也有本體論、宇宙論意涵的效應，使他深感不妥。

　　然而，對於老子《道德經》是否具有宇宙論的意涵，或者，只能從存有論的角度來解讀，我其實並沒有一定堅持的立場。回顧我過去幾篇文章中對「道」的義理定位，我有時稱之為「存在界的價值理序」**⓱**，有時又稱之為「價值世界的形上基礎」**⓲**、「規範存在界一切天、地、人、我、鬼、神的理序」**⓳**，可謂不一而足。究其實，在我心目中，老子的「道」相當於西方哲學中的「存有」(海德格意義的 sein，而非 seiendes 存有物)。只是稍稍不同的是，在西方，存有主要開顯為存在界可理解秩序的根據，然而經過亞里斯多德實體化的轉向之後存有學的任務變為主要在說明存有物產生與變化等問題；但是在中國，道卻主要開顯為天、地、人、我之間互動秩序的根源，它負責的是提供一切人、物相生相續的終極保證。換言之，兩個概念都在表徵著存在的奧秘、玄理，但是老子主要是從天、地、人、物共生、長生、生生的動態觀點，來揭露這個存在的奧藏；而西方哲學，特別是亞里斯多德以後，就逐漸將存有實體化、人格化，到了文藝復興之後，機械決定論大興，存有更淪降為自然律，變成靜態的只在理論層面上說明個別事物的產生、本質、變化等問題。因此，如果我們順西方古典形上學的思考，逐將道解讀為「實體」、「第一因」、「自然律」，其實是一項典範的誤

⓱　同註**❹**，頁 109。
⓲　同註**❹**，頁 193。
⓳　同註**❹**，頁 165。

置，它恰恰錯失老子的理趣。但是，如果我們參考海德格對西方古典形上學的批判，謹守存有與存有物之間的「存有學區分」，那麼，我們就很可以理解為什麼海德格認為老子的「道」最能傳達他所談的存有，並且也能接受我們將道表詮為理序，亦即從虛理而不從實有的觀點來說明道的形上性格。

但問題是，這種從虛不從實的理解進路，是否註定了我們必須放棄老子《道德經》的宇宙論意涵？劉笑敢教授表示「道是關於一切存在的統一性的概念，是關於貫穿在宇宙、世界、社會、人生中的統一的總根源和總根據的一種解釋和詮釋」❷，「世界的總根源的說法顯然和宇宙論或宇宙生成論有相似之處」❷，「《老子》……多次提到萬物之始、之根、之宗、之母等概念，這些概念都與西方的宇宙論有關。所以，相當多的學者都接受了這樣一種觀點，即認為《老子》中主要講的是宇宙生成論，而不是本體論」❷，顯然認為老子哲學中的宇宙論意涵，不應被我們存有學的詮釋進路抹煞。

關於劉教授的質疑與堅持。我可以接受一半，但保留另一部分。我可以接受的是，老子《道德經》中的宇宙論語句可以不必像牟先生一樣視為是「姿態」；但是老子所懷持的宇宙論或宇宙生成論，是否與西方哲學的宇宙論、宇宙生成論相似，就有商榷的餘地。事實上，每一個民族都有宇宙生成的神話，而且往往也是這個

---

❷ 同註❸，頁 13。
❷ 同註❸，頁 13。
❷ 同註❸，頁 14。

民族哲學的母胎，否認老子《道德經》中有宇宙論的成分，的確不
是很明智的作法。但問題是，我們應該如何看待這種宇宙論。劉教
授在他的文章中曾引述到大陸學者董光璧的著作《當代新道家》，
而董先生就曾區別中西宇宙觀的不同，他說：

> 老子作為宇宙本原的「道」，常被人誤解為「構成的實
> 體」。我們可以借助對古代人的思辨宇宙原理的分類消除這
> 種誤解。科學思想是從探討宇宙的本原和秩序開始的。所謂
> 「本原」意指一切存在物最初都由它生成，或一切存在物都
> 由它構成。我把前一種觀點稱之為「生成論」，而把後一種
> 觀點稱為「構成論」。生成論和構成論的不同在於，前者主
> 張變化是「產生」和「消滅」或者「轉化」；而後者則主張
> 變化是不變的要素之結合和分離。這兩種觀點在古代東方和
> 西方都產生過，但是在東方生成論是主流，而在西方構成論
> 是主流。構成論的思想經由古希臘原子論在近代科學中的復
> 活而深遠地影響著科學的思維，而生成論的思想則剛剛進入
> 科學不久，尚未引起科學家的重視。《老子》的「道生一，
> 一生二，二生三，三生萬物」的思想正是中國生成論宇宙觀
> 的最早的明確陳述。❷

換言之，依據董先生的看法，我其實可以同意老子的確也具有宇宙
生成論的思想，但關鍵是老子這種宇宙論必須清楚地與西方的宇宙

---

❷　董光璧，《當代新道家》（北京：華夏出版社，1991 年），頁 90-91。

論有所檢別,亦即我們不能將「道」與「萬物」的關係逕自理解為西方「外在論的」(externalistic)、「原子論的」(atomistic)的因果關係,因為如此一來,「道」又扭曲為「第一因」、「構成的實體」,淪為世界中的「一物」而非「有生於無」的「無」了。因此,當劉教授為了保留《道德經》宇宙論的思想成分,試圖提煉「總根源」這一概念,表示「道雖然只是一個勉強的符號,但它畢竟是有所指的,我們只好順著老子的思路假設道就是老子所指的那個不可言說的實存之對象」❷時,我覺得劉教授不免又推論太過了。

然而,劉教授也許會質疑,如果「道」純然是「無」、或「虛理」,那它又如何能夠成為具有實質性的萬物的「始、根、宗、母」呢?這個問題困擾我很久。倒不是無法解答,而是老子《道德經》本身的文獻不足徵引,必須擴大到中國上古文化更廣大的脈絡中,才足以說明。大體而言,我認為老子與莊子基本上都繼承了中國古代薩滿教的信仰❷,在宇宙生成論上持有「氣化」的觀點。換言之,萬物的產生、消滅、轉化,或相形相禪,其實只是「一氣之化」❷而已。這裡,「道」與「一氣」的關係不是「形而上」與「形而下」的區別,而是一體的兩面,指涉的都是形上的根源、造

---

❷ 同註❸,頁 16-17。

❷ 張亨:〈莊子哲學與神話思想——道家思想溯源〉,《東方文化》,Vol. XXI,第二期,頁 115-135。

❷ 《莊子·知北遊》云:「通天下一氣耳。聖人故貴一」,〈大宗師〉亦云:「彼方且與造物者為人,而遊乎天地之一氣」,顯示莊子主要是從氣化的觀點來看待萬物生長、消滅、變化。

化力自身,只是「道」比較凸顯處理的性格,而「氣」比較強調變化、動力的性格;但無論如何,它們都不是經驗界中的任何一物,而是這些存在物得以生續長養的形上根源或依據。

如果前述的說法可以成立,那麼,我們基於創造性詮釋學的方法,所展開的老子的形上思想重建,恐怕就不是如劉笑敢教授所批評的「其意似在『創造』。……強調創造類似於『六經注我』……」㉗,或如周大興博士、劉述先教授所擔心的,削減了老子《道德經》的豐富性。仔細回顧我過去的論文,雖然前後用語措詞不同,但是對於「道」的客觀性或超主客義,從未放棄,只是如何從存有學的角度轉出老子宇宙生成論的意涵,苦無老子文獻的直接印證,所以未敢率爾敷陳。事實上,中國古代氣化宇宙論這一課題,在當代中國哲學界並未得到很好的疏理,這使得我們在還原中國古代哲學的特色時,一直像對老子《道德經》的研究一樣,太多「格義」式的概念滲透到我們對文獻解讀中。這或許可以留待來日與劉教授互勉為之。

最後,我願意再度回應劉笑敢教授長文的一點,就是將老子之道理解為價值世界的形上基礎,是否會混漫了老子與孔孟之天、宋儒之理的差異。其實,徵諸過去的拙作,我雖然沒有如牟宗三先生將儒、道形上思考的區別,檢分為「實有形態」與「境界形態」,但是我強調老子哲學可以視為一套奠基於存有學洞見之上的「文化治療學」,以別於儒家制禮作樂的「建構」性的思考模式,已經多少表達了我個人這一方面的看法。先秦儒家、道家,在基源問題的

㉗　同註⓭,頁 10。

意識上，以及工夫修養的進路取向上，迥然有別。但是，在思想淵源上，都脫胎於中國上古的文化。因此，儒家的「天道」「天命」或老子的「常道」，雖然取義各有輕重，可是作為價值世界的形上基礎，理應有相同的義理分位，似不必避而不談。

三、結語：格義、對比與詮釋

「格義」，原來是指魏晉時期弘法的佛教僧侶，為了協助中國人理解印度佛教，援引中國固有的哲學概念來解釋佛教思想中類似的概念，此乃一種在歷史上特殊的經典詮釋作法。然而，曾幾何時，當代中國人在理解本國傳統哲學時，由於知識、語言的生態環境丕變，以致於居然要通過西方哲學的概念語言，這才能使傳統的智慧稍稍為本國人理解。從胡適《中國古代哲學史》開始，七十年來，中國哲學界一直無法擺脫「格義」的命運，這多少反映出當代中國哲學的研究，確實已經無法再像從前一樣，拘守著經典文字本身來「以經解經」，而必須從東西文化相互激盪沖湧這個更廣大的經驗脈絡，來逐漸重建中國哲學在過去歷史軌跡中的面目。

回顧當代中國哲學界對老子《道德經》的疏解詮釋，「客觀實有」與「主觀境界」的詮釋系統之爭，雖然可以說是這種「格義式」中國哲學的產物，但卻也正是中國哲學邁入世界哲學、全球文明過程中，無可省略的一步。因為中國哲學在取得其現代意義與表達形式的努力中，已經無法不使用西方哲學的語言。而只要運用西方哲學語言，則西方哲學的思惟模式及理論架構，就會不知不覺地滲入中國之中，形成傳統智慧在義理性格上的混淆。但是混淆不見

得就是一件不好的事，因為有了混淆，才有澄清；一旦有所澄清，原來的混淆，反而會回來豐富自身的傳統，使中國哲學更能回應急速變遷中的人類文明。問題的關鍵在：如何有效的澄清詮釋上的混淆呢？劉笑敢教授有一些很深刻的反省：

> 一般說來，我們不可能完全不用西方哲學的概念來分析解釋中國古代哲學，然而這樣作也不可能不遇到詞不達意、或附加給中國哲學概念一些本來並沒有的含義。解決這種問題似乎只有兩個辦法，一是用其他概念來代替有可能引起很多誤解的西方哲學的概念，二是在使用西方哲學概念的同時分析其在中國哲學語境中可能引起的變形，以預防曲解。當然，這兩種方法也是時常並用的。不管那一種方法，都需要作者對老子哲學的概念和用於解釋的概念都有相當深入的了解和把握，對自己的使用方法有自覺的認識和說明。㉘

劉教授所提的兩種方法，我完全同意。但可略作補充的是，如果援引西方哲學概念來詮釋中國古代哲學是一種「格義」，而格義又總不免帶來附會混淆，那麼唯一可以澄清這種混亂的作法，就是將「對比」帶入「格義」的「詮釋」中。細繹我過去的研究經驗，每次撥雲見月，衝過詮釋上的困境，即在於我從不敢輕忽每個重要哲學概念都有其自身的「歷史性」（historicity），因此總是願意回到思想史的脈絡中，從它思想的淵源、問題情境來徵定其義理性格。換

㉘　同註⑬，頁 13-14。

言之,「格義」既然是藉兩個概念的相似性來彼此說明,那麼惟一可以補救這種因為「求同」所以不免混漫的策略,就是在方法學的設計上,再濟之以「別異」,亦即通過「動態的對比」,讓每個概念都能回歸到它自身的歷史脈絡中,維持住它自身的特殊性,在各安其位的情況下,再「照之於天」,從而尋找中西哲學會通的真正的可能性。因此,最後,謹以此一愚之見,酬答劉笑敢教授的長文,以及關心中國哲學經典詮釋的方家學者。

附記:本文曾刊載於《中國文哲通訊》第 7 卷第 2 期(臺北:中央研究院中國文哲研究所,1997 年 6 月),頁 145-159。

玖、秩序與創新
——從文化治療學的角度
省思道家哲學的現代義涵

一、為什麼當代哲學沒有出現「新道家」?

　　十九世紀中葉以來,西方文化東漸,古老的中國面對此一三千多年未有之巨變,在欣羨西方科技文明之餘,也逐漸喪失了對自家文化的信心。回顧百年來當代中國哲學的研究發展,能夠本於自家學術傳統,一方面對西方文化有所吸納批判,另一方面對當代中國的沈痾有所疏導澄清,進而闡明中國文化在世界文明中的價值,恐怕就只有「當代新儒家」了。❶

　　「當代新儒家」作為一種思潮、學說,在戰火頻仍,「現代化」的口號震耳欲聾的時代中,居然一枝獨秀。除了儒學深厚的學

---

❶　「當代新儒家」涵蓋的人物甚夥,但嚴格的界範,當然以熊十力、唐君毅、牟宗三、徐復觀等人為代表。

術傳統本來就保有一些歷久彌新的智慧內容，足以與西方文化抗
衡，最重要的原因，應該是「新儒家」的陣容中，人才輩出，老一
輩的唐君毅、牟宗三，年輕一輩如杜維明、劉述先，均通曉中西哲
學。因此，在講論益精的情況下，不但成為當代中國哲學的主流，
即使在西方哲學界，也為儒學爭取到一席地位。只是令人不免好奇
的，為什麼與儒家一起庇護中國人心靈的「道家」，在混亂的當代
中國思想界，卻相形黯淡，既不足以與「新儒家」分庭抗禮，也無
法重演魏晉玄學的盛況。

　　為什麼當代哲學中「新道家」缺席了？難道以老、莊為主的道
家思想，真的是無法經歷時間的考驗，不再能扣擊到當代人的心靈
與經驗？事實上，當代投入到道家學術研究的人才與著作，並不遜
於儒學研究。而且，長期以來，西方世界更視「道家」為最能代表
中國哲學的思想，以《老子》為例，「幾乎每隔一年有一種新譯
本」❷尤有進者，廿世紀西方最富原創性、影響也最大的哲學家
（Martin Heidegger），數度表示他用以批判西方整個文明的「存有思
惟」（thinking of being），其實老早就蘊蓄在中國道家老子、莊子有
關「道」的體驗中❸。因此，「新道家」在當代哲學中的缺席，並
不是老、莊智慧不具有現代意義，而是我們現代詮釋者，在解讀
《老子》、《莊子》的過程中，始終無法撐開一個融合古今中西的
意義脈絡，使道家哲學與當代文明接榫，釋放出老、莊智慧診斷、

---

❷　陳榮捷：《中國哲學論集》（臺北：中研院文哲所，1994 年），頁 179-
　　180。
❸　M. Heidegger, *On the Way to Language* (New York: Harper & Row, 1982), p.92.

治療當代人各種文明經驗的力量。

職是，本文之作，首先要回顧當代學者在道家研究方面的成果，披沙撿金，辨識道家哲學的義理歸屬。其次，以《老子》為例，在展開其核心思想之後，經由老子與海德格的對比研究，借力使力，將道家思想在廿一世紀人類文明中的洞見與慧識，扼要勾陳出來。至於，所見是否允當，尚祈海內外方家學者指正。

二、本尊與分身
——當代道家研究的回顧與檢討

大體而言，過去半個世紀以來，不論是海峽兩岸，還是西方學者，在道家學術研究方面，不可謂不豐。但是，自覺地站在道家哲學的本位上，評古論今，卓然自立的論述傳統，卻始終沒有出現。以華人世界為例，參與研究的重量級學者，如馮友蘭、唐君毅、牟宗三等，均另有關懷。因此，雖然不乏論說精闢之作，但是卻始終無法凝聚共識，展開與西方哲學的對話。我們檢視近年來有關道家研究的成果，約略分辨，可以歸納為以下幾個方向與議題：

　　1.道家經典的校刊與訓詁

　　2.道家思想的流衍與發展

　　3.道家義理性格的歸判與詮釋

首先，關於道家經典的校刊與訓詁，由於敦煌本子、漢墓馬王堆出土的《帛書老子》，以及最近戰國郭店《竹簡老子》的問世，

使許多學者都投身到校刊的工作中❹。這些研究自有其一定的學術價值，特別是對先秦道家思想的流變、發展，提供了一些新材料，但是對哲學義理的闡幽發微，並未帶來重大的衝擊。因此，在數量上這方面的著作雖然累積的最多，可是對道家哲學的闡揚，卻乏善可陳。

其次，有關道家思想的流衍與發展，在性質上屬於思想史的研究，主要在說明先秦老子、莊子到漢初黃老之學，其間思想的流變與轉折，即：原始道家思想究竟經歷過那些人物？以及什麼特殊機緣，才形成漢初黃老的蛻變？據個人觀察，這個課題以大陸學者的研究做得比較勤，臺灣地區只有近幾年才有人投入心血。嚴格說來，中國古代哲學的變遷發展，迄今仍存在著許多謎團，如果沒有更多文獻的印證與支持，許多的解釋都帶有臆測的成分。尤有進者，思想史的解釋，固有待於資料、證據；但是，解讀資料、證據背後的「史觀」、理論預設，有時更扮演關鍵性的地位。大陸學者長期以來，習於「唯物史觀」來解釋思想史，不但無助於歷史真相的澄清，反而會嚴重的影響到道家義理形態的判定。

事實上，當代學者在道家研究上，不能形成共識，問題就出在解讀經典過程中，未經反省批判的程序，就逕自從個人預取的理論立場，判定道家義理性格的歸屬。我們檢視當代學者的作品，發現學者們的歧見，主要集中在下面兩個議題上，即：

---

❹ 當代學者參與《道德經》校刊的學者甚多，早一輩如高享、朱謙之、蔣錫昌、馬敘倫等；待《帛書老子》問世，又有許抗生、高明等。及《竹簡老子》出土，海內外參與討論的學者更多，其論述可參考《郭店楚簡研究》（瀋陽：遼寧教育出版社，1999 年）。

1.道家之學究竟有沒有形上學的蘊含？

2.如果我們原則上承認道家具有形上學的蘊含，那麼，道家形上學的義理性格究竟應該如何歸判？

第一項問題，反映出「國學進路」與「哲學進路」的紛歧。一般而言，治哲學的學者看到《老子》「天下萬物生於有，有生於無」❺、「道生之，德畜之……是以萬物莫不尊道而貴德」❻，認為老子心目中的「道」，顯然擔負著萬物存在變化的說明之責，因此判定道家哲學具有形上學的向度。可是，傳統治「國學」的前輩，如大陸文獻學學者張舜徽，就旁徵博引，反覆辯說：

> 大約在我國古代貴族政治和大一統政府的帝王，都有「南面」之稱，「南面術」便是他們怎樣駕權臣下、壓制人民的一套手法和權術。這種術，周秦古書中，名之為「道」；古代有人把這種術的體和用，總結出一套有系統的理論，便是「道論」；宣揚這種理論的，便是「道家」。❼

換言之，不但不接受西方哲學的架構，諸如形上學、倫理學的分類，而且將「道家之學」根本就定位為「是專就最高統治者一個人說的，而不是就普天之下廣大群眾說的」、「人君南面之術」。❽

---

❺　王弼：《老子道德經注・四十章》（臺北：世界書局，1969年），頁25。
❻　同註❺，〈五十一章〉頁31。
❼　張舜徽：《周秦道論發微》（臺北：木鐸出版社，1983年），頁9。
❽　同註❼，頁14。

類似張先生這種見解的人，恐不在少數。其偏頗、無法令人苟同之處，在於：

1.如果道家之學是專為統治者發言的，我們如何解讀《老子》、《莊子》書中，有許多章句顯然是站在廣大人民立場，對當時政治的控訴與批判？

2.即令道家經典中有部分文字是針對統治者而說，但是它的讀者卻沒有限定在少數的統治者。早在戰國時代，它就流傳於民間。幾千年來，道家經典經由不同時代的讀者，更發展出不盡相同的注疏、解讀，成為無數中國人安身立命的憑藉之一。我們實在沒有理由將道家經典的意義與價值，限定在「人君南面之術」這個偏狹的認知。

3.從方法學的角度來看，傳統以訓詁、考據為主的解經方法，與強調現代讀者如何通過與經典的「對話」，獲致跨越古今的融合「視域」，將隱蔽在經典文字中的現代意蘊召喚出來的詮釋學方法，其實是分屬於兩個層次，各有其詮釋的目的，並無衝突之處。後者應該尊重傳統解經所獲致的結果，避免「望文生義」、「詮釋太過」的毛病；但前者亦必須瞭解到，「意義從脈絡而來」，而經典重要觀念的意蘊，除了經典語言文字的表層脈絡，還有文字背後的「生活世界」（life-world），它才是一切行動、知識、理論的意義根源，也是詮釋學撐開融合古今「視域」的基礎。換言之，我們找不到理由排斥從哲學的觀點來詮釋經典的正當性。

果如前述，我們可以確定，將道家之學侷限於「人君南面之術」，排除其形上蘊含的看法，並非允當之見。但問題是，道家的形上智慧在義理形態上，究竟應該如何歸判？

關於這個議題，質諸當代學者的研究，海峽兩岸有不同的發展。大陸地區的學者集中在道家究竟是唯心論，還是唯物論的爭辯上，參與的學者有關鋒、林聿時、馮友蘭、任繼愈等，累積的文章不少，但是其學術意義卻令人質疑❾。理由非常簡單，第一：大陸學者視「中國哲學史就是唯心論與唯物論的鬥爭史」，這種看法是「意識型態」掛帥下的產物，改革開放以後，連他們自己也不相信了。其次，唯心論與唯物論的爭議，其實是西方哲學在特定思惟背景下的產物，無論是「心靈」（mind），還是「物質」（matter），均有其一定的意義及思維脈絡，我們實在懷疑兩千多年前的老、莊是否懂得什麼是「心」？什麼是「物」？因此，大陸學者在這個議題的討論，由於受制於十九世紀末蘇俄馬克斯主義的教條，並不能彰顯出道家哲學的現代意義，使道家哲學的智慧與現代文明接軌，只可說是徒勞而無功。相形之下，臺、港地區學者的爭議，就比較有啟發性。

臺、港學者有關道家形上義理的歸判，大體上可以區分為兩種立場、形態。一是「客觀實有」的形態，即將「道」理解為宇宙發生論上的「第一因」，或形上學中的「無限實體」、自然哲學中的「自然律」❿。另一是「主觀境界」的形態⓫，即順王弼《老子道德經注》的觀點，「不塞其源，則物自生，何功之有？不禁其性，

❾ 這次論戰參與的人相當多，筆者蒐集的資料並不完整，略見梗概而已，可參見關鋒：《莊子內篇譯解和批判》（北京：中華書局，1961年）。

❿ 唐君毅：《中國哲學原論・導論篇》（香港：新亞研究所，1973年），頁348-398。

⓫ 牟宗三：《才性與玄理》（香港：人生出版社，1963年），頁162。

則物自濟，何為之恃？物自長足，不吾宰成，有德無生，非玄而何？」**⓬**將「道」對萬物的生化，理解為「不生之生」，即將「道」的意義繫屬於主體實踐修養所證的「境界」，而非實在界果有一物主宰著萬物的生化。持前一種立場的學者甚夥，包括唐君毅、方東美、徐復觀等。但持後一種看法的人，則只有牟宗三先生一人，獨排眾議。

　　為什麼寥寥五千言的《道德經》，在當代學者的詮釋下，演為如此分歧的立場？顯然與每個詮釋者的方法進路、理論預設有關。筆者曾在十多年前，從詮釋學的角度，提出完整的分析與評議**⓭**，目前受限於篇幅，無法細述。扼要言之，造成當代學者對道家義理性格歸判紛歧的原因，主要在於當代學者在詮釋過程中，對西方傳統哲學的概念、理論架構，形成過度的依賴，未能從中、西哲學基本差異之處，辨識道家義理性格的特色。以客觀實有的詮釋立場為例，基本上就是忽略中國哲學是以實踐修養，而非認識論的批判，來保證形上思考的合法性。因此，在未經批判的情況下，草率地預設了西方「宇宙發生論為主導」（cosmogonically-oriented）的形上理論的架構，逕自將「道」的性格理解為「第一因」或「形上實體」。我們徵諸先秦哲學的發展可以知道，先秦諸子的興趣主要是針對禮崩樂壞周文失墜的局面，企圖通過對「道」的思索，為當時整個人文世界重建一套世界觀、人生觀，重新安立人與天、地、鬼神、萬物的關係，使得人物、人我種種的存在關係能夠復歸於整體的和

⓬　同註**❺**，頁 6。

⓭　袁保新：《老子哲學之詮釋與重建》（臺北：文津出版社，1991 年）。

諧。所以,「道」之繼古代深具宗教色彩的「天」,成為中國哲學最核心的概念,自始就是以安立價值世界為根本意涵,與西方哲學「拯救現象」,企圖通過理性思辯為存在界建立「可理解性」(intelligibility)的取向,截然有別。如果我們不能充分察覺到道家思想發生的這種內、外緣背景,執意地將道家形上思想套在西方古典的思辨形上學的框架中,那麼就會暴露出老子概念的貧乏,論證的薄弱,是既不足以與柏拉圖相提並論,而且也不如亞里斯多德豐富;尤有進者,在道家無法為其形上思想提供認識論之批判與保證的情況下,這種套比只是徒顯道家思想的獨斷,無由豁顯其現代意義。

相較之下,牟先生將道家義理性格定位為「主觀境界」,就比較能扣緊道家從實踐修養以達形上之道的理路。但是,這項定位並非沒有瑕疵。因為「境界」一詞,主要在遮撥「道」的「實有性」(reality),即「道」不是經由理性思辯所肯定的某種客觀世界中的「超級存有者」(supreme being),而是經由道家修養功夫所達致的一項理解,一項有關明照存在界一切事物存在變化的原理。換言之,「道」主要在提供存有學意義上的明照的功能,經由「它」,存在界一切事物的生畜長養,均得到了最終的說明,即它是一個道道地地的存有學上的概念。因此,牟先生將「道」定位為「主觀境界」的說法,其實是一種後設的、用中國文學語言所做的徵定,並不能恰當地表達出它在嚴格哲學中的分位。

但問題是,「道」作為存有學上的終極概念,它所明照的存在界,具有什麼特色?它與西方哲學經由「存有」所達致的世界觀,有何不同?其實,牟先生順王弼「不塞其源,則物自生……不禁其

性,則物自濟……物自長足,不吾宰成……」,說明「道」對萬物的生化,乃是「不生之生」之時,早已透露出「道」所明照的存在界,具有兩個特性,即:

　　1.每一存在物生育成長的動力,均內在於自己;

　　2.這一內在動力只有在不禁、不塞、萬物各安其位的情況下,才可能實現。

　　換言之,

　　1.「道」與萬物的關係不是外在因果的關係,即「道」不是以「第一因」的身分,高高在上地產生了萬物;相反的,「道」是內在於萬物之中,通過萬物的自我實現,來呈現它無邊的造化神力。

　　2.存在界基本是一個有機的整體,具有互依共命的結構,而「道」就是規範這個整體世界的秩序根源。這也就是說,當萬物均能持守這一理序之時,各安其位,各正性命,「莫之命而常自然」⑭;但違反此一理序時,則事物之間的對立、衝突,就會導致存在界的扭曲與瓦解。

　　因此,道家心靈通過「道」所明照的存在界,一開始就不是像希臘人一樣,是一個多元論的、原子論的世界觀,而「道」與萬物的關係,也不是像西方因果思想所設想的,一物與另一物外在的因果關係。道家的世界觀,自始就是「整體論的」(holistic)、「機體論的」(organic)。而「道」與萬物的關係,靜態地說,「道」是保證一切人我、物我和諧共生的價值秩序;動態地說,「秩序亦

---

⑭　同註⑤,頁31。

即一種動力」❺，它也就是使萬物得以相續相生的實現性原理，或者，用中國傳統的用語，「造化」或「造化力」。

果如前論，道家哲學的義理性格，既不宜劃地自限窄化為「人君南面之術」，也不宜不經檢別地套用西方古典形上學的理論模型，理解為某種「實有形態」的形上學。那麼，恰當的作法，就是順牟先生「主觀境界」說，調適上遂，徵定為一種整體論的、機體論的存有學。這種存有學的特色，在於：不採取外在論的因果思考模式，建立有關存有物產生、構造的理論性說明；而是基於價值關懷，經由實踐修養，在對存在界所呈顯之理序有了根源性的把握之後，進而展開的一套有關宇宙人生的價值意義的說明。因此，「道」在道家哲學的思考中，主要擔負著一切人、物共生、生生、長生的最終保證，它一開始就是最高價值、價值根源，同時也是存有學的最高原理。在這裡，「存有」與「價值」，完全是同一的。問題是，我們通過當代道家學術研究對比批判所建立的這項結論，是否可以還原到經典文獻中印證？特別是，這項統合「存有」與「價值」的道家存有學，在廿一世紀的今天，是否具有彌足珍貴的意義？

我們將分別在後文中，做比較深入的討論。

---

❺ Chung-ying Cheng, *Model of Causality in Chinese Philosophy*, Hawaii: Philosophy East and West, Vol. Xxvi, No. 1, 1976, p.16.

三、文明的守護者──老子哲學試詮

　　老子、莊子，一向被視為是道家哲學的兩座基石，在義理表現的方式上，老子的客觀凝重，與莊子的主觀灑落，固有不同；但在核心義理方面，兩者卻大致相似。因此，為精簡篇幅，我們以老子《道德經》為範圍，通過文獻的印證，更明確地將道家哲學的特色與方向勾陳出來。

　　《道德經》的作者究竟是誰？成篇於何時？迄今仍是學術界的公案。司馬遷在《史記》中所提供的老子傳記，雖然是最古老的史料，但是「迷離惝恍」的措辭行文，確實啟人疑竇❶❻。早在宋代，葉適就已經懷疑這篇傳記的可靠性。民國以來，學者更是聚訟紛紜，莫衷一是❶❼。有人認為《道德經》的作者即孔子問禮的老聃（如胡適），有人則認為《道德經》的作者，另有其人，成書年代應在戰國時代（如馮友蘭），甚至有人懷疑老子《道德經》，根本不是一人一時之作，而是遲至西漢纂集前人的作品（如張陰麟）。到底真相如何？依據最新出土郭店《楚簡老子》來看，《道德經》早在戰國中葉已然成篇，雖然篇幅上與今本相較，少了許多，但是並不足以論斷：今本多出來的內容，全是後出附會增益而得。因此，除非我們在考據的資料與方法上有更進一步的發現，這個公案仍然很難斷定。但是，衡諸老子《道德經》的思想內容，我們倒是可以確

---

❶❻　司馬遷：《史記·老莊申韓列傳》（臺北：鼎文出版社，1979 年），頁214。
❶❼　這些論辯多半保留在《古史辨·冊四》及《冊六》（臺北：明倫出版社，1970 年）。

認兩點：

1.今本《道德經》在長期傳承的過程中，不免有傳抄錯誤，斷簡脫落的情形。但大致而言，其義理聯屬，應視為一部思想一貫的系統之作。

2.老子哲學的特徵之一，即在於批判的精神，如果沒有孔墨的思想倡行於先，我們很難理解他對「聖智仁義」等觀念有所保留的批判立場。

因此，姑不論孔子問禮的老聃是否就是《道德經》的作者？我們從義理推斷，老子《道德經》的思想應該成熟於孔墨之後，而且是戰國時代繼儒墨之後，回應時代衝激，思欲重建人間秩序，試圖將人性尊嚴重新安置在萬象紛紜流轉的浩瀚宇宙中的一部智慧寶典。

「哲學思想不是懸空發生的。」問題是：老子哲學所面對的時代課題究竟是什麼？從《道德經》裡一些深沈的喟嘆與清冷的批評中，我們大體可以還原出他所牽繫的時代面貌。

> 天下無道，戎馬生於郊。（四十六章）**⓲**
> 朝甚除，田甚蕪，倉甚虛，服文綵，帶利劍，厭飲食，財貨有餘，是謂盜夸。（五十三章）
> 民不畏死，奈何以死懼之！（七十四章）
> 不貴難得之貨，使民不為盜。（三章）

⓲ 為行文簡便，凡引《道德經》原文，分章均以世界書局重刊華亭張氏《老子道德經注》為依據，同註**❺**。

> 五色令人目盲;五音令人耳聾;五味令人口爽;馳騁畋獵,
> 令人心發狂。(十二章)

從這些章句中我們可以確定,《道德經》所反映的時代,一方面是物質生活日趨繁盛,誘發人心欲望的事物愈來愈多;另一方面則是頻仍的爭戰掠奪,人民早已失去了有生之樂,絲毫沒有享受到文明進步的福祉。換言之,老子所面對的時代,雖然擁有前所未見的物質文明,但是維繫人間秩序的忠信,卻早已在無盡的物欲追逐中,蕩然無存。

> 上德不德,是以有德;下德不失德,是以無德。上德無為而
> 無以為;下德無為而有以為。上仁為之而無以為;上義為之
> 而有以為。上禮為之而莫之應,則攘臂而扔之。故失道而後
> 德,失德而後仁,失仁而後義,失義而後禮。夫禮者,忠信
> 之薄而亂之首也。(卅八章)

然而,文明進步的諷刺猶不止於此。蓋禮制,原本是郁郁周文的精華,可是在經歷文明的洗禮與社會的鉅變之後,不僅失去了安立人間秩序的功能,反而淪為文明社會中野蠻行為的偽飾,它內部包裹的只是「攘臂扔之」的人間對立與衝突。因此,仔細諦聽《道德經》中這些沈痛的呼聲,我們可以斷言:老子處身的環境正是周文疲弊——禮崩樂壞、物欲高張——價值失序的戰國時代,而老子思想的課題,也就是針對這種文明的虛矯與自我否定,為焦蔽的人類心靈重新指引一條通往幸福的康莊大道。

　　嚴格論之，「周文疲弊」乃是先秦諸子所共同面對的時代環境，而「道」一觀念進入中國歷史，成為先秦諸子共同思考的主題，正說明了當時的哲人，無不思欲重建秩序，重新打開人我、自然間的「通道」。《論語》所謂「人而不仁如禮何」，就是企圖通過「仁道」之彰顯，重新復活禮文的意義與功能。而墨子之盛倡「兼愛」、「尚賢」、「非攻」、「非樂」，也是要藉客觀「義道」之標舉，撥亂反正。換言之，值此價值失序的混亂時代，先秦諸子紛紛揭櫫不同的價值理想，制作不同的價值規範，以匡正時代之弊。但是，所有這些積極有為之作法，在老子清冷的批判眼光中，無異於以火濟火，只是帶來更多的對立與衝突。

> 道可道，非常道。名可名，非常名。（一章）
> 聖人不仁，以百姓為芻狗。（五章）
> 大道廢，有仁義；智慧出，有大偽。（十八章）
> 絕聖棄智，民利百倍；絕仁棄義，民復孝慈。（十九章）
> 失道而後德，失德而後仁，失仁而後義，失義而後禮，夫禮者，忠信之薄而亂之首也。（卅八章）

　　在先秦諸子中，老子《道德經》所表現的這種智慧型態，是與其他家派迥然有異的。雖然，老子的哲學一樣地在追尋著「道」，但是對於「道」的理解與把握，卻是通過「聖智仁義」的遮撥來表現的。因為，在老子看來，人間的混亂固然有待於「聖智仁義」這些正面的價值理想來澄清。但是，「聖智仁義」也可能為那些陷落在名器追逐中的人心所利用，逞其一己之私，演為文明更大的諷刺

與人間更大的苦難。因此，澄清天下之途，不獨要將人心從名器的追逐中解放出來，而且還必須超越「聖智仁義」這一切相對的價值範疇，從「可道之道」直反一切價值創造之源——「真常大道」。

然而，老子所謂的真常大道究竟是什麼呢？如果說「聖智仁義」不足以盡「道」之內涵，那麼「道」又具有什麼本質內容呢？我們人類又應該依循什麼樣的途徑，這才能夠知「道」而法「道」，重建人間的秩序呢？

> 昔之得一者：天得一以清，地得一以寧，神得一以靈，谷得一以盈，萬物得一以生，侯王得一以為天下貞。（卅九章）

從這段話裡我們明白，老子所欲追尋的「道」，不僅是要能安立人間秩序，保存一切人文制作不至於自我否定，而且它必須同時是貞定天地萬物，使其生畜相長無礙的存有學原理。換言之，老子在面對混濁的天下，他所亟欲建立的解救之道，不只是一項人間的價值法則，而且也是一項關乎整體存在秩序的存有學原理。或者，更恰當地說，他企圖從存在界生生相續的奧秘中，植立一切價值現實的原理。問題在於：這個玄之又玄的「道」，「一」究竟是什麼呢？

> 視之不見，名曰夷；聽之不聞，名曰希；搏之不得，名曰微。此三者不可致詰，故混而為一。（十四章）
>
> 道可道，非常道。（一章）
>
> 道隱無名。（四十一章）

老子首先消極地指出，造化天地萬物的「道」「一」，絕不是我們
知覺感官所能把握到的，也不是我們一般思慮名言所能擬議的。蓋
「繩繩不可名，復歸於無物」（十四章）「道」，直可以名之為
「無」。

　　為學日益，為道日損，損之又損，以至於無為。無為而無不
　　為。（四十八章）
　　致虛極，守靜篤。（十六章）
　　人法地，地法天，天法道，道法自然。（廿五章）

　　「道」雖然不能為我們知覺思慮語言加以把握，但是，老子卻
提示我們可以依實踐修養的進路，致虛守靜，化解一切有為妄作，
從諦觀地之所以為地，乃在於不爭善處卑下；天之所以為天，乃在
於蕩然公平抑高舉下，因而體悟：「道」之造化萬品，亦只是「在
方而法方，在圓而法圓」的「自然」而已。換言之，在老子觀照的
智慧中，天地萬物之所以能夠相續長養，在於「道」之生畜萬品，
只是「不塞其源、不禁其性」地令物自生、自濟、自長、自足而
已。而人間社會之所以相爭相害，也正在於不能各安其位，有為妄
作。這裡，或許我們會問：為什麼人類在文明創造日趨繁盛的時
刻，竟不免背離「自然無為」的大道，走向「妄作凶」（十六章）
的命運？

　　道常無名，樸雖小，天下莫能臣也。侯王若能守之，萬物將
　　自賓。天地相合以降甘露，民莫之令而自均。始制有名，名

> 亦既有，夫亦將知止。知止可以不殆。譬道之在天下，猶川
> 谷之於江海。（卅二章）
> 樸散則為器，聖人用之則為官長，故大制不割。（廿八章）

　　遍潤天下萬有的「大道」，原來是素樸無名的，在其「生而不
有，為而不恃，長而不宰」的作用中，天地正位，四時有序，萬物
均和。因此，擔負天下之任開物成務的侯王，即令應人文進化之
需，散樸為器、立官長、別倫秩、分百工，卻因為「知止」「不
殆」，始終保有「大制不割」的人間和諧。可是，當人類文明益趨
熟爛，面對千差萬殊的名器世間，人心遂不免「循名而忘樸，逐末
而喪本」❶，演為無窮的追逐與對立，而文明的進步也就是走向自
我否定的危殆命運。所以，老子在《道德經》中，為什麼一再揭舉
「道隱無名」之旨，正是要破斥吾人心靈對名器的執取，而長保虛
靜自主活活潑潑的創造性，因為惟有心靈常駐虛靈無礙的境界，一
切價值的實現才能可久可大，文明創造的生機才能綿綿若存地不斷
貫注到人間世界之中。

　　果如前述，當我們順周文疲弊來理解老子哲學的基本關懷之
後，可以發現，老子圍繞著「道」一概念所展開的五千言，與其視
之為一套近似西方傳統形上學的體系，旨在說明「個別存有物的產
生與構成」（the production and constitution of a being），勿寧將之理解為
一套回應當時世界觀、價值觀危機，深具存有學理趣的「文化治療

---

❶　蘇轍：《老子解·卷二》頁 21，目前收錄於嚴靈峰輯編的《無求備齋老子集
　　成初編》（臺北：藝文印書館）。

學」（ontological therapy of culture）。這套哲學智慧的特色在於：

1.較諸當時儒、墨的顯學，老子的精彩是對當時文明根源性的診斷與治療，而非新價值規範的建構與制立。

2.再較諸西方形上學的思考來看，則老子以「道」為首出的思想，不但「存有」與「價值」同一，而且「思惟」與「實踐」也是同一的。

只是，尚待我們深究的，這種深具存有學理趣的文化治療學，在科技文明如此昌盛的時代中，它的診斷與處方是什麼？

四、「存有」及「道」：道家對當代文明的診斷

在人類歷史上，沒有那一個時代比廿世紀更富足，也沒有那一個時代比今天更貧乏。對於未來人類文化的前景，現代人一方面覺得充滿了希望光明，另一方面又感到黯淡沮喪。事實上，廿世紀人類文明的發展，基本上是由科技的更新來主導的。科技在廿世紀的進步，不但改變了人類的生活方式，而且也打破族群與國家之間的樊籬。都市文明的興起，已經使舊有的生活秩序解體，但是在交通、資訊工具急速的變遷與進步下，就是任何族群與國家，也都不可能獨立地存在。現代人註定要在與「它者」（the other）的相遇中，一方面尋找自我的定位，另一方面建立互動共存的行為規範。因此，現代文明的困境，不是人類行為沒有規範可以諮詢，而是「誰」的規範，足以為「地球村」的生命共同體訂定行為的準則。在人類歷史上，從來沒有比廿世紀的現代人更加困惑與迷惘的了。

　　尤有進者，現代科技的進步，雖然可以將人送到太空，但是科技在經濟進步主義的推波助瀾之下，卻逐漸使人不能存活於地球之上。生態環境嚴重的破壞，早已使人懷疑科技的更新，果可拯救科技帶來的災難。自然界強勁而無情的反撲，不啻讓現代人再次經驗到「它者」。但是，令現代人困惑的是：科學不是一直是廿世紀人類最有自信的成就嗎？為什麼擁有「真理」與「知識」光環的科學，愈來愈不了解它所居住的自然界或地球。是不是我們自傲的科學，一開始就將自然界過度簡化為某種特定認知模式下的「對象」，忽略了自然其實也有它永遠拒絕被化約的尊嚴。廿世紀晚期環境哲學或環境倫理學的興起，正說明了廿世紀文明的這種困境，即：在「它者」拒絕被化約為「我」或「我們」的情況下，什麼是自我？什麼是人性？什麼是自然？都成為一些迫切等待重新思索的問題。換言之，存有的再探索與新倫理的重建，已經成為廿一世紀人類文明最重要的課題。

　　廿世紀最傑出的科學心靈愛因斯坦，就曾經感嘆過：

　　　　為什麼成果若是輝煌的應用科學，它減少了我們的工作，讓
　　　　我們的生活較前容易，但卻沒有給我們帶來多少快樂呢？❷⓪

　　是的！為什麼我們不快樂呢？科技難道不是我們經歷過幾個世紀的奮鬥才創造出來的輝煌成果？它不曾經是無數高貴的心靈用生

---

❷⓪　這段話係王弘五教授翻譯 J. M. Bochenski《哲學講話》譯者序的引文，未詳出處，可參見《哲學講話》（臺北：鵝湖出版社，1977 年），頁 1。

命、智慧來灌溉的一片園地？為什麼它碩大飽滿的果實不能解除現代心靈的困惑、焦慮？是什麼原因使得我們成為不快樂的現代人？這一連串地質疑，顯然只有在科技之外，乞靈於人類所有經驗予以整體透視的哲學智慧，才能找到令人滿意的解答。據我們所知，在廿世紀風起雲湧的哲學思潮中，存在主義可能是最能忠於這個時代感受的哲學。

存在主義的興起，可以從許多角度來分析，簡單說來，主要是源於哲學家意識到科技文明對傳統世界觀的衝激，已然使得現代人在存在意義的攝受上，陷入四不掛搭，無家可歸的命運中。

根據唐君毅先生在〈存在主義與現代文化教育問題〉一文中的分析❹，所謂「四不掛搭」，也就是指當代西方人「上不在天，下不在地，外不在人，內不在己」的存在危機而言。其具體涵意，又可以還原到西方近代文化史上，作以下的說明：

1.上不在天：這是指十九世紀以來，基督宗教的世俗化，尼采宣布上帝死亡，在諸神引退的情況下，西方人頓失神聖超越世界的嚮往與庇護。

2.下不在地：文藝復興以來，數學物理學的順利發展，使科技理性一枝獨秀，自然世界淪為科技理性認知與征服的「對象」，甚至成為僅具工具價值的「資源」，不再呈現可供人類心靈「修、遊、藏、息」的情趣。

3.外不在人：產業革命之後，工商企業的發達，都市文明的崛

---

❹　唐君毅：《中華人文與當今世界·下》（臺北：臺灣學生書局，1975 年），頁 540-565。

起，徹底改變了西方社會的結構，傳統的人際關係轉化為組織分工的角色互動，相照相溫的人間情感，完全由冰冷的權利義務關係所取代。

4.內不在己：繼天、地、人的相繼失落，在俗眾文化的氾濫流行中，人類原本寧靜自足的心靈，也拱手讓給爭奇鬥艷的意識型態，淪為紛擾不安的戰場。

換言之，存在主義之所以重視人之具體存在，並且對當代文明展開嚴厲的批判，正是因為他們敏銳地覺察到現代人的困境，根本是一個因為科技理性獨大所造成的世界觀危機，一個因天、地、人、我四方共命結構日趨瓦解而來的衝激。因此，以海德格為例，當代哲學的首要課題不是什麼別的，主要就是回到滋生一切意義理解的根源——「存有」，重建天、地、人、我之間的溝通、互動的網絡，使西方文明再次得到活水源頭的滋潤。

對海德格而言，「存有」，其實也就是他終其一生的惟一課題。但什麼是「存有」？我們雖然在他的著作中，並未找到一個明確的答案，但是，通過他各階段從不同角度對「存有」的闡明，卻可以獲得一個嶄新的歷史的視野，讓我們清楚的看到廿世紀的科技文明，是如何從它希臘的源頭，一步步走到今天的地步。目前，基於篇幅考量，我們無法重述海德格解構西方歷史的細節，但可以斷定的是：海德格不但認為廿世紀的科技有其希臘的源頭，是柏拉圖以降西方古典形上學在當代文明中的結晶與完成；而且無論是希臘的形上學，還是廿世紀的科技，基本上，都是昧於「存有學的差異」（ontological difference），一種對「存有的遺忘」（oblivion of being）㉒。

　　我們從海德格的代表作《存有與時間》（*Being and Time*）即可知道，「存有」不是「存有物」，而是「開顯」（to disclose）存有物為「如是」（...is, are...）存有物的意義根源㉓。但是，長期以來，西方的哲學家卻遺忘這項基本差異，不是將「存有」順因果思考理解為「第一因」、「上帝」，再不順先驗哲學的進路，理解為表象世界的超越根據──「主體性」。尤有進者，當人類文明進入科技時代之後，現代人更循著科技的本質──「框架」（Ge-Stell），將人與物均強迫性地擺置為等待消耗的資源貯存物。這種極端窄化的開顯方式，不但阻絕了人與存有的聯繫，使得人無法讓事物如其所是的呈現出它豐盈的意義；而且更危險的是，它也可能使得人退墮為資源，或狂妄的自認為是自然界的主人㉔。因此，晚期的海德格，頻頻致意於「藝術」（art）這樣的課題，企圖通過字源的追溯及藝術作品根源性的分析，指出我們只有回到「藝術」的本質「讓存有物如其所是」（letting things be），這才可能為廿世紀科技時代的危機，找到救贖的力量㉕。

㉒　M. Heidegger, *Basic Writings* (London: Routledge, 1993), p.??.

㉓　M. Heidegger, *Being and Time* (New York: Suny, 1996), p.4.

㉔　M. Heidegger, *The Question Concerning Technology and Other Essay* (New York: Harper and Row, 1977), p.3-35.

㉕　陳榮灼：〈海德格與道家論科技的本質〉，現收錄於《第二屆華人地區大學通識教育學術研討會論文集》（高雄：高雄第一科技大學，1999 年），頁174。

根據蕭師毅及海德格早年學生 Heinrich Petzet 的說法❻，海德格不但閱讀過《道德經》，而且對老子備加推崇。事實上，海德格自己曾多次表示，老子的「道」更妥貼地傳達了他心目中的「存有」。所謂「讓事物如其所是」，在某個意義上，的確是中國道家「不禁其性」、「不塞其源」的一種西方版本，我們沒有理由懷疑兩者「英雄所見略同」。但是，衡諸前文我們對道家義理的闡明，以「道」為首出的道家存有學，與以「存有」為核心的海德格哲學，仍有兩個基本差異，不容忽視。

1.存有與價值的二分：海德格對科技文明所帶來的存在危機，的確能夠從存有學的層面予以根源性的解析，但是在昧於文化問題也就是價值問題的情況下，我們發現海德格始終不能扣緊現代人價值觀的顛倒與誤置，澈底地展開近代文明以來工具理性獨大的批判，建立當前環境迫切需要的新倫理。換言之，海德格對「存有」情有獨鍾的思考方式，由於不能正視存在界就是人類在天、地、人、我之間尋求價值實現的行動立場，從而打通存有之源與價值之源的隔障。因此，儘管他對存有的思辯是如何精微，但仍然不能觸及現代心靈的迷惘，指出脫困的方向與途徑。

2.理解與實踐的二分：海德格對於現代人在科技文明中飽受意義失落的威脅，誠有其深度的體會與分析。但是，對於如何在各種文明、制度、意識形態的扭曲中，保存自我的「本真性」

---

❻ H. W. Petzet, *Encounters and Dialogues with Martin Heidegger 1929-1976* (Chicago: The University of Chiacgo Press. 1993).

（authenticity）㉗，卻因為避諱價值問題，不僅無法提出中肯的建議，連帶著對於社會實踐也無法提供正確的方向。我們看到海德格一度加入納粹，沙特（J. P. Sartre）曾經醉心於馬克斯主義，就可以明白所有將理論、實踐二分，或者只重社會實踐而忽略生命人格修養的哲學，恐怕都不是對症下藥的良劑。

果如前述，道家對當代文明的診斷，在基本觀念上，不但與海德格有相通之處，認為當前的危機主要源自於遺忘了一項最重要的真理：如果沒有天、地、人、我的和諧共在，科技或一切的人文制作，其實是無所謂價值的，他根本不可能實現其豐沃人生的目的。尤有進者，對於如何重返天、地、人、我的和諧秩序，老、莊哲學更提供了許多歷久彌新的實踐智慧，足以彌補西方存有學過度重視智思之憾。

五、結論：秩序與創新

長期以來，道家哲學不是被曲解為權謀思想，就是被誤解為具有文化否定論、退化史觀的傾向㉘。這些見解，並不是完全沒有文獻的支持，但是，這種集中在少數章句文字表層意義上的誤解，既不能見道家義理之全貌，也無法看到道家智慧的高度與深度。前文

㉗　海德格在其《存有與時間》一書中，雖然有存在「本真性」與「非真性」的區分，但他一再強調這兩者並無價值上的高低，成為海氏哲學始終無法轉出類似中國哲學工夫修養論的關鍵，頗堪玩味。

㉘　勞思光，《新編中國哲學史・一》（臺北：三民書局，1981 年），頁 237-253。

中，我們通過詮釋方法學的反省，對當代道家研究的紛歧，逐一疏清，發現道家哲學應該從「存有」與「價值」同一的特點，確認為一種富於存有學理趣的智慧型態。其次，再經由文獻還原的程序，以老子《道德經》為例，指出道家存有學的展開，基本上是用於各種文明疾病的診斷、治療，它應該進一步順「文化治療學」的角度來凸顯這一義理型態的特質。最後，我們再以海德格的「存有」與道家之「道」的比對，間接地論證道家哲學不但可以一針見血地指出當代科技文明的病痛，而且在天、地、人、我這一共命結構逐漸塌陷之際，如何重起貞元，關鍵即在於我們是否可以通過道家的實踐修養，先將現代人的心靈從各種扭曲的相對價值中拯救出來，重返真常大道的懷抱。

廿世紀初，英國哲學家羅素（Bertrand Russell），曾經造訪中國，不但對老子哲學備加讚賞，而且還發人深省的說道：

> 保守的中國知識分子說話，就像古代的賢哲寫文章，假如有人提示他們中國進步很少，他們會說：「為什麼要尋求進步，假如你已經享有美好」。首先一個歐洲人會覺得這種看法是懈怠的，可是當他自己變得聰明的時候，他漸漸地會懷疑，而且開始覺得我們所謂的進步只是不停的變易，那種進步並不使我們更接近任何被企求的目標㉔。

從羅素這段話，我們瞭解到，文明的進步並不在於求新求變。

㉔　B. Russell, *The Problem of China* (Taipei: Rainbow Bridge, 1971), p.196.

如果人文的制作，最終目的在實現人我、人物、人與一切天地鬼神萬物之間和諧、共生、長生的美好秩序，那麼任何歷史階段中的存有觀，一旦過度膨脹與獨大，將只會破壞天、地、人、我共命結構的整體和諧，而人心對某些價值理想的執著，也終將演為價值的自我否定。因此，文明真正的更新創造，既不能一往直前，但知標新立異；也不能一味復古，抱殘守缺；而是要通過「為道日損」的道家功夫，敞開心靈，在天地之間、人我之中，與「道」同流偕行。

「道」在中國哲學中，不僅是造化的根源，也是天、地、人、我共生、長生、生生的最終保證。過去幾千年來，中國人就是在「道」的庇護下，得以生存綿延。因此，我們相信，未來的人類文明，如果要真正實現人性中可久、可大的價值理想，也必須從天、地、人、我和諧共振的造化節奏中，找到創新的力量與方向。

附記：本文曾刊載於《鵝湖》月刊第 27 卷第 2 期（總號 314 期），2001 年 8 月，頁 11-23。

拾、知識與智慧
——從廿世紀中國哲學的「格義化」談起

一、中國哲學的特質

「哲學」（philosophy），追溯字源，本就是一種愛慕智慧之學。但是，什麼是「智慧」？我們應該循何種途徑，才能夠達至智慧？恐怕就不是三言兩語可以講得清楚。特別是：中、西哲學在過去歷史中，的確發展出了不同的型態與方向，我們今天討論中國哲學教育的問題，如果不能扣緊著中國哲學的特質來談，顯然是失焦、模糊主題的作法。

但問題是：中國哲學的特質是什麼？前輩學者，對於這個問題，其實討論的已經很多了。其中，最具代表性的，可能就是牟宗三先生的看法。牟先生認為中國哲學基本上是一套「生命的學問」。他說：

中國哲學……是以生命為它的對象，主要的用心在於如何來

調節我們的生命，來運轉我們的生命、安頓我們的生命。這
就不同於希臘那些自然哲學家，他們的對象是自然，是以自
然界作為主要課題。

換言之，就中、西哲學關心的主要課題而言，中國哲學關懷的是
「生命」，西方哲學則是「自然」。但這樣的區分，仍不免失之籠
統。牟先生又借用羅素對真理的兩重區分，「外延真理」
（extensional truth）與「內容真理」（intentional truth），指出西方哲學重
視外延真理的探求，要求我們在理解一切物時要脫離主觀的態度；
中國哲學則不然，一切真實性的達致，均不離主觀的態度，或不能
脫離「主體性」（subjectivity），因此以內容真理的建立為極致。易
言之，以「自然」為首要課題的西方哲學重「知識」，而以「生
命」為關懷的中國哲學，則以「德性」為首出，更重視人生命的整
體自覺與修養。

　　牟先生對中、西哲學的分判，並非全無討論的空間，但大體言
之，有一定的準確性與深度。過去十幾年以來，我個人也曾留意這
個問題，並在牟先生「生命的學問」這個架構下，也形成了一些補
充性的看法。茲簡述如下，供大家批評指教。

　　1.中國哲學的內容，雖然有儒、釋、道的分別；在歷史斷代
上，也可以有各式各樣的分期；但是在學問呈現的方式上，卻並沒
有依照西方哲學知識的分類架構，如邏輯、知識論、形上學、倫理
學、美學等形式呈現。歷代的哲學家，或者以述代作，依附經典；
或者師生講論，記錄成文；再不就是知人論世，發為簡篇；絕少像
西方哲學一樣，明白標示對象、課題的系統鉅著。這雖不代表中國

哲人沒有邏輯、知識論、形上學等方面的反省識見,但的確反映出中國人即事言理、理事交融的這種思維理解的特性;亦即中國哲學家的重要思想,往往是立基在文化傳統之上,經由個人身心修養的持證,然後扣緊著生命的主題,發為天、人、物、我交感互攝的哲理智慧。換言之,中國哲學不但缺少西方哲學知識的分類架構,而且它的思想提煉過程,具有三個特色,即(1)富於歷史性;(2)強調作者個人身心轉化的體驗親證;(3)重視天、人、物、我之間的一體性。這與西方本質主義的(essentialism)、主智主義的(intellectualism)主流傳統,的確迥然不同。

2.尤有進者,如果我們再檢視中、西哲學最基始性的概念,如中國的「道」、希臘的「存有」(being),我們發現,在西方,存有主要開顯為存在界可理解性的最後根據,然而經過亞里斯多德實體化的轉向之後,存有學的任務變為主要在說明存有物產生與變化的問題;但是在中國,道卻主要開顯為天、地、人、我之間互動秩序的根源,它負責的是提供一切人、物相生相續的終極保證。換言之,兩個概念都在表徵著存在的奧秘、玄理。但是,道在中國主要是從天、地、人、物共生、長生、生生的動態觀點,呈現為天、人、物、我之間互動的理則、規範;而西方哲學,特別是亞里斯多德以後,就逐漸將存有實體化、人格化。到了文藝復興之後,機械決定論大興,存有更淪降為自然律,變成說明事物存在變化的因果法則。這也就是說,西方對存有的探索,從理論性的思辯,愈來愈向客觀實證的科學靠攏;而中國,道卻始終等待人類心性的覺醒,在人自覺地行道、法道的參與過程中,共同發揮其造化萬有的神力。因此,在西方,形上學的合法性,必須建立在知識論的批判反

省之上；但在中國，形上之道的奧藏，則有待心性功夫修養的參悟與實踐。

果如前述，我們發現：中、西哲學雖然都以「智慧」為探求的最高目的，但是，西方是以嚴格客觀的「知識」為其表現的形式，而中國卻是以生命的覺悟、人格品行的完善為最高境界。牟先生將中國哲學的這種特質界定為「生命的學問」，或傳統以來將義理之學理解為「安身立命」之學，其實都是非常中肯的看法。

二、廿世紀中國哲學的新處境

然而，前文對中國傳統哲學所做的一種中、西歷史性的對比，在廿世紀初，當中國對西方文化徹底開放門戶之後，卻發生了非常戲劇性的變化。這種變化，我曾經反諷的稱之為「格義式」的中國哲學。

> 「格義」，原來是指魏晉時期弘法的佛教僧侶為了協助中國人理解印度佛教，援引中國固有的哲學概念來解釋佛教思想中類似的概念，此乃一種在歷史上特殊的經典詮釋作法。然而，曾幾何時，當代中國人在理解本國傳統哲學時，由於知識、語言的生態環境丕變，以致於居然要通過西方哲學的概念語言，這才能使傳統的智慧稍稍為本國人理解。從胡適《中國古代哲學史》開始，七十年來，中國哲學界一直無法擺脫「格義」的命運，這多少反映出當代中國的研究，確實已經無法再像從前一樣，拘守著經典文字本身來「以經解

經」，而必須從東西文化相互激盪沖湧這個更廣大的經驗脈絡，來重建中國哲學在過去歷史軌跡中的面目。

促使廿世紀中國哲學進入「格義期」的原因，並不難理解；但其中有一項因素，看似細緻，但卻產生了極大的作用，那就是中國傳統教育制度全面性的瓦解；取而代之的，是全面移植於西方的新大學教育體制。換言之，清末廢科舉，籌建京師大學堂，是具有重大意義的。它象徵著中國哲學的研究發展，不再能夠延續傳統的模式，而註定的要與新的學制妥協。或者說得更明白一些，它必須以西方大學中所傳授的「知識」，這個新標準與形式，來剪裁、包裝傳統中國知識分子講習鑽研的學問。易言之，廿世紀中國哲學的研究發展，已經不能再採取經傳語錄的方式，在書齋中究天人，通古今，而必須依附在西方哲學的知識形式下，這才能夠取得在新大學教育體制中的合法性，亦即取得生存的空間，達到培養新一代人才的目的。

回顧廿世紀以來中國哲學的研究，有幾個現象特別值得我們注意：

1.中國哲學為了爭取它在新學制中的合法性，不得不參考西方學術的分類架構，運用西方的概念語言、思維模式，重組散落在經典注疏中的傳統智慧。而只要運用西方的哲學語言、理論架構，則西方哲學的思維特性，就會不知不覺地滲入中國哲學之中，形成傳統智慧在義理性格上的混淆。譬如莊子是位進化論者；中國哲學家不是唯物論者，就是唯心論者，類此怪謬之說，層出不窮。而這也就是我反諷廿世紀中國哲學「格義化」的理由。

2.但是，混淆不見得就是一件不好的事，因為有了混淆，才有澄清；一旦有了澄清，原來的混淆，反而會回來豐富自身的傳統。我們發現，近四十年來中國哲學的研究成果，有愈轉愈精的情形，也許在傳統智慧的原有標準來看，未必如此，但是在爭取現代意義表達形式上，亦即「知識化」的過程中，的確有超過前輩許多粗糙之作的情形。

3.然而，更值得關注的是，在廿世紀中國哲學逐步知識化的過程中，中國哲學在傳統文化中的神聖性、崇高性也有逐漸式微的情形。因為在現代大學知識的分類中，哲學只是諸多知識門類中的一個門類而已，而中國哲學又是哲學這個門類中的一支，它的身分迄今仍受西方世界的懷疑與歧視。因此，作為這個時代的中國哲學研究者，往往有進退失據的情形。當他努力地為中國哲學爭取現代知識形式時，赫然發現，無論他的成就多高，在科技當令的現代知識權力結構中，中國哲學只是聊備一格的邊緣者而已。然而，如果他要截斷眾流，師法古人，不屑於現代大學教授的專業身分，仍然堅持「究天人之際，通古今之變」的哲人志業，身體力行，力挽時代狂潮，那麼他又多半會被譏謗為想當「教主」，逾越了現代知識的分際。換言之，傳統中國哲學的傳承，以前是「聖聖相傳」、「有真人而後有真知」，但是到了廿世紀，中國哲學的延續，卻必須寄託在現代大學哲學專業的「教授」身上，而且必須在取得「知識」的形式後，才能找到它在宏偉的大學建築物中的棲身之所。

果如前述，當前中國哲學教育的問題情境，也就不言而喻了。簡言之，如果廿世紀以後的中國哲學，無所逃地必須面對中西文化激盪沖湧的這個新挑戰，那麼，在中國哲學知識化的過程中，如何

保有傳統哲學的智慧內涵,繼續發揮它「安身立命」的功能,就成為所有有志於中國哲學教育的學者,必須承擔與突破的課題了。

三、結　論

　　未來中國哲學究竟何去何從?相信與會學者多少都已有了自己的看法。我不認為這個問題有什麼標準答案,但是我個人確有一些信念,願意提出來分享。

　　1.如果我們確信中國往聖先哲的智慧,的確是全體人類文明的重要寶藏之一,那麼,為中國哲學尋找一種可以為現代人接受的意義形式,基本上是應該肯定的。因此,我雖然反諷地批評過去百年來中國哲學的發展似乎走入「格義期」,但是中國哲學工作者試圖與西方哲學交談、會通,卻是值得鼓勵的作法。

　　2.尋找中國哲學的現代表意形式是一件事,完全採認西方哲學的知識形式來建構中國哲學,卻是另一件事,兩者並不需要劃上等號。所謂「窮智見德」,我們其實可以採取「以遮為詮」的方式,間接的傳達中國往聖先哲的智慧內涵,爭取它在當前文明經驗的解釋權。

　　3.中國哲學教育的問題,固然不應簡化為「哲學知識」的教學問題,但是在大學的殿堂中,不具明理由的,但憑個人自負,以意氣凌人,則是將中國哲學「智慧」糟蹋為「意見」,罪加一等的作法,不足為式。

　　4.關心中國哲學教育的學者,其實不必將注意力完全集中在高等知識分子的培養上。不同學齡的情意教育,可能是落實中國傳統

實踐智慧更好的著力點。

　以上區區淺見，是否允當？尚祈方家指正。

國家圖書館出版品預行編目資料

從海德格、老子、孟子到當代新儒學

袁保新著. – 初版. – 臺北市：臺灣學生，2008[民 97]
面；公分
ISBN 978-957-15-1413-0(精裝)
ISBN 978-957-15-1412-3(平裝)
1. 海德格(Heidegger, Martin, 1889-1976) 2. (周)李耳
3. (周)孟軻 4. 學術思想 5. 哲學 6. 新儒學

128.07   97011923

從海德格、老子、孟子到當代新儒學 (全一冊)

著　作　者：袁　　　　保　　　　新
主　編　者：國　　立　　編　　譯　　館
　　　　　　10644臺北市和平東路一段一七九號
　　　　　　電話　：（0 2）3 3 2 2 5 5 5 8
　　　　　　傳眞　：（0 2）3 3 2 2 5 5 9 8
　　　　　　網址：w w w . n i c t . g o v . t w
著作財產權人：國　　立　　編　　譯　　館
印　行　者：臺　灣　學　生　書　局　有　限　公　司
　　　　　　臺　北　市　和　平　東　路　一　段　一　九　八　號
　　　　　　郵 政 劃 撥 帳 號：0 0 0 2 4 6 6 8
　　　　　　電話　：（0 2）2 3 6 3 4 1 5 6
　　　　　　傳眞　：（0 2）2 3 6 3 6 3 3 4
　　　　　　E-mail：student.book@msa.hinet.net
　　　　　　http：//www.studentbooks.com.tw
展　售　處：國　家　書　店　松　江　門　市
　　　　　　104 臺北市松江路 209 號一樓
　　　　　　電話：02-2518-0207（代表號）
　　　　　　國家網路書店http://www.govbooks.com.tw
　　　　　　台　中　五　南　文　化　廣　場
　　　　　　臺　中　市　中　區　中　山　路　6　號
　　　　　　電話：04-22260330　傳眞：04-22258234

定價：精裝新臺幣四四〇元
　　　平裝新臺幣三六〇元

西　元　二　〇　〇　八　年　十　月　初　版